中國學術思想 研究輯刊

三六編

林慶彰 主編

第13冊

《東坡易傳》與蘇軾思想研究

黃小珠 著

花木蘭文化事業有限公司

國家圖書館出版品預行編目資料

《東坡易傳》與蘇軾思想研究／黃小珠 著 -- 初版 -- 新北市：
花木蘭文化事業有限公司，2022〔民111〕
目 4+190 面；19×26 公分
（中國學術思想研究輯刊 三六編；第 13 冊）
ISBN 978-626-344-056-2（精裝）
1.CST：（宋）蘇軾 2.CST：易學 3.CST：學術思想
4.CST：研究考訂
030.8   111010192

ISBN-978-626-344-056-2

9 786263 440562

中國學術思想研究輯刊
三六編　第十三冊　　　　　　　ISBN：978-626-344-056-2

《東坡易傳》與蘇軾思想研究

作　　者　黃小珠
主　　編　林慶彰
總 編 輯　杜潔祥
副總編輯　楊嘉樂
編輯主任　許郁翎
編　　輯　張雅淋、潘玟靜、劉子瑄　美術編輯　陳逸婷
出　　版　花木蘭文化事業有限公司
發 行 人　高小娟
聯絡地址　235 新北市中和區中安街七二號十三樓
　　　　　電話：02-2923-1455／傳真：02-2923-1452
網　　址　http://www.huamulan.tw 信箱 service@huamulans.com
印　　刷　普羅文化出版廣告事業
封面設計　劉開工作室
初　　版　2022 年 9 月
定　　價　三六編 30 冊（精裝）新台幣 83,000 元　　版權所有‧請勿翻印

《東坡易傳》與蘇軾思想研究

黃小珠　著

作者簡介

黃小珠，女，北京師範大學中國古代文學碩士、清華大學中國古代文學博士，曾在日本九州大學留學，曾任大阪大學研究員，現為上海交通大學人文學院長聘教軌助理教授，研究領域為唐宋文學與中日比較文學。先後在《文學評論》《清華大學學報》《江海學刊》《日本宋代文學學會報》等發表學術論文，參與翻譯《有皇帝的文學史——中國文學概說》（鳳凰出版社 2021 年）、《文本的密碼——社會語境中的宋代文學》（復旦大學出版社 2017 年）等著作。主持國家社會科學基金、上海市哲學社會科學基金、上海交通大學文科培育計劃基金等科研項目。

提　要

　　本文以《東坡易傳》為中心，考察蘇軾哲學思想和政治思想的若干問題。從歷史的視野來看，蘇軾對《周易》的闡釋與宋代儒學復興密切相關，體現出通經救弊、敢於疑古、勇於實踐的宋學精神。從具體內容來看，《東坡易傳》還包含了對荊公新學以及現實政治人事的反思與批判。基於此，筆者以通經致用的時代思潮為切入點，在整體上把握《東坡易傳》「上談性命、下述政理」的成書特徵的基礎上，進一步對此書涉及的重要理論問題、為政觀念、人事感懷等展開探討。

　　《東坡易傳》中的「道」雜糅王弼「以無為本」說和郭象的「崇有」論，呈現出一種自然主義的實用特徵。從此道論出發，蘇軾對「水」「性」「情」「理」等概念皆做出獨特的闡釋，形成重人情之用、循自然理勢的哲學思想。

　　在總體把握《東坡易傳》理論思想的基礎上，本文圍繞君臣關係、止爭息亂、君子小人觀、幽人意象等論題，對蘇軾的具體人事觀念展開討論，並注重考查北宋社會政治環境對其思想產生的影響。《東坡易傳》強調建立一種以「信」為核心的君臣關係，與作者對北宋冗官冗員政治窘境的反思有關。《東坡易傳》提出「有黨必有爭」的觀點，是對北宋激烈黨爭的深刻反省，作者因此提倡以順人情、循公議的方式調停各派之爭。蘇軾還突破儒家嚴守君子小人之別的思想傳統，提出君子應當審時度勢對待小人，反對激化二者的矛盾。《東坡易傳》對《周易》「幽人」一詞的理解並沒有採用傳統的隱士說，而是將其解釋為「才全德厚隱約而不慍者」。這一解釋與蘇軾貶謫時期詩詞中的幽人意象有相通之處，是其貶謫心態的曲折反映。

　　此外，蘇軾在被貶黃州和嶺海時期，其天命觀念經歷了從「修身俟命」到「自立天命」的變化。這一變化與他對佛學「一念」和「平等」意識的融攝有關。蘇軾關於天命的思考還體現在他對「詩能窮人」等問題的理解。

本書係上海市哲學社會科學規劃一般課題「北宋『文人經學』與文學研究」的階段性成果，課題批准號：2019BWY012

目

次

引　言

一、研究對象與意義

　　陳寅恪說:「華夏民族之文化歷數千載之演進,造極於趙宋之世」,其中「宋代學術之復興,或新宋學之建立」,對後代學術發展趨向產生了深遠影響。〔註1〕所謂宋學,是指宋代思想家在對儒家經典的探討和闡釋中所形成的與漢學迥然不同的新學風。鄧廣銘對此新學風有具體的說明:「北宋一代的儒學家們,儘管絕大多數還都尊奉儒家學說為正宗,然而他們的思考方法及其所鑽研的課題,都已與由漢到唐的儒生們大不相同。他們所具有的共同特點是:1. 都力求突破前代儒家們尋章摘句的學風,向義理的縱深處進行探索;2. 都懷有經世致用的要求。」〔註2〕受此時代思潮影響,當時「凡著名文化人,幾乎人人自有一家之學,以施之於政事,發於文章。」〔註3〕蘇軾一生「負其豪氣,志在行其所學」〔註4〕,其學說在北宋學術思想發展中佔有重要的一席之地。宋人曾將以蘇軾為代表的學術思想稱之為蜀學。〔註5〕南宋陳善《捫虱新話》在梳理

〔註1〕陳寅恪《金明館叢稿二編》,生活·讀書·新知三聯書店 2001 年版,第 277 頁。

〔註2〕鄧廣銘《略談宋學》,載《鄧廣銘治史叢稿》,北京大學出版社 1997 年版,第 164～165 頁。

〔註3〕王水照,朱剛《蘇軾評傳》,南京大學出版社 2011 年版,第 140 頁。筆者按:後文出自同一著作的引文的注釋僅保留書名、卷數、頁碼(析出文獻保留原析出文獻名稱)。本條注釋適用本書所有文獻。

〔註4〕宋孝宗《御製文集序》,見郎曄《經進東坡文集事略》卷首,《四部叢刊》本。

〔註5〕蜀學的概念有廣、狹之分,廣義的蜀學指以蜀地文化為特色,以蜀中學人為中心,具有歷史跨越性的地域文化流派;狹義的蜀學特指宋代蜀學,即發軔於蘇洵,以蘇軾、蘇轍為中心,並由蘇門學人發展壯大的一個學術流派。關於蜀學之外延與內涵可參考胡昭義、劉復生、粟品孝《宋代蜀學研究》,巴蜀書社 1997 年版。本文所用蜀學即就此狹義而言。

宋學的發展脈絡時,指出蘇軾學術的獨特地位:「本朝文章亦三變矣,荊公以經術,東坡以議論,程氏以性理。」〔註6〕從具體的歷史背景來看,蘇軾學術是作為王安石新學的對立面而發展起來的。南宋中期蜀中學者李石《蘇文忠集御敘跋》云:「王安石以新說行,學者尚同,如聖門一貫之說,僭也。先正文忠公蘇軾首闢其說,是為元祐學,人謂蜀學云。時又有洛學,本程頤;朔學,本劉摯,皆曰元祐學相羽翼,以攻新說。」〔註7〕在元祐之學中,蜀學影響最大。元祐元年(1086),陳師道作《贈二蘇公》云「探囊一試黃昏湯,一洗十年新學腸」〔註8〕,即將蜀學視作荊公新學的反對面。元祐之後,新黨重新執政,蜀學被貶斥,蜀黨也遭受嚴酷迫害。南渡之後,朝野改崇「元祐學術」,蜀學再次受到推崇。宋孝宗曾讚譽當時「人傳元祐之學,家有眉山之書」。〔註9〕然而,在明清時期,隨著程朱理學作為官方意識形態地位的確立,蘇氏蜀學一直遭到壓制。清人編《宋元學案》,列《蘇氏蜀學略》於卷末,蜀學地位由此可見一斑。

《東坡易傳》是蜀學的代表作,也是蘇軾學術思想的集中體現。蘇軾解《易》,沿著宋學「不惑傳注」的路子進行,注重闡發義理而反對章句之學。總體來看,《東坡易傳》存在兩大特徵:一是體現宋學通經致用的時代精神,將經典闡釋作為指導現實生活的理論依據;二是吸取老莊玄學的觀點來解釋《周易》,這一點與宋代其他《易》學家明顯不同。〔註10〕老莊玄學宣稱「以無為

〔註6〕陳善《捫蝨新話》卷五,上海書店出版社1990年版。陳善此處將「經術」「議論」「性理」並列,他所說的文章應當偏重於學術文章。在此書卷六,陳善還提到:「東坡兄弟,文章議論大率多同,惟子由文字,晚年屢加刊定,故時與子瞻有相反處。蓋以矯王氏尚同之弊耳。至子瞻《易傳》,論天地之數五十有五,而大衍之數五十者⋯⋯而子由遂曰:『此野人之說也』,則似矯枉過正。」由此可見,陳善所說的「東坡以議論」的內容是包括《東坡易傳》在內的。宋人所說的「議論」雖然範圍廣泛,但義理闡釋卻是其中很重要的一方面。王安石弟子陳詳道《論語集解序》說「言理則謂之論,言義則謂之議」(陳詳道《論語集解》,文淵閣《四庫全書》本)。關於宋人「議論文章」的含義,參見朱剛《唐宋四大家的道論與文學》,東方出版社1997年版,第114～118頁。

〔註7〕李石《方舟集》卷十三,四庫全書珍本初集1935年版。

〔註8〕陳師道撰,任淵注,冒廣生補箋,冒懷辛整理《後山詩注補箋》卷一,中華書局1999年版,第24～25頁。

〔註9〕宋孝宗《蘇文忠公贈太師制》,見郎曄《經進東坡文集事略》卷首,《四部叢刊》本。

〔註10〕宋代易學的興起,同儒學復興的思潮密切相關。宋代儒者以復興孔孟之道為己任,而將《周易》經傳視為對抗佛道二教的有利武器。除了蘇軾外,儒者們都大力排斥以老莊玄學觀解釋《周易》。參見朱伯崑《易學哲學史》第2冊,崑崙出版社2009年版,第4～10頁。

本」，主張寂靜無為。在《東坡易傳》中，蘇軾究竟如何將通經致用與寂靜無為
這兩種看似相反的思想主張統一起來，這是理解該書思想的一個關鍵所在。

　　另外，《東坡易傳》作於貶謫黃州時期，流儋後又反覆修訂，特殊的成
書背景使之具有很強的反思精神。這種反思精神直接源自蘇軾對北宋政治及
王安石變法的批判。蘇軾注重以推闡理勢、議論得失的方式來解釋卦爻辭之
義，藉此闡明自己對於政治人事的主張。《四庫全書總目提要》評該書「多
切人事」，這一論斷為人所熟知，卻很少被人深究。該書所切人事包含了哪
些具體內容？我們不僅應探討這些人事的具體內容，而且還應透過這些人事
瞭解其背後隱含的思想動因及其學術思考的內在理路。這是研究並深入瞭解
蘇軾思想的一個重要角度。從這一視角出發考察蘇軾學說，可能會給我們帶
來新的發現。

　　總之，《東坡易傳》既是宋代儒學復興的產物，體現出通經救弊、敢於疑
古、勇於實踐的宋學精神，又包含了對荊公新學以及北宋現實政治人事的反
思與批判。可以說，蘇軾本人的政治主張、處世態度、文學觀念，乃至某些具
體創作特徵，無不與其學術思想密切相關。想要深入理解蘇軾其人、其文，
就有必要釐清其學術思想的內在脈絡，還原其基本面目，對其思想內容作出
客觀評價。

　　除《東坡易傳》之外，蘇軾的哲學思想和政治思想還體現在他為人所熟
悉的詩文詞創作中，尤其是文集中一系列以哲學論題、政治論題為中心的「論」
體文。本文將以《東坡易傳》的相關問題為中心，結合這部分文章展開論述。

二、本課題研究現狀

　　隨著學界對蘇軾集文人、學者、官員於一體的身份認同〔註11〕，與之相
關的研究也從以往較單一的文藝論，轉向多角度、深層次的推進。在這一趨
勢中，對《東坡易傳》的研究，也取得豐碩成果。關於這些先行研究，蘇大剛
〔註12〕、金生楊〔註13〕、邢春華〔註14〕、徐建芳〔註15〕等已做了部分綜述。

〔註11〕關於北宋士大夫三位一體的身份構成，參見王水照《宋代文學通論》，河南大
　　　　學出版社 1997 年版，第 27 頁。
〔註12〕曾棗莊主編《蘇軾研究史》，江蘇教育出版社 2001 年版，第 500～526 頁。
〔註13〕金生楊《〈蘇氏易傳〉研究》，巴蜀書社 2002 年版，第 46～48 頁。
〔註14〕邢春華《蘇軾易學研究》，三秦出版社 2012 年版，第 2 頁。
〔註15〕徐建芳《蘇軾與周易》，中國社會科學出版社 2013 年版，第 4～7 頁。

筆者以此為基礎，進一步結合近年來的研究狀況，加以梳理。大體而言，這些研究可歸為以下幾類：

其一，曾棗莊、孔凡禮、余敦康、唐玲玲、周偉民、王水照、朱剛、漆俠、冷成金等人從思想史的層面展開的研究。總的來說，這些著作在討論蘇軾思想時，多圍繞「道」的概念展開。如余敦康認為蘇軾在「多切人事」上與王弼相似，而在哲學觀上二人有所不同：「王弼以老解易，而蘇軾則是以郭象之莊解易。」〔註16〕此說獨具慧眼地發現蘇軾「貴賤自位」「吉凶自生」的說法源自郭象獨化論，富有啟示意義。冷成金認為《東坡易傳》在宇宙生成論繼承了《老子》的思想，又提出蘇軾在存在論上繼承了郭象《莊子注》的思想。〔註17〕王水照、朱剛則以「自然全體之總名」來定義蘇軾之道，旨在闡明其哲學觀之「大全」的根源。〔註18〕包弼德《斯文——唐宋思想的轉型》把蘇軾的「道」理解為「盡個性而求整體。」〔註19〕以上各家論述《東坡易傳》之「道」，均基於對文本材料的分析，但得出的結論不盡相同。

其二，從經學史的視角對《東坡易傳》展開的研究。金生楊《〈蘇氏易傳〉研究》，側重從經學的角度對此書的撰著流傳、解經特色、思想特色等加以較系統的研究。程剛〔註20〕、鄧秀梅〔註21〕、吳德育〔註22〕等人的研究，側重依託解經方式，加以思想闡發。另外，姜海軍〔註23〕、近藤正則〔註24〕、楊自平〔註25〕等分別對比蘇軾與程頤、朱熹易學的差異。

其三，對《東坡易傳》與蘇軾政治、文學之關係的綜合研究。鞏本棟〔註26〕、

〔註16〕余敦康《內聖外王的貫通——北宋易學的現代闡釋》，學林出版社1997年版，第73頁。

〔註17〕冷成金《蘇軾的哲學觀與文藝觀》，學苑出版社2003年版，第13～131頁。

〔註18〕《蘇軾評傳》，第176～183頁。

〔註19〕包弼德《斯文：唐宋思想的轉型》，劉寧譯，江蘇人民出版社2001年版，第270～271頁。

〔註20〕程剛《宋代文人的易學與詩學》，方志出版社2014年版。

〔註21〕鄧秀梅《〈東坡易傳〉釋義方法與義理分析》，《東海中文學報》第24期，2012年。

〔註22〕吳德育《試論蘇軾經之學》，《輔大中研所學刊》第14期，2004年。

〔註23〕姜海軍《蘇軾與程頤易學思想之比較》，《周易研究》2009年第5期。

〔註24〕近藤正則「『蘇氏易解』における朱子の蘇軾批判のモチーフをめぐって」，『東洋研究』（通號122），1996年。

〔註25〕楊自平《論蘇軾〈易〉與王弼〈易〉、伊川〈易〉之異同》，《中國學術年刊》第38期，2016年。

〔註26〕鞏本棟《北宋黨爭與文學》，南京大學博士學位論文，1991年。

沈松勤〔註27〕、加藤真司〔註28〕等以北宋黨爭為線索，論述了北宋各派思想學說的差異導致政治論爭與文學觀念的分殊。另外，上述朱剛、冷成金分別依據《東坡易傳》的「道論」等形而上的概念，探討這些思想對詩文詞創作或文藝觀念的影響。

　　以上研究成果大部分側重從傳統哲學辨析義理的視角，論述《東坡易傳》的基本特徵以及天道性命等核心命題；另外，有一部分也涉及政治、文藝等話題。這些研究為我們瞭解蘇軾思想的深刻性與豐富性，提供了良資借鑒的觀點與方法。但是，如上所述，現有的研究對《東坡易傳》的基本理論概念還存有差異，因此，有必要進一步釐清這些分歧，並進一步對這些概念，展開進一步探討。此外，在對《周易》的闡釋中，蘇軾如何將「上談天命」與「下述政理」貫通起來——這個問題也還有進一步探討的空間。有鑑於此，本文將在辨析《東坡易傳》天道性命之義理內涵的基礎上，進一步考察《東坡易傳》中所切各種「人事」的內容；同時結合蘇軾的政論文章及其文學作品，通過相互比照，進一步探析蘇軾思想的內在理路及其成因。

三、研究思路與結構

　　本書以《東坡易傳》為中心，按照從天道性命到人事之理的線索，對蘇軾哲學、政治與文藝的若干問題展開研究。主體內容如下：

　　第一章，首先對《東坡易傳》的成書過程中一些存有疑義的問題略加考述，並結合前人評價，論述《東坡易傳》「上談性命，下述政理」的總體特徵。在此基礎上，以北宋學術思潮為背景，總論其明體達用的時代精神。

　　第二章在綜合前人研究基礎上，通過辨析「道」「易」「性」「情」「理」這些概念，論述《東坡易傳》形而上的理論思想。筆者認為目前學術界對蘇軾之「道」歧見紛呈的根源，在於其思想本身的豐富性與矛盾性。概而言之，在宇宙的本源論上，蘇軾吸收了王弼「以無為本」之說，但他不同意王弼將萬物復歸於虛無之「寂然大靜」，而是肯定現象世界的運動變化。由此，蘇軾採取一種折衷的辦法，將萬物未生之前的本源稱為「道」，而將物既生之後的本源稱為「易」。以「易」來肯定現象世界的「有」，這一點吸收了郭象《莊子

〔註27〕沈松勤《北宋文人與黨爭》，人民出版社1998年版；沈松勤、路璐《〈蘇氏易傳〉視域下的蘇軾黃州詞創作》，《浙江大學學報》，2019年第1期。

〔註28〕加藤真司「蘇軾『東坡易傳』に見える政治思想」、北海道大學博士學位論文、2009年。

注》中「崇有」的思想。但《東坡易傳》沒有走向郭象的「獨化」理論。相反，蘇軾對郭象「夫相因之功，莫若獨化之至」的觀點是不認同的。蘇軾認為，「道生萬物」「物轉相生」，事物之間相互依存，「相因而有」，才可以生生不息。總之，蘇軾之「道」雜糅各家之學，呈現出一種自然主義的實用特徵。此外，蘇軾還提出「水」是萬物生成的臨界點，是「道」之下萬物的總根源。水「無常形而有至信」，具有「剛中柔外」的特徵，規定著萬物循理而動。蘇軾認為人循自然之理而動的結果是「善」，逆自然之理而動的結果是「惡」。基於這一邏輯，禮教的作用在於順善止惡。蘇軾反對抽象的性善或性惡論，他認為性無善無惡，表現在具體人情上才有善有惡，因此，蘇軾重視人情的作用，強調循人情之勢來解決問題。

在對《東坡易傳》理論思想總體把握的基礎上，本文第三、四、五、六章分別以君臣關係、止爭息亂、君子小人觀、幽人意象為中心，考察蘇軾具體的人事觀念。由於這些內容與蘇軾所處的時代背景、政治形勢及自身處境密切相關，筆者結合蘇軾相關的政論文及詩文詞等作品，進行對照分析。在第三章中，筆者提出《東坡易傳》重視君臣之間互信相知的為政主張，與其對現實政治的反思有關。面對北宋因冗官冗員而尾大不掉的政治窘境，蘇軾強調君主主動示信於臣，提倡用人先於法制的為政理念。此外，《東坡易傳》還認為臣子對君主更傾向於選擇性的認同，而並非無條件地忠君，這一觀點與其詩詞中君臣觀的變化是一致的。第四章，筆者以《東坡易傳》頻繁出現「爭」的字眼為線索，考察蘇軾止爭息亂的思想。基於人情愛惡相攻之勢，蘇軾解《易》提出「有黨必有爭」的鮮明觀點；也是基於人情之勢的考慮，蘇軾提倡以包容的態度保留各自異趣，避免紛爭的政治哲學觀。身處新舊黨爭漩渦之中的蘇軾，對於爭亂的危害有著切身的體驗。《東坡易傳》和他的奏議文章在平息爭亂的態度、調停爭亂的方法、解爭的關鍵人物特徵等問題上表現出諸多同一性。如反對好同惡異，反對強求一律，反對人人隨己，寄希望於超越黨派者，通過順人情、循公議的方式，有效地調停各方矛盾。在解決爭亂方面，蘇軾主張近乎中庸的實用主義方法，實則源自其重人情之勢、順應自然之理的宇宙人生觀。這是蘇軾融合儒道兩家思想以解決現實問題的一種獨特思路。第五章是在延續前一章的基礎上，從君子如何對待小人的角度，進一步論述蘇軾對待黨爭的態度。與儒家傳統嚴守君子小人之別不同，《東坡易傳》提出君子應審時度勢對待小人，必要時甚至可以利用小人、取悅小人。本章

第二節通過對比歐陽修《朋黨論》與蘇軾《續歐陽子朋黨論》的觀點，進一步分析蘇軾調停君子小人之爭的主張在北宋黨爭中的現實意義。此外，蘇軾獨特的君子小人觀還與其性無善惡的理論認識有關。第六章考察《東坡易傳》與蘇軾詩詞中「幽人」意象之間的聯繫。《東坡易傳》中，蘇軾對《周易》「幽人」一詞的理解並沒有採用傳統的隱士說，而是將之解釋為「才全德厚隱約而不慍者。」這一解釋與其貶謫時期詩詞中的幽人意象有相通之處，是蘇軾貶謫心態的曲折反映。

　　第七章以天命觀為線索，考察蘇軾被貶黃州和嶺海時期的處窮心態存在著從「修身俟命」到「自立天命」的變化。在此基礎上，通過對比韓愈天命觀，認為：韓愈主要通過「天」與「人」的對立凸顯主體價值，而蘇軾傾向於從個體存在價值的內在超越來闡釋生命的意義。蘇軾天命觀的獨特性與其對佛學「一念」和「平等」意識的融攝有關。蘇軾對於天命的探索還體現在對詩歌與窮達之關係的理解上。蘇軾繼承歐陽修「詩窮而後工」的觀點，進而提出了「詩窮而後工」的逆命題「詩能窮人」。蘇軾對「詩能窮人」的認識既與其因詩被貶的切身經歷息息相關，也意味著他對詩人悲劇性命運的選擇性認同。這種認同實則是對文人才華之富的肯定，甚至成為蘇門文人的一個必要條件。

第一章 《東坡易傳》的成書與
北宋學術思潮

　　本章在參考現有研究的基礎上，對《東坡易傳》成書過程的不同看法加以梳理，並提出個人見解。在此基礎上，筆者將結合前人的評價以及蘇軾的家學淵源及具體創作背景等方面，論述《東坡易傳》「上談性命，下述政理」的總體特徵。隨後，本章試圖闡明北宋通經致用的時代思潮隨著政治改革發展的不同階段而呈現出不同的面貌，並以此線索，談論《東坡易傳》成書的歷史文化語境。

第一節　《東坡易傳》成書過程再議

　　《東坡易傳》又名《毗陵易傳》《蘇氏毗陵易傳》《蘇文忠易傳》《蘇氏易傳》《蘇軾易傳》《蘇東坡易解》《東坡易解》《蘇氏易解》等等〔註1〕。這部《易傳》至今形成兩個不同的版本，即《四庫全書》本《東坡易傳》和《叢書集成》本《蘇氏易傳》。由於南宋兩部富有影響力的目錄學著作——《直齋書錄解題》《郡齋讀書志》皆將此書題名為「東坡易傳」，《四庫全書》亦保留這一說法，影響甚大，因此，本文即採用「東坡易傳」這一題名，所用版本為《四庫全書》本。

　　關於《東坡易傳》的作者問題，《四庫全書總目提要》稱：

〔註1〕關於《東坡易傳》的名稱及版本，參見金生楊《〈蘇氏易傳〉研究》，第67～70頁。

　　《東坡易傳》九卷，宋蘇軾撰。是書一名《毗陵易傳》，陸游《老學庵筆記》謂，其書初遭元祐黨禁，不敢顯題軾名，故稱毗陵先生，以軾終於常州故也。蘇籀《欒城遺言》記，蘇洵作《易傳》未成而卒，屬二子述其志，軾書先成，轍乃送所解於軾，今《蒙卦》猶是轍解。

　　則此書實蘇氏父子兄弟合力為之，題曰軾撰，要其成耳。〔註2〕

目前，學術界對於這一論斷有不同的意見。謝建忠《蘇軾〈東坡易傳〉考論》一文認為「蘇軾在黃州獨立撰寫了《東坡易傳》」，並認為是書始作於元豐三年五月，成於元豐三年秋後到冬至之前。〔註3〕金生楊《也論〈東坡易傳〉的作者和繫年——與謝建忠先生商榷》對謝文的推論逐條加以辯駁，而認同四庫館臣的看法：「《東坡易傳》是三蘇父子合力完成的一部力作。它經歷了蘇洵初撰、蘇轍解《易》、蘇軾初成於黃州、再定於儋州的寫作歷程。其中蘇軾用力最勤，成效最著。」〔註4〕該文認為是書準備於黃州前，作於黃州，修訂於儋州，所謂「準備」，僅限於浸覽研讀，並未著書立說。

　　謝、金二文所依據材料基本相同，而所得出的結論相反，這是由於解讀差異所致。二者依據的幾則材料是：

　　　　蓋晚而好《易》，曰：「《易》之道深矣，泪而不明者，諸儒以附會之說亂之也。去之，則聖人之旨見矣。」作《易傳》，未卒而成。（歐陽修《故霸州文安縣主簿蘇君墓誌銘》）〔註5〕

　　　　軾始就逮赴獄，有一子稍長，徒步相隨。其餘守舍，皆婦女幼稚。至宿州，御史符下，就家取文書。州郡望風，遣吏發卒，圍船搜取，老幼幾怖死。既去，婦女恚罵曰：「是好著書，書成何所得，而怖我如此！」悉取燒之。比事定，重復尋理，十七其七八矣。到黃州，無所用心，輒復覃思於《易》《論語》，端居深念，若有所得，遂因先子之學，作《易傳》九卷。又自以意作《論語說》五卷。窮苦多難，壽命不可期。恐此書一旦復淪沒不傳，意欲寫數本留人間。念新以文字得罪，人必以為凶衰不詳之書，莫肯收藏。又自非一代

〔註2〕文淵閣《四庫全書總目》卷二。
〔註3〕謝建忠《蘇軾〈東坡易傳〉考論》，《文學遺產》2000年第6期。
〔註4〕金生楊《也論〈東坡易傳〉的作者和繫年——與謝建忠先生商榷》，《文學遺產》2003年第1期。
〔註5〕歐陽修著，李逸安點校《歐陽修全集》卷三十五，中華書局2001年版，第514頁。

偉人不足託以必傳者，莫若獻之明公。而《易傳》文多，未有力裝寫，獨致《論語說》五卷。公退閒暇，一為讀之，就使無取，亦足見其窮不忘道，老而能學也。(蘇軾《黃州上文潞公書》)〔註6〕

先君晚歲讀《易》，玩其爻象，得其剛柔、遠近、喜怒、逆順之情，以觀其詞，皆迎刃而解。作《易傳》，未完，疾革，命公述其志。公泣受命，卒以成書。然後千載之微言，煥然可知也。(蘇轍《亡兄子瞻端明墓誌銘》)〔註7〕

先曾祖晚歲讀《易》，玩其爻象，得其剛柔、遠近、喜怒、逆順之情，以觀其詞皆迎刃而解。作《易傳》未完，疾革。命二公述其志。東坡受命，卒以成書。初，二公少年，皆讀《易》，為之解說。各仕它邦，既而東坡獨得文王伏羲超然之旨，公乃送所解予坡。今《蒙卦》猶是公解。(蘇籀《欒城遺言》)〔註8〕

據這幾則材料可知，蘇洵著有《易傳》(已佚)，但齎志以歿，未能完稿。另外，據蘇軾《黃州上文潞公書》所述，現傳《東坡易傳》作於黃州時期。這兩點不存在爭議。問題在於，「遂因先子之學」及「命公述其志」應當如何解讀？蘇軾究竟是繼承其父解《易》見聖人之道的志向，還是續其父未完之書？謝文贊同前者，金文贊同後者。導致這兩種不同解讀的關鍵線索，是烏臺詩案中的焚書事件。據《黃州上文潞公書》所言，在烏臺詩案中，蘇軾所著之書被其家人焚燒，「十亡其七八矣。」謝建忠由此推斷蘇軾的書稿「幾乎被焚一盡」，其中也當包括蘇洵《易傳》未完之作，所以蘇軾黃州時期所撰《東坡易傳》不是續其父未成之書，而是獨立撰述。而金生楊先生認為「幾乎被焚一盡」，其實並未焚盡。其一，傳世的《蘇軾詩集》係編年版，黃州之前詩尚存十九卷，即是明證。其二，烏臺詩案的誘因是蘇軾詩文諷刺當局，而與蘇洵《易傳》無關。所以金先生認為「蘇洵《易傳》被焚之說也未必能成立，」《東坡易傳》是續蘇洵未完之書而成的。二人爭論的焦點由此轉向蘇洵《易傳》在烏臺詩案中是否被焚，而共同默認蘇軾在黃州之前並未著《易傳》。

〔註6〕蘇軾著，孔凡禮點校《蘇軾文集》卷四十八，中華書局2004年版，第1379～1380頁。
〔註7〕《欒城後集》卷二十二，蘇轍著，曾棗莊、馬德富校點《欒城集》，上海古籍出版社1987年版，第1422頁。
〔註8〕蘇籀《欒城遺言》，文淵閣《四庫全書》本。

那麼，蘇軾在黃州之前是否著有《易傳》？筆者的看法與二位先生不盡相同，理由如下：首先，《黃州上文潞公書》稱：「婦女忎罵曰：『是好著書，書成何所得，而怖我如此！』悉取燒之。」可見烏臺詩案所焚之書，為蘇軾所著之書。其次，《黃州上文潞公書》又稱：「到黃州，無所用心，輒復覃思於《易》《論語》，端居深念，若有所得，遂因先子之學，作《易傳》九卷。又自以意作《論語說》五卷。窮苦多難，壽命不可期。恐此書一旦復淪沒不傳，意欲寫數本留人間。」耿亮之認為：「這裡的兩個『復』字，說明蘇軾在黃州之前，至少已經有了《易傳》的初稿。」〔註9〕筆者認同這一觀點。後一個「復」字表明在烏臺詩案中有一本《易傳》「淪沒不傳」。由此可見，蘇軾在黃州之前應該已開始撰寫《易傳》（可能在蘇洵未完之作的基礎上進行的），但此書在烏臺詩案中被其家人焚毀，後來黃州所作的《東坡易傳》九卷當是其獨立撰寫。

蘇軾撰寫《易傳》首先是為了繼承蘇洵遺志，其易學思想與其父既有一脈相承之處，也有所分歧。一方面，兩人的撰述都出於撥亂反正、澄明益世的目的。據歐陽修《故霸州文安縣主簿蘇君墓誌銘》載蘇洵之言：「《易》之道深矣，汩而不明者，諸儒以附會之說亂之也。去之，則聖人之旨見矣。」〔註10〕蘇軾亦稱：「雖拙學，然自謂頗正古今之誤，粗有益於世。」〔註11〕兩人所說典型地體現宋學以義理解經、通經致用的時代風氣。另一方面，蘇軾對蘇洵的解易方式有所修訂和發揮。朱熹對此看得很敏銳：「老蘇說《易》，專得於『愛惡相攻而吉凶生』以下三句。他把這六爻似那累世相仇相殺底人相似看，這一爻攻那一爻，這一畫剋那一畫，全不近人情。東坡見他恁地太粗疏，卻添得些佛老在裏面。其書自做兩樣，亦間有取王輔嗣之說以補老蘇之說；亦有不曉他說了，亂填補處。老蘇說底，亦有去那物理上看得著處。」〔註12〕朱子對蘇洵易學的評論有些矛盾，一曰「全不近人情」，一曰「亦有去那物理看得著處」。後一句的評價比較中肯。蘇軾正是在此基礎之上，「因先子之學」，自成己說。

概而言之，《東坡易傳》一書應是蘇軾在繼承蘇洵《易傳》的基礎上，適

〔註 9〕耿亮之《蘇軾易學與其人格》，《周易研究》1996 年第 3 期。

〔註10〕《歐陽修全集》卷三十五，第 514 頁。

〔註11〕《蘇軾文集》卷五十一，第 1482 頁。

〔註12〕《朱子語類》卷六十七，朱熹撰，朱傑人、嚴佐之、劉永翔主編《朱子全書》第 16 冊，上海古籍出版社、安徽教育出版社 2002 年版，第 2246 頁。

當酌取蘇轍的某些易學見解而成的一家之言〔註13〕。蘇軾自幼年開始，既已浸染研讀《易》學，黃州前後兩次撰《易傳》，流儋後又反覆加以修訂，對此書極為看重，自稱「某凡百如昨，但撫視《易》《書》《論語》三書，即覺此生不虛過」〔註14〕；又稱「所喜者，在海南了得《易》《書》《論語傳》數十卷，似有益於骨朽後人耳目也」。〔註15〕足見其對此書重視程度。

第二節 《東坡易傳》「上談性命，下述政理」的總體特徵

朱熹曾在給兩位朋友的信中這樣評價「蘇氏之學」：

> 蘇氏之言，高者出入有無而曲成義理，下者指陳利害而切近人情。其智識才辨，謀為氣概，又足以震耀而張皇之，使聽者欣然而不知倦，非王氏之比也。然語道學則迷大本，論事實則尚權謀，衒浮華，忘本實，貴通達，賤名檢。此其害天理，亂人心，妨道術，敗風教，亦豈盡出王氏之下也哉。〔註16〕

> 蘇氏之學，上談性命，下述政理。其所言者非特屈、宋、唐、景而已。學者始則以其文而悅之，以苟一朝之利，及其既久，則漸涵入骨髓，不復能自解免。其壞人材，敗風俗，蓋不少矣。〔註17〕

在這兩處評價中，朱熹雖然沒有明確提到《東坡易傳》，但由於《東坡易傳》在蘇軾之學中所佔有的重要地位，所以我們也可以將之視為對《東坡易傳》的評價。

此外，《四庫提要》對《東坡易傳》的總評斷與朱熹的看法基本相同：

> 今觀其書，如解《乾卦・象傳》性命之理諸條，誠不免杳冥恍惚，淪於異學。至其他推闡理勢，言簡意明，往往足以達難顯之情，而深得曲譬之旨。蓋大體近於王弼，而弼之說惟暢元風，

〔註13〕關於《東坡易傳》與蘇轍的關係，參見金生楊《〈蘇氏易傳〉研究》第64～67頁。

〔註14〕《蘇軾文集》卷五十七《答蘇伯固四首》之三，第1741頁。

〔註15〕《蘇軾文集》卷五十七《答李端叔十首》之三，第1540頁。

〔註16〕《晦庵先生朱文公文集》卷三十《答汪尚書》，《朱子全書》第21冊，第1300～1301頁。

〔註17〕《晦庵先生朱文公文集》卷三十三《答呂伯公》，《朱子全書》第21冊，第1428頁。

軾之說多切人事。〔註18〕

撇開褒貶取向不談，我們從以上二家的評斷可以看出，《東坡易傳》存在著「上談性命，下述政理」的特徵。

首先來看《東坡易傳》所言性命義理。朱熹所謂的「高者出入有無而曲成義理」「語道則迷大本」，四庫館臣所說的「《乾卦・彖傳》性命之理諸條，誠不免杳冥恍惚，淪於異學」，這些看法都是基於儒學的正統觀批判蘇軾以佛老為本的性命之理。對於這些意見，需作進一步辨析。在蘇軾生活之世，宋儒已經意識到，魏晉以來儒學不振的主要原因在於，儒學思想在義理上不勝佛老之精微。因此，他們除了注重外在「致廣大」的經世致用之外，也逐漸發展起內在「盡精微」的道德性命之學。大體而言，北宋初期的儒學復興主要體現在政治人事方面，對道德性命之學不太重視。比如，歐陽修曾說：「夫性，非學者之所急……《六經》之所載皆人事之切於世者。」〔註19〕到了北宋中期，王安石開啟道德性命之說，二程加以繼承開拓，使「道德性命」成為理學的核心命題。〔註20〕宋代士大夫發展儒家形而上的性命之理，一方面是出於排擊佛老的需要，另一方面他們又不得不借鑒佛老的思想。受此時代思潮影響，蘇軾之學在建立以儒學為主體的學術體系時，主要汲取佛老的思想養料來發展形而上的性命之學。與王安石、二程表面詆排佛老、實則又暗自融合佛老義理不同，蘇軾、蘇轍公開表示對佛老的喜愛。他們認為，佛老之道與儒家之道本質上是一致的。蘇轍曾說：「東漢以來，佛法始入中國，其道與老子相出入，皆《易》所謂形而上者，而漢世士大夫不能明也。」〔註21〕蘇軾亦曾說莊子於孔子「陽擠而陰助」。〔註22〕不過二蘇對佛老思想的吸收，也僅取其適用的部分，並沒有完全走向老莊的忘世或佛家的「自私」境地。譬如，蘇軾就曾對那些「棄家毀服壞毛髮」的僧徒提出批評。〔註23〕

《東坡易傳》在義理上主要通過王弼吸取老莊思想，主張「以無為本」，

〔註18〕文淵閣《四庫全書總目》卷二。

〔註19〕《歐陽修全集》卷四十七《答李詡第二書》，第669頁。

〔註20〕關於王安石道德性命之學在宋學中的地位，可參考鄧廣銘《王安石在北宋儒家學派中的地位——附說理學家的開山祖問題(《北京大學學報》1991年第2期)。

〔註21〕《欒城後集》卷十《歷代論・梁武帝》，《欒城集》，第1258頁。

〔註22〕《蘇軾文集》卷十一《莊子祠堂記》，第347頁。

〔註23〕《蘇軾文集》卷十二《中和勝相院記》，第384頁。

順應自然之道。不過「以無為本」之說必然會導致蔑視世俗禮法，而這與蘇軾以儒學為主體的思想體系格格不入。那麼，從「以無為本」到世俗禮法之間的邏輯應當如何貫通？這成為瞭解蘇軾哲學觀的重要切入點。筆者將在下一章對這一問題加以詳細探討。

其次，《東坡易傳》還存在著「多切人事」的特徵。重人事是宋學經世致用的一大體現。李覯、歐陽修完全將《周易》六十四卦看成是講人事興衰、社會治亂的道理。〔註24〕王安石頒布《三經新義》作為其變法改革的理論指導。受此時代潮流影響，蘇軾《東坡易傳》亦注重發明其用世之功：「雖拙學，然自謂頗正古今之誤，粗有益於世，瞑目無憾也。」〔註25〕

除了受到時代風尚影響之外，蘇軾解《易》多切人事的特徵還與其家學淵源有關。如上所述，《東坡易傳》是「因先子之學」而來，因此蘇軾解《易》必然受到蘇洵經學觀念的影響。蘇洵論《易》重視權變之術，他曾說「（聖人作《易》）用其機權以持天下之心，而濟其道於不窮也。」〔註26〕蘇洵引入權謀之變論述《周易》的形成，與其對經史關係的特殊認識有關。〔註27〕蘇洵認為「史與經，皆憂小人而作，其義一也。其義一，其體二，故曰史焉，曰經焉。大凡文之用四，事以實之，詞以章之，道以通之，法以檢之，此經、史所兼而有之者也……經非一代之實錄，史非萬世之常法，體不相沿而用實相資焉。」〔註28〕蘇軾、蘇轍秉承家學，對史學尤其重視。蘇軾將尚權謀之術、重經史相資的家學傳統滲透入《東坡易傳》之中，形成此書重議論得失、「多切人事」「指陳利害而切近人情」的特徵。

另外，《東坡易傳》重人事、講政理的特徵還與蘇軾的政治處境有關。如上所述，《東坡易傳》完稿於黃州，修訂於嶺海，蘇軾在貶謫時期對於政治的反思也滲透到這部著作之中。他在黃州給朋友的信中曾提到：「一二年間，欲了卻《論語》《書》《易》，舍弟已了卻《春秋》《詩》。」〔註29〕可見二蘇注經是有意識地分工合作，而他們用力經學與反對王安石《三經新義》有

〔註24〕參見朱伯崑《易學哲學史》第 2 冊，第 61 頁。
〔註25〕《蘇軾文集》卷五十一《與滕達道六十八首》之二十一，第 1482 頁。
〔註26〕蘇洵著，曾棗莊、金成禮箋注《嘉祐集箋注》卷六《易論》，上海古籍出版社1993 年版，第 144 頁。
〔註27〕參考胡昭曦等著《宋代蜀學研究》（巴蜀書社 1997 年版）「蘇洵對經史關係的認識」一節，第 252～255 頁。
〔註28〕《嘉祐集箋注》卷九《史論》，第 229 頁。
〔註29〕《蘇軾文集》卷五十一《與滕達道六十八首》之二十一，第 1482 頁。

關。蘇轍《春秋集解引》對這一目的說得很明白：

> 王介甫以宰相解經，行之於世。至《春秋》，漫不能通，則詆以
> 為斷爛朝報，使天下士不得復用學，嗚呼！孔子之遺言而凌滅至此，
> 非獨介甫之妄，亦諸儒講解不明之過也。故予始自熙寧謫居高安，
> 覽諸家之說而裁之以義，為《集解》十二卷，及今十數年矣。〔註30〕

此外，南宋的陳善也指出蘇軾經學以經世為務，著力於攻駁荊公新學：

> 王荊公行新法，同時諸公皆不以為然，二蘇頗有論列，荊公於
> 《三經新義》託意規諷……後東坡作《書》《論語》諸解，又矯枉
> 過直而奪之。〔註31〕

在這段話中，陳善只提到《書傳》和《論語說》，而沒有提到《易傳》，這是因
為前兩部書對王安石新學的駁斥最為強烈鮮明。但是蘇軾的這三部經學皆作
於貶謫期間，對王安石其人其學的不滿也滲透入對《周易》的解釋中。譬如，
清人顧炎武就曾具體指出蘇軾解《兌卦》旨在諷刺神宗用王安石事：

> 蘇子瞻《易傳·兌卦》解曰：「……此小人之託於無求以為兌者
> 也，故曰『引兌』，言九五引之而後至也。其心難知，其為害深，故
> 九五『孚於剝』。」……此論蓋為神宗用王安石而發，孟子曰：「好
> 名之人能讓千乘之國，苟非其人，簞食豆羹見於色。」荊公當日處卑
> 官，力辭其所不必辭；既顯，宜辭而不復辭，矯情干譽之私，固有識
> 之者矣。〔註32〕

蘇軾反對王安石，不僅針對其為人之矯情，更對其學說「一道德」的傾向大
為不滿。《東坡易傳》中強調包容意見，反對強人隨己的觀念，亦體現了對王
安石之學的反駁。

第三節 《東坡易傳》與北宋學術思潮

一、通經致用與北宋學術思潮的演變

趙宋王朝在結束唐末五代長期分裂割據的基礎上，為進一步加強中央集

〔註30〕曾棗莊、舒大綱《三蘇全書》第18冊，北京語文出版社2001年版，第101頁。
〔註31〕《捫虱新話》卷一。
〔註32〕顧炎武著，黃汝成集釋，欒保群、呂宗力校點《日知錄集釋》卷十三《宋世
　　　風俗》，上海古籍出版社2014年版，第300頁。

權，採取重文輕武的國策，大力推崇儒學，由此造就了空前繁榮的北宋文化。這一文化類型具有鮮明的時代精神，被稱為宋學或宋代新儒學。宋代新儒學的一大重要品格即是實用精神。這一精神主要體現在兩方面：一是他們以「學貴於有用」〔註33〕「志在行其所學」〔註34〕的理性精神，投身於漢唐儒生不屑的繁瑣吏政之中，勇於在為官實踐中培養處理實際政務的能力，且有很多人在為官一郡時取得了不錯的政績，如王安石任鄞縣知縣，蘇軾任杭州通判，皆能造福一方百姓。二是他們重視通過學術著作為現實政治提供理論依據，或是對現實政治經驗加以總結提升，將其運用於經典闡釋之中。

關於第二點，漆俠先生在《宋學的發展和演變》一文中指出：「在建立之初，宋學一個更加重要的特點是，不單純從理論上探索經學，而是重實際，講實用，務實效的。」「儒經是作為儒生們從中尋繹出治國安邦的大道理來的，因而宋學的建立者不是把儒經當作教條，而是把對經學的研究同現實生活（包括經濟生活、政治生活諸方面）聯繫起來，強調對社會生活的改善。」〔註35〕

正是在這種時代精神的感召之下，北宋士大夫以強烈的主體責任感和高度的參政熱情，紛陳救弊之策，廣抒革新之論。其通變救弊的政治呼聲與著書論說互為表裏，和聲共振，促成了北宋學術敢於疑古、自信開創的治學精神，以及重視經世致用的價值追求。概而言之，北宋士大夫通經致用的事功精神，與政治上通變救弊的革新訴求相伴而行，並隨著改革發展的不同階段呈現出不同的特徵。以通經致用為線索，可以將北宋學術的發展歷程大致劃分為三個階段〔註36〕：一是仁宗慶曆前後，以胡瑗、范仲淹、歐陽修為代表，他們以疑古的自信精神，嘗試通過經典闡釋來為現實政治革新尋求理論依據。

〔註33〕 《河南程氏粹言》卷一《論學篇》，程顥、程頤著，王孝魚點校《二程集》，中華書局 1981 年版，第 1196 頁。

〔註34〕 宋孝宗《御製文集序》，見郎曄《經進東坡文集事略》卷首，《四部叢刊》本。

〔註35〕 漆俠《宋學的發展和演變》，《文史哲》1995 年第 1 期。

〔註36〕 漆俠《宋學的發展和演變》將整個宋代的學術流變劃分為三個階段：慶曆前後（以范仲淹、歐陽修等為代表），仁宗晚年至神宗初期（有荊公學派、溫公學派、三蘇蜀學、二程理學四家），宋高宗至南宋（以朱熹為代表）。本文旨在考察蘇學在北宋學術流變中的地位，筆者認為：雖然蘇軾與王安石之學皆大致發軔於嘉祐慶曆年間，但二者在社會中佔據主導地位的時間不同，荊公之學定一尊於熙豐時期；而蘇軾之學成為顯學則在元祐時期，且其學說的一個重要部分即是反思王安石變法，所以本文將此二家之學作為兩個時期的主導思想進行討論。

這段時間可稱之為通經致用的探索期。二是荊公新學成為官學的熙豐變法時期，王安石利用其宰輔地位，以《三經新義》統一學術思想。這一時期可稱之為通經致用的定型期。三是王安石變法失敗後，舊黨登臺的元祐時期，以蘇軾、二程為代表，這兩派皆經歷了變法革新和新舊黨爭，其學說皆在批判反思新學中形成自己的理論特色。這一時期可稱之為通經致用的反思期。

慶曆時期，政治上的革新救弊與經學上的疑經思潮相伴而行。如陸游所說：

> 唐及國初，學者不敢議孔安國、鄭康成，況聖人乎。自慶曆後，諸儒發明經旨，非前人所及，然排《繫辭》，毀《周禮》，疑《孟子》，譏《書》之《胤正》《顧命》，黜《詩》之《序》，不難於議經，況傳注乎？〔註37〕

此處所說排《繫辭》，是指歐陽修在《易童子問》中提出《繫辭》非聖人所作的觀點。歐陽修對《周易》的理解與其提倡變革的政治主張有關，「重視事功，關心當時的社會政治問題，不贊成空談天道性命……把《周易》看成是講人事興衰，社會治亂的學問，重人事，反對脫離人事講天道。」〔註38〕此外，慶曆新政的核心人物范仲淹（著有《易義》）、李覯（著有《易論》十三篇），他們的易學觀點雖然不盡相同，但無不在經典闡釋中尋找指導人事的理論依據。

儘管慶曆新政在激烈的朋黨之爭中很快敗下陣來，但這並未消滅士大夫革新時弊的熱忱。熙寧時期，王安石接續慶曆革新之餘響，發起一場以理財為核心的規模浩大的變法運動。朱熹對王安石變法有如下一段評論：

> 他（荊公）卻將《周禮》來賣弄，有利底事便行之，意欲富國強兵，然後行禮義；不知未富強，人材風俗已先壞了。向見何一之有一小論，稱荊公所以辦得盡，行許多事，緣李文靖為相日，四方言利害者盡皆報罷，積得許多弊事，所以激得荊公出來，一齊要整頓過。荊公此意便是慶曆范文正公諸人要做事底規模。然范文正公等行得尊重，其人才亦忠厚。荊公所用之人，一切相反。〔註39〕

朱熹雖對王安石人品道德大為不滿，但也看到了熙寧變法是慶曆新政以來通

〔註37〕王應麟撰，樂保群、田松青校點《困學紀聞》卷八，上海古籍出版社2015年版，第201頁。

〔註38〕《易學哲學史》第2冊，第61頁。

〔註39〕《朱子語類》卷七十一《易七》，《朱子全書》第16冊，第2401頁。

變救弊的產物，荊公所作的正是范文正公諸人所欲做的事情。

出於變革社會現實的需要，王安石將范仲淹、歐陽修等注重經世致用的學風發展為具有強烈的功利主義傾向的新學。在其主持經義局期間，對《詩》《書》《禮》加以注釋（合稱《三經新義》），頒布於學校，作為科舉考試的依據。《三經新義》是王安石實現託古改制的理論基礎，其最大的特徵是「強經以從己」「先儒傳注，一切廢不用」。對此，前人已有總結：

> 熙寧中，設經義局，介甫自為《周官義》十餘萬言……介甫以其書理財者居半……蓋以其所創新法盡傅著之，務塞異議者之口。〔註40〕

> 《周禮》之不可行於後世，微特人人知之，安石亦未嘗不知也。
> 安石之意，本以宋當積弱之後，欲濟之以富強，而恐富強之說必為儒者排擊，於是附會經義以鉗其口，實非真信《周禮》為可行。〔註41〕

王安石做《周官新義》的真正目的，一方面是希望通過附會經義以堵反對變法儒生之口，確保變法順利進行；另一方面則將自己的為政主張滲入經典闡釋之中，並通過科舉強制推行，統一士人的思想。

由於新法在推行過程中採取不合時宜的舉措，造成了激烈的社會動盪和黨派紛爭，加之神宗皇帝的猶疑和早逝，元豐八年（1085）變法以失敗告終。王安石變法失敗，直接導致慶曆以來通變救弊的革新精神被保守趨勢取代。如朱熹所說：「如東坡當初議論亦要變法，後來皆改了。」〔註42〕與此政治形勢相應，在學術建構上，元祐時期登臺的蜀學、洛學、朔學雖各持一家之言，但無不站在新黨的對立面，希望通過整頓荊公新學，重新尋找一條通經致用的路子。在這三家的著述中，又以蜀學和洛學最具特色。大抵而言，二程認為荊公之學在格物致知上皆未能盡善，過於片面地發展外王一路，必然使天下人心大壞，因此其學問工夫轉向內在的化革人心，致力於在天道義理上「盡精微」。二程一派代表了宋代學術由「外」向「內」的發展方向。南宋朱熹以繼二程思想為己任，在天道義理上建構起一套龐大的理論體系。儘管程朱一派仍不忘以致用為旨歸，但終因在義理思辨上越走越遠，逐漸脫離了宋初學

〔註40〕晁公武撰，孫猛校證《郡齋讀書志校證》卷二，上海古籍出版社 1990 年版，第 81～82 頁。

〔註41〕文淵閣《四庫全書總目》卷十九。

〔註42〕《朱子語類》卷一三〇《本朝四》，《朱子全書》第 18 冊，第 4034 頁。

術思想著眼於現實的實踐品格。

　　蘇學雖然也以反對王安石新學出名，但並沒有走向二程的內聖之路。蘇軾主要根據其人生經驗和歷史感受，通過議論得失、推闡理勢，來批判荊公之學的不足，呈現出實用主義的特徵，體現為宋代通經致用學術思潮中獨具特色的一家之學。南宋陳善《捫虱新話》：「本朝文章亦三變矣：荊公以經術，東坡以議論，程氏以性理。」以「經術」「議論」「性理」概括三家之學，可謂貼切。雖然蘇軾的學術思想有一部分仍是依託經典，但其經學闡釋主要仍以推闡理勢、議論人事見長。

二、北宋易學演變與《東坡易傳》

　　據《宋史・藝文志》載，北宋解易之作有六十餘部。總的看來，北宋易學存在著象數、義理兩派並行發展，交鬥融合的傾向。《四庫總目提要》這樣評論宋易：

> 漢儒言象數，去古未遠也，一變而為京焦，入於機祥；再變而為陳邵，務窮造化，《易》遂不切於民用。王弼盡黜象數，說以老莊，一變而為胡瑗、程子，始闡明儒理；再變而李光、楊萬里，又參證史事，《易》遂日啟其論端。此兩派六宗，已互攻駁。

北宋象數易學始於華山道士陳搏，陳搏傳其易學至劉牧和李之才。劉牧推崇河圖洛書，李之才則宣揚卦變說。後來周敦頤以儒家學說改造陳搏的系統，一方面吸收了太極圖說，著重講象；另一方面也借鑒漢唐以來的義理說解釋《周易》的基本原理。邵雍亦是北宋象數的重要一家。其易學主張「數生象」，提出先天之學，被稱為數學派。宋易中的象數之學是對漢易象數之學的發展，它發揮了唐五代道教以圖示解易的傳統，又被稱為圖書之學。北宋圖書之學，尤其是數學一派，摒棄了漢易象數之學言陰陽災異、天人感應之言，而是進一步推演象數中的邏輯和哲理。象數易學著重於構建天道運行的圖式，「多參天象」，在「明體」方面作出較大的貢獻。

　　在圖書易學流行之際，慶曆年間的李覯和歐陽修提出義理易學的觀點，與圖書之學相抗衡。李覯為適應范仲淹所推行的改革事業的時代需求，提出「急乎天下之用」的口號，其《易論》十三篇批判了圖書學派以象數解易的傾向，而著重闡發其中的義理，發揮了經世外王的思想。具體而言，李覯反對將《周易》視為占卜迷信之書，也不贊成以佛老之學解釋易理，他對《周

易》卦爻辭的解釋主要繼承了王弼以來義理學派的傳統，以取義為主，同時也拋棄了王弼派的玄學觀點，他認為「聖人作易，本以教人」，將《周易》視為講人倫教化的典籍。

　　歐陽修著有《易童子問》三卷，歐陽修易學推崇王弼以義理解易，但是他不贊同王弼將易學玄學化的道路。歐陽修不僅反對圖書象數之學，也反對以天道性命解易的傾向：

> 　　聖人急於人事者也，天人之際罕言焉。惟《謙》之《象》，略具其說矣。聖人，人也，知人而已。天地鬼神不可知，故推其跡；人可知者，故直言其情。以人之情而推天地鬼神之跡，無以異也。然則修吾人事而已。人事修則與天地鬼神合矣。〔註43〕

> 　　修患世之學者多言性，故常為說曰，夫性，非學者之所急，而聖之所罕言也。《易》六十四卦，不言性，其言者，動靜得失吉凶之常理也。《春秋》二百四十二年，不言性，其言者，善惡是非之實錄也。《詩》三百五篇，不言性，其言者，政教興衰之美刺也。〔註44〕

歐陽修的《易童子問》開啟了經學變古之風，憑藉著自由大膽的思考去議論六經之真偽，目的在於建立一套適應時代需求的新經學。歐陽修反覆申說《易》的主旨在於急人事之用，而輕視天道性命之說。和李覯一樣，歐陽修的易學思想實際上是對慶曆之際緊迫的現實需求的一種回應。歐陽修積極支持范仲淹領導的慶曆革新。他於慶曆二年（1042）寫下《本論》三篇對當時的時代問題提出自己的看法。歐陽修力主復興儒學，推崇禮儀之教，以此對抗佛老思想。為此，他自覺地繼承了儒學重實用的思想傾向，在經世致用的層面推崇《周易》。

　　除了李覯、歐陽修之外，北宋易學義理派的主要人物還有胡瑗、孫復等儒家學者。胡瑗著有《周易口義》，著重解說卦爻辭文意，反對王弼玄學派的虛無觀念來解釋《周易》義理。孫復著有《易說》，亦主義理，排斥二氏之學，不滿王弼以「虛無」解釋易理。作為宋代理學的先驅，胡瑗、孫復皆主張「明體達用」之學。其後，程頤的《伊川易傳》發展了這一思理，以「體用一源，顯微無間」作為解易的基本綱領，代表了王弼之後義理學派發展的另一高峰。程頤所謂的「體」，是指「理」，即為儒家名教理想作論證的宇宙本體和價值

〔註43〕《歐陽修全集》卷七十六《易童子問》，第1109頁。
〔註44〕《歐陽修全集》卷四十七《答李詡第二書》，第669頁。

本體；程頤所謂的「用」，是指急乎天下國家的外王之用。二程的理學是依據《周易》的思想發展起來的，其「理」的主要特徵是「儒理」，而非老莊的自然之理。《四庫總目提要》論述宋代義理易學的演變指出：「王弼盡黜象數，說以老莊，一變而胡瑗、程子，始闡明儒理。」〔註45〕總之，「二程以體用、顯微的關係釋儒理，把仁義、忠恕、誠敬這些儒家所服膺的應然的價值看作是本於自然的天道，認為儒理就是天理，天理就是易理，這個思想就是他們以理言《易》的基本的理論框架和哲學綱領。」〔註46〕

北宋儒學是繼韓愈推崇儒家道統，排斥佛老的學術思潮發展的高峰。宋代儒學復興的主要目的，「一方面在於排斥佛老，承接道統，站在理論的高度來論證儒家的仁義禮樂的文化理想，建立一個取代佛老特別是佛教的新儒家哲學；另一方面在於力圖從這種哲學中引申出一套經世之學和心性之學，以配合當時的改革事業，培養一批以天下為己任的人才。」〔註47〕由此而來，「明體達用」便成為宋代儒學復興運動的綱領。而在儒家的經典中，只有《周易》完備地體現了「明體達用」的精神。宋代不同傾向的思想家都不約而同地選擇了《周易》作為經典闡釋的依據。而在易學史上，將體用提升為一對重要的哲學範疇來解說《周易》，則是從王弼開始的。唐代孔穎達依據《周易注》所作的《周易正義》被定為官學著作，唐宋以來歷代科舉取士皆以此為依據。作為宋代士人的必讀之書，王弼《周易注》以體用解易的思路對宋代易學各派都產生極為深遠的影響。只不過為了適應時代的需要，宋代士人對王弼的體用思想進行了選擇性的改造。大體來說，以熙寧為界，可劃分為兩個階段。「熙寧之前的探索，重點放在『達用』方面，雖然強化了儒家的道德規範，凸顯了儒家的名教理想，表現了儒家的『以憂患之心，思憂患之故』的人文情懷，但是在『明體』方面卻有所忽視，理論水平不高，給人留下有用無體的印象」，「熙寧以後的探索，重點放在『明體』方面，著眼於宇宙本體和價值本體的建構。」〔註48〕

《東坡易傳》體現了宋代易學明體達用的時代精神。

首先，蘇軾認為《周易》是聖人講人情之變的書，他反對將《易》學往卜筮方向發展，反對以象數解《易》：

〔註45〕文淵閣《四庫全書總目提要》。
〔註46〕《內聖外王的貫通──北宋易學的現代闡釋》，第392頁。
〔註47〕《內聖外王的貫通──北宋易學的現代闡釋》，第10頁。
〔註48〕《內聖外王的貫通──北宋易學的現代闡釋》，第372頁。

《易》者，卜筮之書也。挾策布卦，以分陰陽而明吉凶，此日
者之事，而非聖人之道也。聖人之道，存乎其爻之辭，而不在其數。
數非聖人之所盡心也……夫《易》本於卜筮，而聖人開言於其間，
以盡天下人情。使其為數紛亂而不可考，則聖人豈肯以其有用之言
而託之無用之數哉。〔註49〕

《易》者，聖人所以盡人情之變，而非所以求神於卜筮也。自
孔子沒，學者惑乎異端之說，而左丘明之論尤為可怪，使夫伏羲、
文王、孔子之所盡心焉者，流而入於卜筮之事，甚可憫也。〔註50〕

蘇軾認為《周易》雖然起源於卜筮，但是聖人將它發展為講人事的書，他強
調後人應當沿著聖人之道的方向，從中尋找治世的道理。另外，蘇軾還說聖
人之道「存乎其爻之辭，而不在其數」，由此可見蘇軾重視易學義理派，而輕
視象數派。

其次，在研究方法上，宋人解經一反漢唐的章句訓詁之學，而表現出自
由發揮、大膽求解的傾向。受此風氣影響，蘇軾解《易》亦重視串講義理，強
調「以意得之」。蘇軾曾說：「夫論經者，當以意得之，非於句義之間也。於句
義之間，則破碎牽蔓之說，反能害經之意。」〔註51〕儘管蘇軾解《易》不拘
泥於繁瑣的章句訓詁，但與宋代一些肆意解經的學者不同，他往往能結合基
本的文字訓詁來疏解大意。〔註52〕如朱熹曾說：「東坡解《易》，大體最不好。
然他卻會作文，識句法，解文釋義，必有長處。」〔註53〕

總的來看，《東坡易傳》在宋代易學史上很有特色。一方面它繼承歐陽
修易學注重人事的傾向，多講人情之變；另一方面，與北宋諸家摒棄老莊玄
學義理不同，蘇軾解《易》兼取王弼「以無為本」說和郭象「崇有論」思想，
在宇宙論、性情論上自成一家之言。朱伯崑說：「北宋易學中的義理學派，
吸取了王弼派以義理解易的學風，除蘇軾等人外，儒家學者都竭力排斥以老
莊玄學觀點解釋《周易》。」〔註54〕從這幾句話基本可以看出《東坡易傳》

〔註49〕《蘇軾文集》卷二《易論》，第 52 頁。
〔註50〕《蘇軾文集》卷三《問供養三德為善》，第 182 頁。
〔註51〕《東坡易傳》卷七，《四庫易學叢刊》，上海古籍出版社 1989 年版，第 128 頁。
〔註52〕關於《東坡易傳》在訓詁與義理的關係，參見金生楊《〈蘇氏易傳〉研究》，
　　　　第 245～255 頁。
〔註53〕《朱子語類》卷六十七《讀易之法》，《朱子全書》第 16 冊，第 2232 頁。
〔註54〕《易學哲學史》第 2 冊，第 9 頁。

在宋代易學中的獨特性。

第四節　本章小結

　　誠如清代學者錢大昕所總結：「當宋盛時，談經者墨守注疏，有記誦無心得。有志之士，若歐陽氏、二蘇氏、王氏、二程氏，各出新意解經，蘄以矯學究專己守殘之陋。」〔註55〕蘇軾解《易》體現了宋學反對章句訓詁、重視義理之用的時代精神。蘇軾認為《周易》是聖人講人情之變的書，他反對將《易》學往卜筮方向發展，提倡通過「以意得之」的方式，去尋找其中的聖人之道。

　　概而言之，《東坡易傳》存在著「上談性命，下述政理」的特徵。一方面，與北宋易學諸家摒棄老莊玄學義理不同，蘇軾解《易》兼取王弼「以無為本」說和郭象「獨化論」思想，在宇宙論、性情論上獨具特色。另一方面，《東坡易傳》繼承了歐陽修易學注重講人事治亂、社會興衰的傾向，多講人情之變，流露出濃厚的現實關懷。蘇軾解《易》重人事的特徵，除了受到歐陽修經世之學的影響之外，還與蘇洵尚權謀之術、重經史相資的家學淵源有關。此外，蘇軾在貶謫時期對現實政治的反思，對《周易》卦爻辭的解釋也有所影響。

　　《東坡易傳》的「以無為本」之說與經世致用之功，二者在邏輯上是矛盾的。因為老莊「以無為本」之說必然會導致蔑視世俗禮法。那麼，從「以無為本」到現世關懷之間的邏輯應當如何貫通？這就是下面要討論的內容。

〔註55〕錢大昕著、呂友仁標校《潛研堂文集》卷二十六《重刻孫明復小集序》，上海古籍出版社 1989 年版，第 430 頁。

第二章 《東坡易傳》的基本理論概念

　　先秦至漢唐的儒學主要著力於政治倫理的建構，對形而上的道德性命之學講得不多。宋代儒學復興的一個主要任務就是發展形而上的理論問題，提出「修其本」的要求。受此時代思潮影響，蘇軾亦對性命義理頗為重視。秦觀曾說：「蘇氏之道最深於性命自得之際。」〔註1〕作為蘇軾之學的核心著作，《東坡易傳》對道德性命之理有深入的論述。本章將在參考前人研究的基礎上，圍繞「道」「易」「性」「情」「理」等概念，辨析蘇軾哲學思想的內涵及特徵，並通過考察蘇軾對「禮」的論述，闡釋其性命之理與人事之功的貫通。

第一節　雜糅各家之說的道論

一、道：作為萬物的本源

　　《易・繫辭》：「一陰一陽之謂道。」宋代《易》學對宇宙本源的不同看法，分別體現在對這句話的不同理解中。蘇軾對此的解釋是：

　　　　陰陽果何物哉？雖有妻、曠之聰明，未有得其彷彿者也。陰陽交，然後生物；物生，然後有象；象立而陰陽隱矣，凡可見者，皆物也，非陰陽也。然謂陰陽為無有，可乎？雖至愚知其不然也，物何自生哉？是故指生物而謂之陰陽，與不見陰陽之彷彿而謂之無有者，皆惑也。聖人知道之難言也，故借陰陽以言之，曰：「一陰一陽之謂道。」一陰一陽者，陰陽未交而物未生之謂也。喻道之似，莫

<hr>

〔註1〕秦觀著、徐培均箋注《淮海集箋注》卷三十《答傅彬老簡》，上海古籍出版社2000年版，第981頁。

密於此者矣。陰陽一交而生物，其始為水。水者，有無之際矣。始
離於無而入於有矣。老子識之，故其曰：「上善若水。」又曰：「水
幾於道。」聖人之德雖可以名言，而不囿於一物，若水之無常形，
此善之上者，幾於道矣，而非道也。若夫水之未生，陰陽之未交，
廓然無一物，而不可謂之無有。此真道之似的也。陰陽交而生物，
道與物接而生善，物生而陰陽隱，善立而道不見矣。〔註2〕

蘇軾認為「道」是難言的，所以借陰陽加以解釋。「一陰一陽之謂道」，這句話
並不是給「道」下定義，而是借陰陽未交前的那種狀態來形容「道」。這個狀
態不是「道」本身，僅是「喻道之似」。世界萬物，無始無終。但從邏輯的先
後來看，「謂陰陽為無有可乎？雖至愚知其不然也，物何自生哉？」必先有陰
陽未交的時刻，才有陰陽始交的時刻；必先無物，才可有物。因此，「道」在
時間上比天地萬物為先，所以道生萬物，「道」是萬物的本源。蘇軾認為這個
「道」是不可見的，難以名狀，但可以推而知之。《東坡易傳》卷七說：「必有
所見而後知，則聖人之所知者寡矣，是故聖人之學也，以其所見者推至其所
不見者。」這一觀點深受《老子》的影響。《老子》第一章說：「道可道，非常
道；名可名，非常名。無名，天地之始；有名，萬物之母。」〔註3〕天地萬物
都可以賦予名字，而「道」是無從命名的，但這個難以命名的「道」卻是萬物
之名的由來。不能說「道」是什麼，只能說「道」不是什麼。「道」一旦有名，
則成為萬物之一。馮友蘭認為，「道」「有」「無」是同謂異名。「有」是最概括
的名，它的外延是一切事物，內涵是一切事物共有的性質。外延無限之大，
故其內涵無限之小。所以它只可能有一個規定性，那就是「有」。但是沒有一
個僅有存在而沒有其他屬性的存在，所以極端抽象的「有」就是「無」。〔註4〕
這樣來看，「無名」「有名」皆是異名同謂，皆是指「道」。「無名，天地之始」，
側重於說明「道」先於萬物而存在，其屬性為「無」；「有名，萬物之本」，側
重於說明「道」生萬物，使萬物各具形態，其屬性為「有」。這一觀點在《老
子》二十五章中說得更為明白：「有物混成，先天地生，寂兮寥兮，獨立不改，
周行不殆，可以為天下母。吾不知其名，字之曰道。」〔註5〕

〔註2〕《東坡易傳》卷七，第124頁。
〔註3〕王弼注，樓宇烈校釋《老子道德經注》，中華書局2011年版，第1頁。
〔註4〕馮友蘭《中國哲學史》，華東師範大學出版社2013年版，第104～106頁。
〔註5〕《老子道德經注》，第62～63頁。

　　蘇軾認為，在萬物未生、陰陽未交之前，先有「道」的存在。這個「道」「廓然無一物」，但「不可謂之無有」。蘇軾所謂「道」，可以定義為無名的有。但他沒有對「道」下定義，而是引用陰陽這對概念來描述「道」的狀態。這是他對老子之「道」的發揮。一方面在邏輯先後上認可「道」的存在，另一方面引入「陰陽」「水」這些有名者來描述道生萬物的過程。《四庫全書總目提要》說《東坡易傳》「誠不免杳冥恍惚，淪於異學」，正指出他以虛無之本釋「道」。「道」不可名狀，蘇軾亦只能借陰陽喻其似，難免讓人覺得似是而非、難以捕捉。正如《老子》所說，「道之為物，惟恍惟惚」〔註6〕「是謂無狀之狀，無物之象，是謂恍惚」。〔註7〕

　　蘇軾以《老子》釋《易》的做法，當是直接受到王弼、韓康伯《周易注》的影響。《東坡易傳》多處引「王弼曰」來闡明自己的觀點。眾所周知，王弼《易》學的一大特色是以老莊哲學來解釋《周易》的卦爻辭。根據《晉書·王衍傳》所載，王弼玄學的基本命題是：「天地萬物皆以無為本。」〔註8〕在《老子指略》中，王弼說：「夫物之所以生，功之所以成，必生乎無形，由乎無名。無形無名者，萬物之宗也。」〔註9〕另外，在《周易注·繫辭上》中，韓康伯注亦以「無」解釋「一陰一陽之謂道」：

> 　　道者何？無之稱也，無不通也，無不由也，況之曰道。寂然無體，不可為象。必有之用極，而無之功顯，故至乎神無方而易無體，而道可見矣。故窮變以盡神，因神以明道，陰陽雖殊，無一以待之。在陰為無陰，陰以之生；在陽為無陽，陽以之成，故曰「一陰一陽」也。〔註10〕

「無不通也，無不由也」，這是說萬物皆由「道」而來，「道」生世界萬物。但「道」卻是「無之稱也」，難以名狀，姑且稱之為「道」。「道」是寂然的虛無本體，不落入具體的屬性。王弼《老子注》第十六章說：「凡有起於虛，動起於靜，故萬物雖並動作，卒復歸於虛靜，是物之極篤也。」〔註11〕「虛」即

〔註6〕《老子道德經注》，第55頁。
〔註7〕《老子道德經注》，第35頁。
〔註8〕房玄齡等撰《晉書》卷四十三，中華書局1974年版，第1236頁。
〔註9〕《老子道德經注》，第202頁。
〔註10〕王弼、韓康伯注、樓宇烈校釋《周易注校釋》，中華書局2012年版，第236頁。
〔註11〕《老子道德經注》，第39頁。

「無」之義。「有」起於「無」，「靜」生於「動」。

　　值得注意的是，除了蘇軾之外，宋代易學基本上是排斥王弼、韓康伯「以無為本」之說的。朱伯崑認為，「宋初的儒家學者，繼承了韓愈的說法，以復興周孔之道為己任，大力表揚儒家學說……《周易》經傳，從漢唐以來，就被奉為儒家的重要典籍……因此北宋的道學家，都把《周易》經傳視為對抗佛道二教的有力武器。」〔註12〕因此，北宋的儒學家雖然繼承了王弼以義理解《易》的學風，但卻對其以老莊玄學釋《易》的做法極為不滿。如司馬光《溫公易說》反對王弼「以虛無為本」之說，而企圖為世界萬物尋找剛健有為的基礎。張載更直言：「《大易》不言有無，言有無，諸子之陋也。」〔註13〕隨後的程朱理學則在這一主流思潮之下，以實有的「仁義」之理釋萬物之道。朱熹在此基礎上，對《東坡易傳》「虛無之學」加以批駁。

二、道：作為萬物的總名

　　如上所述，「一陰一陽之謂道」的解釋，是蘇軾從老莊、王弼那裡繼承來的，「道」被解釋為世界的本源，由道生萬物。但在《東坡易傳》中，蘇軾對「道」又另有解釋：

　　　　夫道之大全也，未始有名，而《易》實開之，賦之以名。以名為不足，而取諸物以寓其意，以物為不足，而正言之。〔註14〕

「道之大全」是指將「道」作為世間萬物的抽象總名。「大全」出自《莊子·田子方》，「吾不知天地之大全也。」〔註15〕在蘇軾文章中亦採用「大全」這一概念，指事物的抽象總名。如《九成臺銘》：「《韶》則亡矣，而有不亡者存。蓋常與日月寒暑晦明風雨並行於天地之間……覽觀江山之吞吐，草木之俯仰，鳥獸之鳴號，眾竅之呼吸，往來唱和，非有度數而均節自成者，非《韶》之大全乎？」〔註16〕世間所有聲響皆可自成音律，這就是體現在《韶》樂中的大全之道。正如王水照、朱剛在《蘇軾評傳》所總結：「蘇軾把自然的全體概括為一個總名曰：『道』，它包含了各種形態、變化，但作為

〔註12〕《易學哲學史》第2冊，第6頁。
〔註13〕張載著，章錫琛點校《張載集》，中華書局1985年版，第48頁。
〔註14〕《東坡易傳》卷八，第140頁。
〔註15〕郭象注，成玄英疏，曹础基、黃蘭發整理《莊子注疏》外篇《田子方》，中華書局2011年版，第381頁。
〔註16〕《蘇軾文集》卷十九，第568頁。

一個抽象概念，本身卻是恒定的，不落具體變化之筌蹄的……蘇軾的『道』，正是自然全體的總名。」〔註 17〕「道」存在於天地萬物之間，如果要為天地萬物尋找一個共有的屬性，那麼也只能以「道」名之。從這個意義上來看，確實可以將「道」定義為「自然全體的總名」。

三、道與中國哲學的一體性

如上所述，蘇軾之「道」看似具有矛盾的二重性，作為萬物本源的「道」與作為「總名」的「道」，在邏輯上似乎難以自圓其說。俞宣孟《本體論研究》認為，這一看似矛盾的二重性，正體現中國哲學一體性的特徵。他認為，西方哲學中本體論與中國傳統哲學的道論（包括儒道諸家之說）之間，存在著兩離與一體的根本區別：「一體是中國哲學的特點，它是指，中國哲學並不把世界描述為分離的兩個，哲學的精神——道也不游離於我們唯一的現實世界之外。兩離是西方哲學的特點，這裡，有一個可感的世界以及另一個與之分離存在的不可感的世界，後者是哲學的精神——即本體論所表達的那些純粹原理所棲身的地方。」〔註 18〕本體論是先驗的形而上學，然而並非所有形而上學都脫離經驗之外，如「中國哲學中沒有在我們生活在其中的世界之外再分離出另一個世界的觀點，也沒有一種存在於經驗之外的獨立的理論領域。中國哲學中倒是有一種普遍流行的觀點，叫做『道不離器』，或曰『理在氣中』，它鮮明地體現了中國哲學一體性的形態特徵。」〔註 19〕因此，老莊哲學的「道生萬物」之說，可以理解為「道」是萬物的本源，具有形而上的意義，但卻不可將其等同於西方哲學的本體論。

這種矛盾的一體性，在《莊子》一書中有鮮明的體現。《莊子·大宗師》說：

> 夫道，有情有信，無為無形；可傳而不可受，可得而不可見；自本自根，未有天地，自古以固存，神鬼神帝，生天生地；在太極之先而不為高，在六極之下而不為深，先天地生而不為久，長於上古而不為老。〔註 20〕

這段話是說，「道」先於天地萬物而存在，「道」生天地萬物。《莊子·知北遊》

〔註 17〕《蘇軾評傳》，第 180 頁。
〔註 18〕俞宣孟《本體論研究》，上海人民出版社 1999 年版，第 83 頁。
〔註 19〕《本體論研究》，第 86 頁。
〔註 20〕《莊子注疏》，第 136～137 頁。

又說「道」存於天地萬物之間：

> 東郭子問於莊子曰：「所謂道，惡乎在？」莊子曰：「無所不
> 在。」東郭子曰：「期而後可。」莊子曰：「在螻蟻。」曰：「何其
> 下邪？」曰：「在稊稗。」曰：「何其愈下邪？」曰：「在瓦甓。」
> 曰：「何其愈甚邪？」曰：「在屎溺。」東郭子不應。莊子曰：「夫
> 子之問也，固不足質。正獲之問於監市履狶也，每下愈況。汝唯莫
> 必，無乎逃物。至道若是，大言亦然。周、遍、咸三者，異名同實，
> 其指一也。」〔註21〕

莊子舉「道」之所在每況愈下，正說明「道」遍存於萬物之中，有此可將「道」概括為天地萬物的總名。

根據上引兩段話，俞宣孟認為「道」所代表的中國傳統哲學的一體性可以理解為：「道比天地萬物在時間上在先，又說道生出了萬物。可是，時間上的先後並不足以成為劃分現實和現實之外的兩個世界的標準；由道生出萬物，更不能成為道脫離現實世界的理由，『生』這個概念恰恰表明道和萬物在同一個世界裏。」〔註22〕儘管儒家學者對「道」之內涵的理解與老莊思想有所不同，但就道與萬物的關係來說，雙方皆持相同的看法。例如，朱熹曾說：「未有天地之先，畢竟是先有此理」，同時他又說：「天下未有無理之氣，亦未有無氣之理。氣以成形，而理亦賦焉。」〔註23〕

如上所述，《東坡易傳》的道論也體現了中國傳統哲學一體性的特徵。如果忽視這一特徵的其中某一方面，便會導致對其理論思想的認識僅強調某一方面，而忽視另一方面。後人對蘇軾之「道」的解釋異見紛呈，這可能正是重要原因之一。

四、道生萬物的過程

道是萬物的本源，道生萬物，那麼道是如何生成萬物？其過程有何特徵？《老子》說：「道生一，一生二，二生三，三生萬物。」又說：「道法自然。」這有兩層規定性：其一，道生萬物，道是萬物的根源；其二，道是以自然的方式生成萬物。蘇軾在這個問題上同樣吸取了《老子》的觀點：

〔註21〕《莊子注疏》，第 399～400 頁。
〔註22〕《本體論研究》，第 87 頁。
〔註23〕《朱子語類》卷一，《朱子全書》第 14 冊，第 113～114 頁。

太極者，有物之先也。夫有物必有上下，有上下必有四方，有
四方必有四方之間，四方之間立而八卦成矣。此必然之勢，無使之
然者。〔註24〕

是萬物之盛衰於四時之間者也，皆其自然，莫或使之，而謂之
帝者，萬物之中有妙於物者焉，此其神也，而謂之帝云爾。〔註25〕

引文中出現的「太極」「帝」的概念皆與「道」異名同謂，意指萬物虛無之本。
「無使之然者」「莫或使之」的意思是說，這個「太極」或「帝」是按自然而
然的方式來生成萬物，而並非有一個真有的實體（如西方所謂的上帝）來創
造萬物。

有學者認為，《東坡易傳》論萬物的存在，是一種唯心主義的命定論。他
認為二蘇的體系「只是用來說明現有的自然秩序——更重要的是社會秩序—
—是先天地應該如此，進而從應該如此，反可以為了『天不變、道亦不變』的
唯心主義結論立下根據，例如蘇軾就說：『天地之間，或貴或賤，未有位之者
也，卑高陳而貴賤自位矣。』這樣看來，人的貴賤正是『必然之勢，無使之然
者』，等級制度是不可改變的。」〔註26〕筆者認為，蘇軾「道」生萬物的觀點
並不完全是唯心主義所說的上帝創造世界、主宰世界。因為「上帝」是實有
的概念，而蘇軾的「道」是一個無名之本。所以道生萬物之「生」，不同於上
帝創造世界，而是「自然而然」「無使之然者」「未有位之者也」。這正表明，
「道」是按自然的法則生成萬物。「天地之間，或貴或賤，未有位之者也，卑
高陳而貴賤自位矣」，這句話應這樣理解：天地之間，沒有一個可以決定他者
貴賤的絕對存在（「未有位之者也」），有了卑高才有貴賤。

上引蘇軾對《易·繫辭》「一陰一陽之謂道」的解釋，描繪出道生萬物的
過程。如下圖所示：

道（無） → 水（有無之際） → 物（有）
↓ ↓ ↓
（陰陽未交） （陰陽始交） （陰陽隱）

《老子》第四十二章說：「道生一，一生二，二生三，三生萬物。」馮友蘭先

〔註24〕《東坡易傳》卷七，第132～133頁。
〔註25〕《東坡易傳》卷九，第147～148頁。
〔註26〕侯外盧等《中國思想通史》第四卷，人民出版社1980年版，第590頁。

生認為「一」是「道」產生的第一個東西。〔註27〕從這裡可以看出,《東坡易傳》的「水」即《老子》所說的「一」。「一」為「水」,是蘇軾對《老子》說法的繼承。《老子》說「萬物負陰抱陽,沖氣以為和」,又說「上善若水」「水幾於道」。蘇軾將「陰陽」與「水」結合起來,提出陰陽始交而生「水」,「水」為萬物生成的臨界點。

根據《東坡易傳》對「水」的描述,「水」的特徵可以歸結為以下三點:

第一,水為萬物之終始。如上所述,蘇軾說:「陰陽一交而生物,其始為水。水者,有無之際矣。始離於無而入於有矣。」水是有無之際的存在,是萬物的開始。但是現象界的事物都是短暫的、有限的,任何事物都必然走向滅亡。蘇軾認為,萬物起源於水,又將復歸於水,他在《復卦傳》中說:「去其所居而復歸,亡其所有而復得,謂之『復』。」〔註28〕也就是說,事物在滅亡的同時又會復歸於其本源的存在,所以水為萬物之終始。

這個萬物之終始的「水」,並不是現象世界某一具體形態的「水」,而是無常形的存在。蘇軾在《天慶觀乳泉賦》中進一步說明了這一點:

> 陰陽之相化,天一為水,六者其壯,而一其稺也。夫物老死於《坤》而萌芽於《復》。故水者,物之終始也。意水之在人寰也,如山川之蓄雲,草木之含滋,漠然無形而為往來之氣也。為氣者水之生,而有形者其死也。死者鹹而生者甘,甘者能往能來,而鹹者一出而不復返,此陰陽之理也。吾何以知之?蓋嘗求之於身而得其說。凡水之在人者,為汗,為涕,為洟,為血,為溲,為淚,為矢,為涎,為沫,此數者皆水之去人而外騖,然後肇形於有物,皆鹹而不能返,故鹹者九而甘者一。一者何也?唯華池之真液下湧於舌底而上流於牙頰,甘而不壞,白而不濁,宜古之仙者只是為金丹之祖、長生不死之藥也。〔註29〕

「天一為水」之說源於《河圖》,是古代觀測星象而來的一個說法。「夫物老死於『坤』而萌芽於『復』,故水者物之終始也」,這一說法出自對《復卦》的

〔註27〕馮友蘭說:「『道生一』等於說『有』生於『無』。至於『二』『三』,有許多解釋。但是,說『一生二,二生三,三生萬物』,也可能只是等於說萬物生於『有』。『有』是『一』,『二』和『三』是『多』的開始。」參見馮友蘭著,涂又光譯《中國哲學簡史》,北京大學出版社 1985 年版,第 116~117 頁。

〔註28〕《東坡易傳》卷三,第 45 頁。

〔註29〕《蘇軾文集》卷一,第 15 頁。

解釋。《復卦》（☳ 震下坤上）卦象標誌著：一陽在下，五陰在上。《復卦‧象傳》：「復，亨。剛反動而以順行，是以出入無疾。」一陽復始，生意復現，所以水是萬物之終始。蘇軾強調這個物之終始的「水」是無形之水，而非有形之水。唯有華池之真液，甘而不壞，可為金丹之祖，長生不老之藥，是為生水。最後，「長生不老之藥」的說法，雖涉道家養生迷信之嫌，但亦和前面「水者物之終始」相呼應。

第二，水無常形，有至信。如上所述，作為物之終始的「水」是無常形的。蘇軾認為無常形的「水」可為天下之至信。

《坎卦》（☵ 坎上坎下）的象辭曰：「行險而不失其信。」蘇軾對此解釋說：

> 萬物皆有常形，為水不然。因物以為形而已。世以有常形者為信，而以無常形者為不信。然而，方者可以為斷以為圓，曲者可矯以為直，常形之不可恃以為信也如此。今夫水雖無常形，而因物以為形者，可以前定也。是故工取平焉，君子取法焉。惟無常形，是以忤物而無傷。惟莫之傷也，故行險而不失其信。有此觀之，天下之信，未有若水者也。〔註30〕

這段話是說，世界上常形之物都是不可依憑的，比如說方者可以為圓，曲者可以矯直，而無常形的水「因物以為形」，遇物不受損傷，所以是天下最可信者。

「信」是蘇軾解《易》的一個重要概念。《東坡易傳‧繫辭上》：「夫無心而一，一而信，則物莫不得盡其天理。」〔註31〕水之信是「理」存在的根據，並規定萬物循理而動。《說文解字》說：「信，誠也。」《東坡易傳》又說：「堯舜之所不能加，桀紂之所不能亡，是謂『誠』。」〔註32〕同時又說「堯舜不能加焉，桀紂不能亡焉，是豈非性也哉。」〔註33〕因此，性者，誠也，信也。水之信，規定了人性的特徵，是為人處世的重要原則。

第三，水具有「剛中柔外」的特徵。《東坡易傳》還認為「水」具有剛中柔外的品性。「剛中」是指「水」剛強的心志，「柔外」是指水至柔的外形。

〔註30〕《東坡易傳》卷三，第 54 頁。
〔註31〕《東坡易傳》卷七，第 121 頁。
〔註32〕《東坡易傳》卷一，第 6 頁。
〔註33〕《東坡易傳》卷一，第 4 頁。

《坎卦‧彖》曰：「『維心，亨』，乃以剛中也。」蘇軾解釋說：

> 所遇有難易，然而未嘗不志於行者，是水之心也。物之窒我者有盡，而是心無已，則終必勝之。故水之所以至柔而勝物者，惟不以力爭而以心通也，不能力爭，故柔外；以心通，故「剛中」。〔註34〕

「柔外」，強調其不與力爭的品性，源自於《老子》的說法。《老子》第八章說：「上善若水。水善利萬物而不爭，處眾人所惡，故幾於道。居善地，心善淵，與善仁，言善信，正善治，事善能，動善時。夫唯不爭，故無尤。」〔註35〕水的外形至柔，可以因物以為形，不與物爭，故而可以無尤。

「剛中」，強調其心志的剛強。《荀子‧宥座》記載孔子之說：「夫水，大遍與諸生而無為也，似德；其流也埤下，裾拘必循其理，似義；其洸洸乎不淈盡，似道；若有決行之，其應佚若聲響，其赴百仞之谷不懼，似勇；主量必平，似法；盈不求概，似正；淖約微達，似察；以出以入，以就鮮絜，似善化；其萬折也必東，似志。是故君子見大水必觀焉。」〔註36〕《東坡易傳》以水為剛中，當是受到此說影響。「遍與諸生而無為」「洸洸乎不淈盡」等說法，其實已經很接近蘇軾所謂的水為萬物之終始的觀點。「其萬折也必東，似志」則與「所遇有難易，然而未嘗不志於行者，是水之心也」的觀點如出一轍。不同的是，孔子是以水的特徵來比喻人的剛強心志，而蘇軾則直接說此「是水之心也」。可以說，孔子側重從人事的層面上談水，而蘇軾則是從宇宙本源的意義上談水。

概而言之，「道」與「物」之間存在著「水」。水是萬物之終始，是「道」之下萬物的存在根據。水因物以為形，是天下之至信，具有柔外剛中的品性。「水」的這些屬性在《東坡易傳》中富有形而上的意義，成為其人性論以及人格論的理論依據。

五、道與易的矛盾性

如上所述，《東坡易傳》在解釋道生萬物時，受到王弼「以無為本」玄學觀念的影響，將「道」闡釋為虛無實體：「有」從「無」中生，「無」為「有」之本。但另一方面，對於物生之後現象世界的看法，蘇軾與《周易注》的觀點又有著很大差異。這種差異集中體現在對《繫辭》「生生之謂易」的解釋。

〔註34〕《東坡易傳》卷三，第 54 頁。
〔註35〕《老子道德經注》，第 22 頁。
〔註36〕王先謙撰，沈嘯寰、王星賢點校《荀子集解》卷二十，中華書局 1988 年版，第 524～526 頁。

首先來看《周易注》的觀點。韓康伯將「生生之謂易」解釋為：「陰陽轉易，以成化生。」〔註37〕「生生」即老子所謂「道生一」之後萬物相因而有的化生方式。韓康伯認為，萬物通過陰陽變化而「化生」，這就叫作「易」。

再來看《東坡易傳》對「易」的解釋：

> 相因而有，謂之生生。夫苟不生，則無得無喪，無吉無凶。方是之時，易存乎其中而人莫見，故謂之道，而不謂之易。有生有物，物轉相生，而吉凶得喪之變備矣。方是之時，道行其間而人不知，故謂之易，而不謂之道。〔註38〕

在蘇軾的解釋中，「道」與「易」是異名同謂，「道」用來表明萬物未生之前「無得無喪，無吉無凶」的寂然大靜的狀態，而「易」則用來表明萬物生成之後「吉凶得喪之變備矣」的動態現象。如上所述，《東坡易傳》認為道生萬物，而又存在於萬物之中。如果從老莊、王弼的思想出發，「道」為虛無，那麼物生之後的現象世界又必將歸於虛無。事實上，王弼在解釋《復卦》中的確認為「道」為萬物之本，其本質是「寂然大靜」，那麼道生萬物之後的現象世界也必然歸於「寂然大靜」：

> 復者反本之謂也。天地以本為心者也。凡動息則靜，靜非對動者也。語息則默，默非對語者也。然則天地雖大，富有萬物，雷動風行，運化萬變，寂然至無，是本矣。故動息地中，乃天地之心見也。若其以有為心，則異類未獲具存矣……冬至，陰之復也；夏至，陽之復也，故為復，則至於寂然大靜。〔註39〕

王弼認為天地萬物以無為本，「復」就是萬物回到本源之無的狀態。王弼認為，現象界中的雷動風行、運化萬變，都只不過是短暫的現象，因為支持這一切的本源的「道」是「寂然大靜」的。

蘇軾雖然接受了王弼以無為本之說，但他顯然不滿意於王弼將現象世界的豐富生動性歸為寂然大靜。因此，在解釋「生生之謂易」時，蘇軾完全擺脫《周易注》將「易」釋為萬物化生方式的觀點，而是直接以「易」釋「道」。可以說「易」是萬物生成之後「道」的另一個說法。蘇軾以「易」替換「道」，旨在強調現象世界的豐富性和生動性是永恆的、絕對的。

〔註37〕《周易注校釋》，第237頁。
〔註38〕《東坡易傳》卷七，第125～126頁。
〔註39〕《周易注校釋》上經，第92頁。

蘇軾以「易」肯定現象世界的生生不息，應當與郭象《莊子注》「崇有」的思想有關。郭象的哲學體系從否定王弼「以無為本」出發，進而論證「有」是惟一的存在。「除了存在著的種種運動著的事物之外，再沒有什麼不運動的『造物主』或另一事物的本體。」〔註40〕他將事物的運動變化與事物的存在聯繫在一起，形成「崇有」的理論體系：

> 日夜相代，代故以新也。夫天地萬物，變化日新，與時俱往，何物萌之哉？自然而然耳。〔註41〕

> 以變化為常，則所常者，無窮也。〔註42〕

郭象認為，運動變化是事物的自性，也是自然而然的狀態：「每一個事物依其自性而存在，必以『自生』『無待』『自然』為條件」〔註43〕。郭象的「崇有」思想必然導致在事物生成上的「獨化論」，即認為事物都是獨立自足的生生化化，事物的存在是「無待」的，根本不需要外在的條件：

> 請問夫造物者有邪？無邪？無也，則胡能造物哉？有也，則不足以物眾形。故明乎眾形之自物，而後始可與言造物耳。是以涉有物之域，雖復罔兩，未有不獨化於玄冥者也。〔註44〕

由此可見，《東坡易傳》以「易」換「道」是對郭象「崇有」論的直接繼承，旨在肯定現象世界的運動不息。

由此而來，在萬物如何生成這一問題上，《東坡易傳》有些地方的表述明顯帶有郭象獨化論的痕跡：「萬物自生自成，故天地設位而已。」〔註45〕郭象獨化論所謂萬物「自生自成」的「自」，當是指事物本身，如：「故造物者無主而物各自造。物各自造而無所待焉，此天地之正也。」〔註46〕而蘇軾所說的「自」，應當理解為「自然」，即事物以自然的方式生成。在解釋「一陰一陽之謂道」時，蘇軾明確提出，物不可能自我生成，物的生成是有待的：

> 陰陽果何物哉？雖有妻、曠之聰明，未有得其彷彿者也。陰陽交，然後生物；物生，然後有象；象立而陰陽隱矣。凡可見者皆物

〔註40〕湯一介《郭象與魏晉玄學》，北京大學出版社2000年版，第263頁。
〔註41〕《莊子注疏》內篇《齊物論》，第29頁。
〔註42〕《莊子注疏》外篇《天運》，第273頁。
〔註43〕《郭象與魏晉玄學》，第227頁。
〔註44〕《莊子注疏》內篇《齊物論》，第60頁。
〔註45〕《東坡易傳》卷八，第144頁。
〔註46〕《莊子注疏》內篇《齊物論》，第60頁。

也，非陰陽也。然謂陰陽為無有可乎？雖至愚知其不然也，物何自

生哉？〔註47〕

《東坡易傳》中與郭象「獨化論」近是而非的另一個例子，是蘇軾對《繫辭》

首章的解釋：

> 天地之間，或貴或賤，未有位之者也，卑高陳而貴賤自位矣；
> 或剛或柔，未斷之者也，動靜常而剛柔自斷矣；或吉或凶，未有生
> 之者也，類聚群分而吉凶自生矣；或變或化，未有見之者也，形象
> 成而變化自見矣。是故「剛柔相摩，八卦相盪」，雷霆風雨，日月寒
> 暑，更用迭作於其間，雜然施之而未嘗有擇也。忽然成之而未嘗有
> 意也。及其用息而功顯，體分而名立，則得「乾」道者自成男，得
> 「坤」道者自成女。夫男者，豈「乾」以其剛強之德為之；女者，
> 豈「坤」以其柔順之道造之哉？我有是道，物各得之，如是而已矣。
> 聖人者亦然，有惻隱之心而未嘗以為仁也，有分別之心而未嘗以為
> 義也，所遇而為之，是心著於物也。人則從後而觀之，其惻隱之心
> 成仁，分別之心成義。〔註48〕

這段話中用了很多帶有「自」的字眼，來表示事物的生成過程。據此有些學

者將其解釋為：「蘇軾強調『貴賤自位』『剛柔相斷』『吉凶自生』『變化自見』

『我有是道，物各得之』，這明顯是發揮了郭象的獨化論的思想。郭象注

《莊》，曾反覆強調萬物獨化，突然自生。」〔註49〕通觀此段大意，蘇軾認

為「貴賤」「剛柔」「變化」之類都是「人則從後而觀之」時賦予的概念，但

是這些概念不是人主觀設定的產物，而是自然形成的結果（有了卑高，自然

形成貴賤；有了動靜，自然形成剛柔；有了形象，自然產生變化）。因此，

這段話中的「位之者」「斷之者」「見之者」不是指造物者，而是指賦予這些

實有之義的人。蘇軾在後面舉了聖人的例子，能夠說明這一點。聖人有惻隱

之心，有分別之心，「人則從後而觀之」，將此惻隱之心稱為「仁」，將此分

別之心稱為「義」。可以說，「仁」和「義」的名稱是後人設定的，但卻不可

以說「仁」「義」所指的實有之義是後人創造的，它們是聖人「心著於物」

而自然形成的結果。

〔註47〕《東坡易傳》卷七，第124頁。

〔註48〕《東坡易傳》卷七，第120頁。

〔註49〕參見余敦康《內聖外王的貫通——北宋易學的現代闡釋》，第74頁。

另外，郭象從「獨化」論出發，強調事物「無待」的特性：「夫相因之功，莫若獨化之至。」「相因」就是相互依存的意思。郭象認為：事物之間相互依存的性質，與事物自身獨立自足的生生化化相比，是沒有意義的。

> 誰得先物者乎哉？吾以陰陽為先物，而陰陽者即所謂物耳。誰又先陰陽者乎？吾以自然為先之，而自然即物之自爾耳。吾以至道為先之矣，而至道者乃至無也。既以無矣，又奚為先？然則先物者誰乎哉？而猶有物無已。明物之自然，非有使然也。〔註50〕

郭象從事物相互依存的關係之中尋找事物存在的根據，但最終找不到。所以他認為事物的存在是自給自足的，這就是「獨化之至」。

蘇軾的觀點與此不同。他說：「相因而有，謂之生生。夫苟不生，則無得無喪，無吉無凶。方是之時，易存乎其中而人莫見，故謂之道，而不謂之易。有生有物，物轉相生。」「生生」即生生不息的意思，前一個「生」是指「道生萬物」的「生」，後一個「生」是指「物轉相生」的「生」。蘇軾首先肯定在萬物之先有「道」的存在，因而事物的產生並不是獨立自足的生生化化，而是以「道」為本源，互為條件、互相關聯地生生不息。

綜上可見，《東坡易傳》在萬物的本源論上受到王弼「以無為本」觀念的影響，但又不同意王弼使萬物復歸於虛無之「寂然大靜」，而是肯定現象世界的運動變化。由此，蘇軾採取一種折衷的辦法，將萬物未生之前的本源稱為「道」，而將物生之後的本源稱為「易」。以「易」來肯定現象世界的「有」，這一點吸收了郭象《莊子注》中「崇有」的思想。但《東坡易傳》卻沒有走向郭象的「獨化」理論。相反，蘇軾對郭象「夫相因之功，莫若獨化之至」的觀點是不認同的。蘇軾認為，「道生萬物」「物轉相生」，事物之間相互依存，「相因而有」，才可以生生不息。

第二節 《東坡易傳》的性情論

一、性與道、情、命的關係

性與道

《繫辭上》云：「一陰一陽之謂道，繼之者善也，成之者性也。」《東坡易

〔註50〕《莊子注疏》外篇《知北遊》，第 406 頁。

傳》對「道」與「性」之關係有如下闡釋：

> 敢問性與道之辨？曰：「難言也，可言其似。道之似，則聲也；
> 性之似，則聞也。有聲而後有聞邪？有聞而後有聲邪？是二者果一
> 乎？果二乎？孔子曰『人能弘道，非道弘人。』又曰：『神而明之，
> 存乎其人。』性者，其所以為人者也，非是無以成道矣。」〔註51〕

蘇軾認為，「性」是人之所以為人的根據，是「道」在人身上的體現。那麼「道」和「性」應當如何分辨呢？蘇軾認為這是難以言說的。他以聲和聞的關係作比喻。是有聲音之後人才聽到，還是人聽到之後才有聲音？二者是同一存在，還是不同的兩個存在？如果從自然界的聲音來看，兩者實是兩個存在。即一個聲音雖然沒有人聽聞，但不能否認這一聲音的存在。但如果從聲音的概念來看，一個聲音要訴諸人的聽覺，才能成為聲音的概念。所以說：「兩者實是二而一的，互相使對方得以成立。」〔註52〕其實，在這段話之前，蘇軾解釋了「道」生萬物的過程。如上所述，蘇軾在邏輯上認為，在萬物產生之前有一個「道」孤獨地存在，之後陰陽交而生萬物。這正如自然界有著獨立於聲覺之外的聲音，只不過這個聲音被人聽聞之後，才被賦予聲音的概念。「性」則是「道」在人身上的體現，是人之「所以為人」的根據。

在蘇軾之前，中國古代儒家學者對人性善惡的論題已有十分深入的討論，主要有孟子的性善論，荀子的性惡論，揚雄的善惡相混論，及韓愈的性三品論。蘇軾分別對這些觀點加以駁斥。〔註53〕蘇軾認為「性」是非善非惡的：

> 古之君子，患性之難見也，故以可見者言性。夫以可見者言性，
> 皆性之似也。君子日修其善以消其不善，不善者日消，有不可得而
> 消者焉。小人日休其不善以消其善，善者日消，亦有不可得而消者
> 焉。夫不可得而消者，堯舜不能加焉，桀紂不能亡焉，是豈非性也
> 哉。〔註54〕

人性是「堯舜不能加焉，桀紂不能亡焉，不可得而消者」，即最高尚的君子和最卑鄙的小人身上所共有的最為根本的東西。所以性不可以善惡論，但善惡皆是從性而出的。他在《揚雄論》中對此說得更為明白：「聖人之所與小人共

〔註51〕《東坡易傳》卷七，第125頁。
〔註52〕《蘇軾評傳》，第196頁。
〔註53〕參見《蘇軾評傳》（第192～195頁）以及《蘇軾的哲學觀與文藝觀》（第132 ～167頁）。
〔註54〕《東坡易傳》卷一，第4頁。

之，而皆不能逃焉，是真所謂性也……性之不能以有夫善惡，而以為善惡之皆出乎性也而已。」〔註55〕

性與情

蘇軾還對「性」與「情」的關係做出了獨特的闡釋：

> 情者，性之動也。溯而上至於命，沿而下至於情。無非性者。性之於情，非有善惡之別也，方其散而有為，則謂之情耳……其於《易》也，卦以言其性，爻以言其情。情以為「利」，性以為「貞」。其言也互見之，故人莫之明也。《易》曰：「大哉乾乎，剛健中正，純粹精也。」夫「剛健」「中正」「純粹」而「精」者，此乾之大全也，卦也；及散而有為，分裂四出而各有得焉，則爻也。故曰：「六爻發揮，旁通情也。」以爻為情，則卦之為性也，明矣。「乾道變化，各正性命，保合太和，乃利貞」，以各正性命為貞，則情之為利也亦明矣。又曰：「利貞者，性情也」，言其變而之乎情，反而直其性也。〔註56〕

蘇軾說：「性者，其所以為人者也。」但是這個「性」表現在人身上，則體現為具體的人情。「性」之於「情」的關係，猶如卦與爻的關係。穩定、貞正的卦是用來說明「性」的，而分散、變化的「爻」是用來說明「情」的。《蘇軾評傳》對「性」和「情」之關係有獨到的分析：「『情』是指具體的人情，喜怒哀懼愛惡欲之類，一切生命表現皆是『情』；『性』則一方面是『命』（天命、道）的演繹，一方面又是對所有『情』的總概括，即其整體性的抽象總名。」〔註57〕

蘇軾認為「情」是「性」在人身上自然而然的體現，「性」是抽象的，「情」是具體的。由此而來，蘇軾在人事論上重視人情的作用：

> 在難而思解，處安而惡擾，物之情也。〔註58〕

> 人之情，在難則厭事；而無難之世，常不能安有其福。故聖人以為「既濟」之主，在於守常安法而已，求功名於法度之外。〔註59〕

〔註55〕《蘇軾文集》卷四，第110～111頁。
〔註56〕《東坡易傳》卷一，第5頁。
〔註57〕參見《蘇軾評傳》第197頁。
〔註58〕《東坡易傳》卷四，第72～73頁。
〔註59〕《東坡易傳》卷六，第118頁。

物之不齊，物之情也。故吉凶者，勢之所不免也。〔註60〕

聖人之道，自本而觀之，則皆出於人情。不循其本，而逆觀之
於其末，則以為聖人有所勉強力行，而非人情之所樂者，夫如是，
則雖欲誠之，其道無由。〔註61〕

需要指出的是，蘇軾此處「以人情為本」之說是指遵循人情之勢來處理人事
問題，並非西方哲學所謂的「本體論」。

性與命

《東坡易傳》還在「道」與「性」之間，提出了「命」的概念：

君子日修其善以消其不善，不善者日消，有不可得而消者焉；
小人日修其不善以消其善，善者日消，亦有不可得而消者焉。夫不
可得而消者，堯舜不能加焉，桀紂不能亡焉，是豈非性也哉。君子
之至於是，用是為道，則去聖不遠矣。雖然有至是者，有用是者，
則其為道常二，猶器之用於手不如手之自用，莫知其所以然而然
也。性至於是，則謂之命。命，令也。君之令曰命，天之令曰命，
性之至者亦曰命。性之至者，非命也，無以名之而寄之命也。死生
禍福，莫非命者，雖有智聖，莫知其所以然而然。君子之於道，至
於一而不二，如手之自用，則亦莫知其所以然而然矣，此所以寄之
命也。〔註62〕

「性之至者亦曰命」是說，「命」是「性」所達到的某種狀態。這種狀態是指
什麼呢？可將之與上文「君子之至於是」聯繫起來考察。所謂的「至於是」是
指「君子日修其善以消其不善，不善者日消」，直至這些「不可得而消者」達
到了「桀紂不能亡焉」的地步。君子達到這一地步，便距離聖人不遠了。在蘇
軾看來，「聖人」應當是與道匹配的人格理想。既便是「至於是」的君子，也
只能說「去聖不遠」：「雖然有至是者，有用是者，則其為道常二，猶器之用於
手不如手之自用，莫知其所以然而然也。」這是說君子雖然「至於是」，用「是」，
但這仍然不是「道」本身。「君子至於是」就好比器之用於手，而「道」則好
比手之自用。「性之至於是，則謂之命」，此處的「至於是」則是手之自用的狀
態。命是命令的意思，比如說君王的命令，上天的命令。性至於是（如手之自

〔註60〕《東坡易傳》卷八，第 144 頁。
〔註61〕《蘇軾文集》卷二《中庸論中》，第 61 頁。
〔註62〕《東坡易傳》卷一，第 4～5 頁。

用），也稱之為「命」。但蘇軾所強調的是：「性之至者非命也，無以名之而寄之命。」這句話的意思是說，「性之至者」雖然也稱為「命」，但不是「命令」之意，沒辦法給它一個名稱，所以才以「命」稱之。「死生禍福，莫非命者，雖有智聖，莫知其所以然而然」，這句話可以理解為死生禍福都是「道」的運行（因為「命」是「性」所達到的與「道」無二的狀態），雖然有智聖，也不知道這是怎麼一回事。

以上觀點可以理解為：「命」是「性」所達到的與「道」無二的理想狀態，但是人達到這種狀態，卻是「不知其所以然而然」，是無法給出一個名稱的，姑且用「命」來稱呼它。由此可見，蘇軾所強調的「命」，並非天命或君命之意，也就是說並非有一個冥冥之中主宰人類命運的意志本體。倘若不能準確把握蘇軾所謂的「命」，則很容易將「死生禍福，莫非命者」一句，簡單地等同於一般的宿命論觀點。

二、窮理盡性以至於命

《說卦》提到了「窮理盡性以至於命」的命題：

> 觀變於陰陽而立卦，發揮於剛柔而生爻，和順於道德而理於義，窮理盡性以至於命。昔者，聖人之作《易》也，將以順性命之理，是以立天之道曰陰與陽，立地之道曰柔與剛，立人之道曰仁與義。兼三才而兩之，故《易》六畫而成卦；分陰分陽，迭用柔剛，故《易》六位而成章。天地定位，山澤通氣，雷風相薄，水火不相射，八卦相錯，數往者順，知來者逆，是故《易》，逆數也。（《周易·說卦》）

《東坡易傳》對此作如下解釋：

> 何為「順」，何為「逆」？曰：「道德之變，如江河之日趨於下也。沿其末流，至於生蓍倚數，立卦生爻，而萬物之情備矣。聖人以為立於其末，則不能識其全而盡其變，是以溯而上之，反從其初。道者，其所行也；德者，其行而有成者也；理者，道、德之其所以然；而義者，所以然之說也。君子欲行道、德而不知其所以然之說，則役於其名而為之爾。夫苟役於其名而不安其實，則大小相害，前後相陵，而道、德不和順矣。譬如以機發木偶，手舉而足發，口動而鼻隨也，此豈若人之自用其身。動者自動，止者自止，曷嘗調之而後和，理之而後順哉。是以君子貴性與命也，欲至於性命，必自

其所以然者溯而上之。夫所以食者，為饑也；所以飲者，為渴也，
豈自外入哉？人之於飲食，不待學而能者，其所以然者，明也。蓋
徐而察之，饑渴之所從出，豈不有未嘗饑渴者存乎？於是性可得而
見也。有性者，有見者，孰能一是二者，則至於命矣，此之謂逆。
聖人既得性命之理，則順而下之，以極其變；率一物而兩之，以開
生生之門，所謂「因貳以濟民行」者也。故兼三才、設六位，以行
於八卦之中。天、地、山、澤、雷、風、水、火，紛然相錯，盡八
物之變；而邪、正、吉、凶、悔、吝、憂、虞、進、退、得、失之
情，不可勝窮也，此謂之「順」。斷竹為籥，竅而吹之，唱和往來之
變，清濁緩急之節，師曠不能盡也，反而求之，有五音十二律而已。
五音十二律之初，有哰然者而已。哰然者之初，有寂然者而已。古
之作樂者，其必立於寂然者之中乎？」〔註63〕

在蘇軾看來，道德的變化就好比江河日下，人站在末流，需要通過生蓍倚數、
立卦生爻的方式，才能備見萬物之情。聖人認為人在末流不能通觀「道」的
全體，所以應當溯流而上，尋找最初的本源。「道」即聖人之所行，「德」即聖
人所行而形成的人格規範。「理」是指引「道」「德」之所以成為「道」「德」
的根據。所以君子欲行「道」「德」，就要明白「道」「德」之所以成為「道」
「德」的那個「理」。接下來蘇軾又說，君子重視「性」「命」，希望達到「性」
「命」的狀態，也應當去追溯「性」「命」之所以成為「性」「命」的那個理。
比如說，人有饑渴的狀態，溯流而上，就必然有一個沒有饑渴的狀態。發現
這個沒有饑渴的狀態，也就可以看見「性」了。有「性」的存在，也有看見
「性」的人，若能把這二者合二為一，便達到「至於『命』」的狀態。這種至
於「命」的方法叫作「逆」。（這種辦法就如同孟子所謂的「以意逆志。」文意
是作者心志的體現，也可以說是心志的末流，通過這個末流的文意追溯而上，
便可以發現最本源的心志。）聖人逆流而上得性命之理後，設八卦以盡萬物
之理，這就叫作「順」。這就好比師曠對音律的探索：在一片混雜的樂聲中，
溯流而上，發現五音十二律，再追溯而上，有哰然之聲，在哰然者之上便是
最本源的寂然者。所以必須逆流而上，在寂然之中才能發現音樂的規律，從
而遵循這一規律創作音樂。

〔註63〕《東坡易傳》卷九，第146～147頁。

根據這一順逆之法，蘇軾主張人必須在無心（即去除私欲雜念）狀態中，通過守靜含虛方能窮盡物理：

> 據靜以觀物者，見物之正……乘動以逐物者，見物之似。〔註64〕

> 乘天下之至順而行於人之所說，必無心者也。「舟虛」者，無心之欲。〔註65〕

> 夫無心而一，一而信，則物莫不得盡其天理，以生以死。故生者不德，死者不怨，無怨無德，則聖人者豈不備位於其中哉。〔註66〕

蘇軾認為，人若能守靜含虛，就能窮理；窮理之後也就能循理而動，從而達到「盡性而至於命」的狀態（守靜—窮理—循理而動—盡性以至於命）。這一邏輯論證說明了人有認識物理並遵循物理行事的能力。但是它存在三個邏輯斷點。一是「理」的存在根據是什麼？二是人為什麼會有這些能力，這些能力的存在根據是什麼？三是從窮理到循理而動之間，即從認識到實踐之間的推動力是什麼？以下結合材料，試圖分析《東坡易傳》對這些問題的看法。

「理」源於「水」之「信」

《東坡易傳》多處提到「理」：

> 夫無心而一，一而信，則物莫不能盡其天理，以生以死。故生者不德，死者不怨，無怨無德，則聖人者豈不備位於其中哉。〔註67〕

> 故卦者至錯也，爻者至變也。至錯之中，有循理焉，不可惡也；至變之中，有守常焉，不可亂也。〔註68〕

> 循萬物之理，無往而不自得，謂之順。〔註69〕

「無心」，即人要守靜。「一」即萬物之理，但是這個「一」又不是某個固定的、僵硬的道理。「一而信」可以理解為這個「理」在任何一種狀態下都是可信的。

蘇軾對《坎》卦「行險而不失其信」的解釋是：

〔註64〕《東坡易傳》卷二，第33頁。
〔註65〕《東坡易傳》卷六，第112頁。
〔註66〕《東坡易傳》卷七，第121頁。
〔註67〕《東坡易傳》卷七，第121頁。
〔註68〕《東坡易傳》卷七，第127頁。
〔註69〕《東坡易傳》卷九，第148頁。

> 萬物皆有常形，惟水不然。因物以為形而已。世以有常形者為
> 信，而以無常形者為不信。然而方者可以斫以為圓，曲者可以矯以
> 為直，常形之不可恃以為信也如此。今夫水，雖無常形，而因物以
> 為形者，可以前定也。是故工取平焉，君子取法焉。惟無常形，是
> 以忤物而無傷。惟莫之傷也，故行險而不失其信。由此觀之，天下
> 之信，未有若水者也。〔註70〕

「一而信」是指水的規定性，因此萬物之理便可理解為是源於「水」之「信」而來的。「理」其實是一個價值命題。「水」推動萬事萬物的運動，又規定萬事萬物應當怎樣去運動。

「窮理」及「循理而動」的能力是人的天賦

蘇軾認為，人有認識物理並遵循物理行事的能力，但是這些能力的存在根據卻是「莫知其所以然而然」。這也可以說是一種天賦。如果從「道生萬物」的邏輯來看的話，這種天賦則是「道」賦予的。《蘇軾評傳》認為：「『性』雖被闡述為人所本有的天賦，實則卻是人的自我反省的結果，因此，『人』是首要的，是人來認識這一切道理，自覺地『靜』下來體認『性』，體認『道』，而不是由『道』自己出發演進到人的具體行為。」〔註71〕筆者對此有不同的看法。竊以為，「性」的確是人所本有的天賦，但卻不能將此天賦理解為人自我反省的結果。因為天賦即是天賦，是本然而然的（用蘇軾的話是「莫知其所以然而然」）。人所反省的是「性」「命」或是「道」之「理」。這個「理」即是反思的結果，其目的是為了「盡性以至於命」，但不等於說這個「理」就是「性」或是「命」。《蘇軾評傳》對「性」的認識是源於其對蘇軾之「道」的理解：「蘇軾的『道』概念，其主要的意義不在形而上方面，而在它作為一切事物及規律的總名方面」；「蘇軾的『道』概念就建立在來自認識實踐的事物自然之理的廣泛基礎上。需要特別指出的是，『道』還不是某一條或一些自然規律，而是包羅了自然之理的全部。」〔註72〕筆者認為，蘇軾之「道」除了作為萬物之總名外，還具有作為萬物本源的意義，「道」生萬物，並使萬物各盡其理，所以不能說「理」即是「道」或「性」。

〔註70〕《東坡易傳》卷三，第54頁。
〔註71〕《蘇軾評傳》，第212頁。
〔註72〕《蘇軾評傳》，第183頁。

「水之心」使人「志於行」

對於第二個問題,從「窮理」到「循理而動」之間的推動力是什麼?《東坡易傳》認為人的行動是「志」推動的結果:

> 必其所見而後知,則聖人之所知者寡矣。是故聖人之學也,以其所見者推至其所不見者。天文地理,物之終始,精氣遊魂,可見者也。故聖人以是三者舉之。物,鬼也;變,神也。鬼常與體魄俱,故謂之物;神無適而不可,故謂之變。精氣為魄,魄為鬼;志氣為魂,魂為神。故《禮》曰:「體魄則降,志氣在上。」鄭子產曰:「其用物也,弘矣,其取精也,多矣。」古之達者,已知此矣。一人而有二知,無是道也。然而有魄者,有魂者,何也?眾人之志,不出於飲食男女之間。與凡養生之資,其資厚者,其氣強;其資約者,其氣微;故氣勝志而為魄。聖賢則不然,以志一氣,清明在躬,志氣如神,雖祿之以天下,窮至於匹夫,無所損益也。故志勝氣而為魂。
> 眾人之死為鬼,而聖賢為神,非有二知也,志之所在者異也。〔註73〕

這是解釋《繫辭上》「精氣為物,遊魂為變,是故知鬼神之情狀」的一段話。這段話說明了聖人和小人的不同:聖人「以志勝氣」而為魂,死而為神;小人「以氣勝志」而為魄,死而為鬼。二者之不同在於「志之所在者異也」。「志」即人內心的意志,它是人行為的根據。「志」之不同而導致「聖人」和「小人」的差異。至此,可以看出《東坡易傳》認為人的行動是以「志」為前提的。但是這個「志」的存在根據是什麼?程朱理學將人的一切行為都歸結為先驗的實有的「理」,人的心志也是這一道德理性的直接產物。而蘇軾在邏輯上說「道」化生萬物,然而這個道卻是一個虛無的「有」。那麼這個「志」應產生於道生萬物的邏輯之中,即推動萬物生生不息的運動之中。王水照、朱剛《蘇軾評傳》據此推測,在蘇軾哲學中「氣」推動萬物生生不息地運動。但是從上面這段話中可以發現,在《東坡易傳》中「氣」雖是構成人的基本元素,卻是形而下的可見之物(「天文地理,物之終始,精氣遊魂,可見者也」)。筆者認為,推動萬物生生不息的應是水。蘇軾解釋《坎卦・彖》「維心亨,乃以剛中」一句時,對「志」的動力源有所說明:

> 所遇有難易,然而未嘗不志於行者,是水之心也。物之窒我者有盡,而是心無已,則終必勝之。故水之所以至柔而能勝物者,維不以

〔註73〕《東坡易傳》卷七,第123頁。

力爭而以心通也。不以力爭，故柔外；以心通，故「剛中」。〔註74〕

這裡說得比較明白，使人志於所行的是水之心。水之心不以力爭，而以心通。「以心通」，故「剛中」。「剛中」即意志堅強之意。此外，如上所說，蘇軾在解釋《繫辭上》「一陰一陽之謂道」說：

> 陰陽一交而生物，其始為水。水者，有無之際也。始離於無而入於有矣。老子識之，故其言曰：「上善若水」。又曰「水幾於道」。聖人之德雖可以名言，而不囿於一物。若水之無常形，此善之上者，幾於道矣，而非道也。若夫水之未生，陰陽之未交，廓然無一物，而不可謂之無有。此真道之似也。〔註75〕

可見「水」作為有無之際的存在，推動萬事萬物的產生，「水之心」使人志於所行。

綜上所述，可以得出這樣的結論：「性」是「道」在人身上的體現，是人的存在根據（「性者，其所以為人者也」）。「性之至者亦曰命」，「命」是「性」達到與「道」無二的理想狀態。「理」是「道」的價值規定。具體而言，「水」推動萬物，使萬物有「理」可循。人在守靜含虛的狀態下，便能窮理，從而循理而動，達到「盡性以至於命」的理想狀態。但是人的「窮理」及「循理而動」的能力卻是「莫知其所以然而然」的，也可以說是自然而然的天賦。「水之心」使人在窮理、明理之後，雖「所遇有難易，然而未嘗不志於行者」。有無之際的「水」，推動萬事萬物生生不息，使萬事萬物各具其性。「水」的「信」的規定性，使萬物有「理」可循。「水之心」不以力爭而以心通，使人在窮理之後（明的狀態下）「志於所行」，循理而動，從而達到「盡性以至於命」的理想狀態。

第三節 「道」與「禮」的邏輯關係

一、「善」是道之繼、性之效

《東坡易傳》圍繞《繫辭》「一陰一陽之謂道，繼之者善也，成之者性也」有如下一段解釋：

> 道與物接而生善，物生而陰陽隱，善立而道不見矣。故曰「繼之者善也，成之者性也。」仁者見道而謂之仁，智者見道而謂之智。

〔註74〕《東坡易傳》卷三，第54頁。
〔註75〕《東坡易傳》卷七，第124頁。

夫仁智，聖人之所謂善也。善者，道之繼，而指以為道則不可。今
不識其人而識其子，因之以見其人則可，以為其人則不可。故曰：
「繼之者善也。」學道而自其繼者始，則道不全。昔者，孟子以善
為性，以為至矣。讀《易》而後，知其非也。孟子之於性，蓋見其
繼者而已。夫善，性之效也。孟子不及見性，而見夫性之效，因以
所見者為性。性之於善，猶火之能熟物也。吾未嘗見火，而指天下
之熟物以為火，可乎？夫熟物，則火之效也。〔註76〕

蘇軾認為「道與物接而生善」，「夫善，性之效也」。「道」與「性」是二而一
的，而「善」則是其「繼之者」。所以他批評孟子所謂的性善論，認為「善」
只是性之效者，不是性本身。由此出現了兩個不得不回答的邏輯問題：一是
非善非惡的「道」（或「性」）到「善」之間的邏輯如何貫通？二是「惡」是否
也是「道」之繼者或「性」之效者？

朱熹認為，從非善非惡的「道」（或「性」）到「善」之間的邏輯是無法貫
通的。他正是從這一點入手，指斥蘇軾之說為偽說。因為如果「性」是非善非
惡的，那麼「性之效」的「善」則是不誠的，是偽的。「如此，則是人生而無
故有此大偽之本，聖人又為之計度隱諱，偽立名字以彌縫之，此何理哉？」
〔註77〕為了彌補這一邏輯斷點，在朱熹的學說中，「善」被直接上推為先驗的
邏輯概念，他認為性本是善的。那麼，在《東坡易傳》中非善非惡的「性」到
「善」之間的邏輯是如何貫通的呢？

首先一個問題是，蘇軾所謂的「善」是什麼？從「道與物接而生善」來
看，「善」不是先驗的概念，而是歷史的產物，是社會產生的道德規範。蘇軾
《揚雄論》說：「夫太古之初，本非有善惡之論，唯天下之所同安者，聖人指
以為善，而一人之所獨樂者，則名以為惡。天下之人，固將即其所樂而行之，
孰知夫聖人唯其一人之獨樂不能勝天下之所同安，是以有善惡之辨。」〔註78〕
可見善、惡雖是社會實踐的產物，卻有其歷史演進的規律性，並以聖人的名
義使符合「天下之所同安者」為善，而「一人之所獨樂者」為惡。如上所述，
「聖人」是與「道」相匹配的人格理想，「聖人」可以含靜守虛，在紛雜的人
世中逆流而上，「窮理盡性以至於命」。接下來，「聖人既得性命之理，則順而

〔註76〕《東坡易傳》卷七，第124～125頁。
〔註77〕《晦庵先生朱文公文集》卷七十二，《朱子全書》第24冊，第3463頁。
〔註78〕《蘇軾文集》卷四，第111頁。

下之，以極其變……故兼三才、設六位，以行於八卦之中。」〔註79〕聖人在獲得性命之理後，順流而下，以《易》理演繹人世的變化：「循萬物之理，無往而不自得，謂之順。」〔註80〕

聖人將順萬物之理的結果稱之為「善」，將不是循理而出的結果（一人之所獨樂使天下不能同安者）稱之為「惡」。由此可見，「善」雖是後天的社會的產物，但作為一種行為卻需要符合先天的「道」的規律。〔註81〕正是從這一意義上說，「善」是「道」之繼者，「性」之效者。

二、「惡」不是道之繼，也不是性之效

朱熹《雜學辨》將「繼之者善」解釋為「言道之所出無非善也」。〔註82〕這是他持性善論觀點所得出的推論。而蘇軾卻認為，性是非善非惡的，善惡皆是性之所出。他在《揚雄論》中說：「性之不能以有夫善惡，而以為善惡之皆出乎性也而已。」

既然「善」「惡」皆是「性」之所出，「善」是「道」之繼者、「性」之效者，那麼「惡」也可以說是「道」之繼或「性」之效嗎？冷成金《蘇軾的哲學觀與文藝觀》則說：「『夫善，性之效』，而非性本身，那麼，惡也可能是『性之效』也，不善不惡也可能是『性之效』。在蘇軾看來，將善、惡等『之效』等同於性本身，就像將被火烤熟的食物等同於火一樣。」〔註83〕《繫辭》原文及蘇軾的注解，都只說「夫善，性之效」，不曾說過「惡」是性之效。冷文據蘇軾「善」「惡」皆是性之所出的觀點作出推測——既然「夫善，性之效」，那麼「惡也可能是『性之效』也，不善不惡也可能是「性之

〔註79〕《東坡易傳》卷九，第147頁。

〔註80〕《東坡易傳》卷九，第148頁。

〔註81〕《蘇軾評傳》認為蘇軾所謂的善是後天社會實踐的產物，不是由先天的概念演繹而來的。此書在解釋「蘇軾如何從自然之『道』引出社會性的『善』」這一問題時認為，「蘇軾的『道』是自然全體的總名，關鍵就在這全體二字。要使『全體』得遂，便必須『觀其會通』，『盡萬物之理』，……這就得到了天下之所同安的『善』。」（第188頁）因為「盡萬物之理」，從而由「道」引出「善」。這一邏輯十分深入，但有一點需要補充。即「理」存在的依據是什麼？如上，筆者認為「理」的存在源於「道」的規定性。「道」規定萬物應當按「理」而存在，人循理而動其結果為「善」，反之則為「惡」。所以筆者的觀點是：善惡雖是後天的產物，卻是由先天的「道」演繹而來的。

〔註82〕《晦庵先生朱文公文集》卷七十二，《朱子全書》第24冊，第3466頁。

〔註83〕《蘇軾的哲學觀與文藝觀》，第160頁。

效」。對此，筆者有不同的看法。竊以為，在蘇軾的哲學表達中，「性之效」和「性之出」是兩個不同的概念。可以說「善」「惡」皆是「性之出」，卻不能說「善」「惡」皆是「性之效」。只有「善」才是「性之效」，「惡」不是「性之效」。

如上所述「道」（或「性」）是非善非惡的，但「道」卻是有「理」的（即「道」作為萬物的價值之本規定萬物應然）。人循理而動，使萬物各得其宜，其結果則為「善」，相反其結果則為「惡」：

> 夫無心而一，一而信，則物莫不得盡其天理，以生以死。故生者不德，死者不怨，無怨無德，則聖人者豈不備位於其中哉。吾一有心於其間，則物有僥倖夭枉不盡其理者矣。〔註84〕

人如果「無心而一」，使物各盡其理，就能夠守性至善。相反，沒有循理而動，便是「惡」。一旦有心於其間，便不能守性，也無法認識萬物之理，不能循理而動，必然會使物「僥倖夭枉」，也就導致了「惡」。在《揚雄論》中，蘇軾也指出是否循理而動是聖人和小人的差異：

> 饑而食，渴而飲，男女之欲，不出於人之性也，可乎？是天下知其不可也。聖人無是，無由以為聖；而小人無是，無有以為惡。聖人以其喜怒哀懼愛惡欲七者御之，而之乎善；小人以是七者御之，而之乎惡。〔註85〕

「聖人以其喜怒哀懼愛惡欲七者御之，而之乎善」，這是說聖人通過對此七者的管理控制，從而達到「善」。小人儘管同樣面對此七者，但因所御不同卻達到「惡」。聖人和小人所御之術不同，歸根結底，即能否循理而動，導致結果有「善」「惡」之別。

這樣來看，「善」是循理而動的結果，是「性之效」；而「惡」是不循理而動的結果，所以不是「性之效」。「非善非惡」是人性的抽象屬性，一旦涉及到具體的個人，不是表現為善，就是表現為惡，所以沒有「非善非惡」的「性之效」。

三、禮的作用：順善止惡

蘇軾《秦始皇帝論》論述了禮教的形成及其作用：

〔註84〕《東坡易傳》卷七，第121頁。
〔註85〕《蘇軾文集》卷四，第111頁。

昔者生民之初，不知所以養生之具，擊搏挽裂與禽獸爭一旦之
命，惴惴焉朝不謀夕，憂死之不給，是故巧詐不生，而民無知。然
聖人惡其無別，而憂其無以生也，是以作為器用、耒耜、弓矢、舟
車、網罟之類，莫不備至，使民樂生便利，役御萬物而適其情，而
民始有以極其口腹耳目之欲。器利用便而巧詐生，求得欲從而心志
廣，聖人又憂其桀猾變詐而難治也，是故制禮以反其初。禮者，所
以反本復始也。聖人非不知箕踞而坐，不揖而食，便於人情，而適
於四體之安也。將必使之習為迂闊難行之節，寬衣博帶，佩玉履舄，
所以迴翔容與而不可以馳驟。上自朝廷，而下至於民，其所以視聽
其耳目者，莫不近於迂闊。其衣以黼黻文章，其食以籩豆簠簋，其
耕以井田，其進取選舉以學校，其治民以諸侯，嫁娶死喪莫不有法，
嚴之以鬼神，而重之以四時，所以使民自尊而不輕為奸。故曰：「禮
之近於人情者，非其至也。」〔註86〕

這段話是說：原初之民，混懵無知，巧詐不生。聖人製器用，與民便利，適民
之情（「情」即人的本能欲望）。於是民始有極口腹耳目之欲，桀猾變詐而難
治。於是聖人制禮，使生民返歸原初巧詐不生的狀態。聖人並非不知道「箕
踞而坐，不揖而食」等行為更能滿足人的情慾，使四體更為安適。但還是讓
生民學習迂闊難行的禮節，寬衣博帶，佩玉履舄，其目的正是在從容不迫的
節奏中使民自尊，而不至於在迅猛急驟的情慾滿足中變得姦猾變詐。蘇軾在
《揚雄論》中說：「夫太古之初，本非有善惡之論，唯天下之所同安者，聖人
指以為善，而一人之所獨樂者，則名以為惡。天下之人，固將即其所樂而行
之，孰知夫聖人唯其一人之獨樂不能勝天下之所同安，是以有善惡之辨。」
〔註87〕將天下之所同安者視為「善」，而將一人之獨樂者名為「惡」。由此看
來，禮的產生緣於人情之有善惡，禮的目的在於順善止惡。因此，他引用《禮
記・禮器》之言：「禮之近於人情者，非其至也。」

在《禮以養人為本論》中，蘇軾論述「禮」源於人情，其目的在於使人情
有所安，同時又論述了如何依禮行事等問題：

夫禮之初，緣諸人情，因其所安者，而為之節文，凡人情之所
安而有節者，舉皆禮也，則是禮未始有定論也。然而不可以出乎人

〔註86〕《蘇軾文集》卷三，第79～80頁。
〔註87〕《蘇軾文集》卷四，第111頁。

情之所不安，則亦未始無定論也。執其無定以為定論，則途之人皆
可以為禮。今儒者之論則不然，以為禮者，聖人之所獨尊，而天下
之事最難成者也，牽於繁文，而拘於小說，有毫毛之差，則終身以
為不可。〔註88〕

禮的產生緣於人之情，使人情安定有節制的行為都是「禮」。從這個角度來看，
「禮」是沒有定論的。但是那些使人情不能安定的行為，則不能稱為「禮」，
從這個角度來看，「禮」是有其確定的原則的。「執其無定以為定論，則途之
人皆可以為禮」，這是補充前一句的意思，也就說只要將那些使人情不能安定
的行為視為非禮，那麼連那些道途中的普通人都可以依禮行事。

「善」緣於循理而動的結果。因為這個「理」不是某條僵硬的天理，而
緣於「無常形」的水之「信」，所以循理而動的「善」是自然而然的結果，而
無法呈現為具體的道德標準。因此「禮」在順善方面是沒有永恆不變的定論
的（「凡人情之所安而有節者，舉皆禮也，則是禮未始有定論也」）。這正如他
在《上圓丘合祭六議劄子》所說：

夫周已不能行舜之禮，而謂今可以行周之禮乎？天之寒暑雖
同，而禮之繁簡則異。是以有虞氏之禮，夏商有所不能行；夏商之
禮，周有所不能用。時不同故也。〔註89〕

沒有某條禮法可以亙古不變地適應任何時代。隨著社會的變化，「禮」也應當
因地因時做出調整和變化。這正如無常形的水，行於所當行，而止於所當止。
相反，「惡」是一人之獨樂而不能使天下同安，是不自然（不合理）的結果。
所以，禮在止惡方面是有其確定的原則的。

綜上所述，人性是非善非惡的，它體現在具體的人情上則是有善有惡的。
「道」作為萬物的價值之本規定萬物有「理」可循。人的活動合「理」，則導
致「善」，反之則導致「惡」。聖人逆而上，窮盡萬物之理；順而下，制禮作
樂。「禮」源於人情的善惡，其目的在於順善止惡。「善」是自然而然的結果，
所以「禮」在順善方面可以說是沒有作為的。「惡」是不自然的結果，所以「禮」
在止惡方面是有其確定的原則的。所以，蘇軾禮學著重強調「禮」之繩糾人
類惡欲的功能，即糾正那些不自然的活動。

〔註88〕《蘇軾文集》卷二，第49頁。
〔註89〕《蘇軾文集》卷三十五，第1004～1005頁。

第四節　本章小結

　　《東坡易傳》是宋代易學中獨具特色的一家之學。宋儒解《易》普遍摒棄王弼虛無之說，蘇軾則在採用王弼之說的基礎上，雜糅各家之學，呈現出一種自然主義的實用特徵。

　　這一特徵集中體現在他對「道」的解釋上。概而言之，蘇軾之「道」表現出三方面的特徵。一是受到王弼《周易注》「以無為本」玄學觀念的影響，將「道」闡釋為虛無實體；「有」從「無」中生，「無」為「有」之本。二是蘇軾雖然接受王弼「以無為本」之說，但他不滿意王弼將現象世界的豐富生動歸於「寂然大靜」，而是肯定現象世界的運動變化。由此，蘇軾採取一種折衷的辦法，將萬物未生之前的本源稱為「道」，而將萬物既生之後的本源稱為「易」。這一點吸收了郭象《莊子注》中「崇有」的思想。但《東坡易傳》卻沒有走向郭象的「獨化」理論。相反，蘇軾認為，「道生萬物」「物轉相生」，事物之間相互依存，「相因而有」，才可以生生不息。三是《東坡易傳》的「道」還作為世間萬物之抽象總名，具有「大全」的意義。總之，蘇軾在「道」的闡釋上，表現出雜糅各種理論為己所用的特徵。如果忽視這一特徵的其中某一方面，便會導致對其理論思想的認識僅強調某一方面，而忽視另一方面的侷限。

　　《東坡易傳》在「道」與「物」之間引入了「水」的概念。有無之際的「水」，推動萬事萬物生生不息，使萬事萬物各具其性。「水」是「道」之下萬物的總根源，是「天下之至信」。「信」是蘇軾解《易》的一個重要概念。《東坡易傳・繫辭上》：「夫無心而一，一而信，則物莫不得盡其天理。」水之「信」是「理」存在的根據，並規定萬物循理而動。使萬物有「理」可循。「水之心」不以力爭而以心通，使人在窮理之後（明的狀態下）「志於所行」，循理而動，從而達到「盡性以至於命」的理想狀態。

　　蘇軾認為「情」是「性」在人身上自然而然的體現，「性」是抽象的，「情」是具體的。由此而來，蘇軾在人事論上重視人情的作用。需要注意的是，蘇軾重視人情之本與他強調自然之理並無矛盾。蘇軾所說的情並不是散漫無章的，基於水的規定性，人情有其自然的理勢。蘇軾認為人性是無善無惡，而表現在具體個人身上則是有善有惡的。那些順應自然之理的人情是善，違反自然之理的人情是惡。基於此，蘇軾認為「禮」源於人情的善惡，其目的在於

順善止惡。《東坡易傳》對性命道易之理的闡釋反映了蘇軾對世界的總體認識，成為其人事論的理論依據。比如，他的水無常形而循自然之理的看法，反映出不求天下人人隨己的思想。此外，蘇軾反對性善或性惡論，他認為人性是抽象的無善無惡，而表現在個體身上則有善有惡，因此在具體的人事論上，蘇軾重視人情的作用，強調循人情之勢來解決問題。

第三章 《東坡易傳》與蘇軾的君臣觀

在《東坡易傳》中，蘇軾經常以君臣關係來解釋某卦爻辭，他特別強調君臣之勢的均衡，追求建立一種互信不疑的理想君臣關係，同時還論述了臣子如何面對不明之君等問題。對君臣關係的思考，既體現在《東坡易傳》中，也體現在蘇軾的詩文作品中。在《策略》諸文中，蘇軾從當時冗官冗員的政治窘境出發，強調君臣互信相知的重要性，提倡任人先於法制的為政主張。蘇軾一生宦海浮沉，他在人生前後期對「忠君」的問題有不同的看法，本章也將結合《東坡易傳》的君臣觀，對這一問題展開探討。

第一節 強調君臣之勢均衡

《東坡易傳》關於君臣之勢均衡的論述主要體現在《大過》和《小過》二卦中，下文將對此進行分析。〔註1〕

一、《大過卦》：君驕而無臣之世

《大過》（☴ 巽下兌上）的卦辭為：「棟橈，利有攸往，亨。」《彖》曰：「『大過』，大者過也。『棟橈』，本末弱也。剛過而中，巽而說行，『利有攸往』，乃亨。」

《大過》的第一爻和第六爻為陰爻，其餘皆為陽爻，具有陽剛過盛、本末俱弱之意。但是象徵柔順的「巽」與象徵和悅的「兌」相伴而行，則「利有攸往」。此為《易傳》原意，並未涉及政治含義。

〔註1〕日本學者加藤真司提出蘇軾對《大過卦》和《小過卦》的不同解釋象徵著仁宗和神宗時期不同的君臣之勢。參見加藤真司「『東坡易伝』に見る君臣観」、『中國哲學』、2008年。本文此節在參考加藤之文的基礎上，進一步分析各爻象徵的君臣之勢。

　　《周易正義》：「『棟橈者』，謂屋棟也。本之與末俱橈弱，以言衰亂之世，始終皆弱也。『利有攸往亨』者，既遭衰難，聖人『利有攸往』，以拯患難，乃得亨通，故云『利有攸往亨』也。又說：「『大者過』，謂盛大者乃能過其分理以拯難也。」〔註2〕這是說聖人在非常之時要採用非常的手段，「過其分理」，以拯救世亂。

　　《東坡易傳》則從君臣關係來解釋「大過」之意：

　　　　「過」之為言，偏盛而不均之謂也，故「大過」者，君驕而無臣之世也。《易》之所貴者，貴乎陽之能御陰，不貴乎陽之陵陰而蔑之也。人徒知夫陰之過乎陽之為禍也，豈知夫陽之過乎陰之不為福也哉。立陰以養陽也，立臣以衛君也，陰衰則陽失其養，臣弱則君棄其衛，故曰：「大過，大者過也。棟橈，本末弱也。」四陽者，棟也；初上者，棟之所寄也。弱而見擯，則不任寄矣，此棟之所以橈也。「棟橈」，吾將壓焉，故「大過」之世，利有事而忌安居。君侈已甚，而國無憂患，則上益張而下不堪，其禍可待也。故「利有攸往」，所利於往者，利其有事也。有事則有患，有患則急人，患至而人急，則君臣之勢可以少均。故曰：「剛過而中，巽而說行，利有攸往，乃亨。」〔註3〕

蘇軾將「大者過」解釋為「君主」之過，即君主的勢力太過強盛，由於君臣之間的關係偏盛而不均，因而導致「君驕而無臣之世」。蘇軾又說：「人徒知夫陰之過乎陽之為禍也，豈知夫陽之過乎陰之不為福也哉。」陰陽關係的平衡意味著君臣關係的均衡。由此出發，蘇軾在解釋九二、九五爻辭時，以夫妻之情來說明君臣之義：

　　　　卦合而言之，則「大過」者，君驕之世也；爻別而觀之，則九五當驕，而九二以陽居陰，不驕者也。盛極將枯，而九二獨能下收初六以自助，則「生稊」者也。「老夫」，九二也；「女妻」，初六也。凡人之情，夫老而妻少，則妻倨而夫恭，妻倨而夫恭則臣難進而君下之之謂也，故「无不利」。大過之世，患在亢而無與，故曰：「老夫女妻，過以相與也。」〔註4〕

〔註2〕王弼注、孔穎達疏《周易正義》卷三，北京大學出版社2000年版，第148頁。
〔註3〕《東坡易傳》卷三，第52頁。
〔註4〕《東坡易傳》卷三，第53頁。

> 九五以陽居陽，汰侈已甚，而上六乘之，力不能正，只以速禍。
> 故曰「老婦得其士夫，无咎无譽。」「老婦」，上六也；「士夫」，九
> 五也。夫壯而妻老，君厭其臣之象也，故教之以「无咎无譽」，以求
> 免於斯世。「咎」，所以致罪；「譽」，所以致疑也。」〔註5〕

蘇軾在解《易》時頻繁使用「卦合而言之，爻別而分之」的方法，即對某卦卦義應從整體角度著眼，而對其中某一爻的爻義則應取其個別之意。〔註6〕例如，「大過」的整體卦義是「君驕而無臣」，但是具體到某一爻則應當區別對待，如九五爻「以陽居陽，汰侈已甚」所言是速禍的君主，而九二爻所言則是「以陽居陰」的不驕者。蘇軾認為，「九二獨能收初六以自助」，有如「妻倨而夫恭，則臣難進而君下之之謂」。也就是說，君主身居高位而能夠禮賢下士，所以无不利。相反，上六乘於九五之上，則象徵「夫壯而妻老，君厭其臣」。士人處於斯世，君主驕奢無比，臣子只能无咎无譽以自保。倘若臣子一意孤行，勢必遭遇滅頂之災，即上六爻釋辭所說：「『過涉』至於『滅頂』，將有所救也，勢不可救，而徒犯其害，故凶。」

蘇軾以君臣關係來解釋《大過卦》的卦爻辭，體現出比較鮮明的闡釋特點。易學史上具有重要影響力的其他著作，如《周易正義》《程氏易傳》對「大過」卦義與爻義的解釋沒有出現像《東坡易傳》這樣具體的君臣關係設定。如《周易正義》釋九二爻辭：「九二以陽處陰，能過其本分，而救其衰弱。」〔註7〕釋九五爻辭：「『枯楊生華者』，處得尊位，而以陽居陽，未能拯危。」〔註8〕《程氏易傳》基本繼承了孔穎達的觀點，在釋九二爻辭時用以比喻處世之道：「是剛過之人，而能以中自處，用柔相濟者也」〔註9〕，但未言及君臣之義。

二、《小過卦》：君弱而臣強之世

《小過卦》（䷽　震上艮下）卦辭曰：「亨，利貞。可小事，不可大事。飛鳥遺之音，不宜上，宜下大吉。」《彖》曰：「『小過』，小者過而亨也。『過』

〔註5〕《東坡易傳》卷三，第53頁。
〔註6〕關於蘇軾解易「卦合爻別」的特徵，參加陳仁仁《論〈蘇氏易傳〉的「卦合爻別」說》，《周易研究》2004年第5期。
〔註7〕《周易正義》卷三，第149頁。
〔註8〕《周易正義》卷三，第151頁。
〔註9〕《周易程氏傳》卷二，程顥、程頤著，王孝魚點校《二程集》，中華書局1981年版，第840頁。

以『利貞』，與時行也。柔得中，是以小事吉也；剛失位而不中，是以不可大事也。有『飛鳥』之象焉。『飛鳥遺之音，不宜上，宜下大吉』，上逆而下順也。」

王弼對此卦名之義的解釋十分精簡：「小者，謂凡諸小事也。過於小事而通者也。」這一注釋在後世比較流行，如孔穎達《周易正義》據此進一步解釋為：「此釋『小過』之名也，並明『小過』有亨德之義。過行小事謂之『小過』，順時矯俗，雖過而通，故曰『小者過而亨』也……然矯枉過正，應時所宜，不可常也，故曰『與時行』也。」〔註10〕與王、孔不同，《東坡易傳》直接將此卦義解釋為「君弱臣逆民順」：

> 陰自外入，據用事之地，而囚陽於內，謂之「小過」。「小過」者，君弱而臣強之世也。「小者過而亨」，則大者失位而否矣。
>
> 「小過」者，臣強而專。小事，雖專之可也。
>
> 「小過」有鳥之象。四陰據用事之地，其翼也；二陽囚於內，其腹背也；翼欲往，腹背不能止；翼欲止，腹背不能作也，故「飛鳥」之制在翼。鳥之飛也，上窮而忘返，其身遠矣，而獨遺其音；臣之僭也，必孤其君、遠其民，使其君如飛鳥之上窮，使其民聞君之聲不見其形也，而後得志。故曰：「飛鳥遺之音，不宜上，宜下大吉，上逆而下順也。」「小過」之世，其臣則逆，而其民順，故「不宜上、宜下」。上則無民而主孤，下則近民而君強也。〔註11〕

蘇軾從卦象出發，認為四陰自外而據用事之地，如鳥之翼。二陽如鳥之腹，被四陰囚於內。飛鳥之制于翼，猶如君主被強臣所制。強臣僭位，使國君遠其民，「使其民聞君之聲不見其形」。因此，當此「小過」之世，「君弱臣逆而民順」。

在分析各爻性質時，蘇軾著重指出六二爻和六五爻象徵強臣的勢力，但二者又有僭位與否的區別，因此應分別對待。蘇軾對此二爻辭的解釋既有因襲《周易正義》之處，又明顯體現出自我的創新之見。以下是《周易正義》與《東坡易傳》的對比：

六二爻：「過其祖，遇其妣。不及其君，遇其臣，无咎。」

《周易正義》：過而得知謂之遇，六二在《小過》而當位，是過而得之也。祖，始也，謂初也。妣者，母之稱。六二居內，履中而

〔註10〕《周易正義》卷六，第288頁。
〔註11〕《東坡易傳》卷六，第114頁。

正，固謂之姚。已過於初，故曰「過其祖」也，履得中正，故曰「遇其姚」也。過不至於僭，盡於臣位而已，故曰「不及其君，遇其臣，无咎」。〔註12〕

《東坡易傳》：卦合而言之，「小過」者，臣強之世也；爻別而觀之，六五當強臣。六二以陰居陰，臣強而不僭者也……曰：不幸而過其祖矣，而猶遇其姚；姚未有不助祖者也，不幸而不及其君矣，而猶遇其臣；臣未有不忠於其君者也，故「小過」之世，君弱而不能為政，臣得專之者，惟六二也。然而於祖曰「過」，於君曰「不及」者，以見臣之不可過其君也。〔註13〕

兩書對六二爻的解釋都認為此爻以陰居陰，寓示臣子「過而不至於僭」。《周易正義》的解釋止於此，而《東坡易傳》卻結合整卦卦義，指出君弱不能為政之時臣子可以專任政務，但應當忠於君主，不可僭越君權。

與六二爻「過而不僭」相反，六五爻則象徵一位具有深謀遠慮、盜世欺名的強臣。《東坡易傳》對此爻的解釋與《周易正義》差異較大：

六五爻：密雲不雨，自我西郊；公弋取彼在穴。

《周易正義》：六得五位，是小過於大，陰之盛也……施之於人，是柔得過而處尊，未能行其恩施，廣其風化也，故曰：「密雲不雨，自我西郊」也。「公弋取彼在穴」者，公者臣之極，五極陰盛，故稱公也。小過之時，為過猶小，而難未大作，猶在隱伏。以小過之才，治小過之失，能獲小過在隱伏者，有如公之弋獵，取得在穴隱伏之獸也，故曰：「公弋取彼在穴」也。〔註14〕

《東坡易傳》：六五之權，足以為密雲，而終不為雨，次於西郊而不行。豈真不能哉？其謀深也。強臣之欲為變也，憂在內，是故見利而不為，見益而不取，縕畜以自厚，持滿而不發者，凡皆以遂其深謀也。當是時也，必有穴其間而為之用者，故戒之曰：「公弋，取彼在穴。」君子之居此，苟無意於為盜，莫若取其在穴者，以自明於天下，而天下信之矣。〔註15〕

〔註12〕《周易正義》卷六，第289頁。
〔註13〕《東坡易傳》卷六，第115頁。
〔註14〕《周易正義》卷六，第292頁。
〔註15〕《東坡易傳》卷六，第115～116頁。

《周易正義》認為六五爻意味著柔得尊位，而未能廣施風化，正如人臣（「公」）之取得高位者，彼以小過之才，治小過之失，而能小有所得。《東坡易傳》則從「密雲不雨」這一不合自然現象生發，將六五爻解釋為深謀權變的強臣。從常情來看，六五之權足可翻雲覆雨，誰知「終不為雨」，僅「次於西郊」。蘇軾據此推斷，此爻所象徵的強臣具有不為人知的政治野心：「強臣之欲為變也，憂在內，是故見利而不為，見益而不取，縕畜以自厚，持滿而不發者，凡皆以遂其深謀也。」這段對六五強臣的描述，與蘇洵《辨奸論》所論不近人情之大奸者頗為相似：「凡事之不近人情者，鮮不為大奸慝……以蓋世之名，而濟其未形之患。雖有願治之主，好賢之相，猶將舉而用之。則其為天下患，必然而無疑者。」〔註16〕儘管《辯奸論》是否為蘇洵所作仍未有定論，〔註17〕但從《東坡易傳》是繼承蘇洵遺志而成書的這一事實來看，二者在論斷內容、語調上的相似之處應予重視。

綜上所述，《東坡易傳》有關《大過卦》所象徵的「君驕而無臣之世」以及《小過卦》所象徵的「君弱而臣強之世」的論述，體現了作者對君臣關係的思考。蘇軾在解釋此《小過卦》時，還有意將它們結合起來討論：「《大過》以夫妻為君臣，而《小過》寄之祖與妣者。《大過》君驕，故自君父言之；而《小過》臣強，故為臣子之辭。其義一也。」〔註18〕

《東坡易傳》的上述內容表明，防「過」是維持君臣關係平衡的一條重要原則。蘇軾在熙寧二年（1069）所作《上神宗皇帝書》中，曾針對北宋王朝的政治架構，提出臺諫制度是保持朝廷各方勢力平衡之至計。下面結合此文，來談蘇軾有關這一問題的認識：

> 古者建國，使內外相制，輕重相權。如周如唐，則外重而內輕，如秦如魏，則外輕而內重。內重之弊，必有姦臣指鹿之患。外重之弊，必有大國問鼎之憂。聖人方盛而慮衰，常先立法以救弊。我國家租賦籍於計省，重兵聚於京師，以古揆今，則似內重……觀其委臺諫之一端，則是聖人過防之至計……（臺諫）將以折姦臣之萌，而救內重之弊也。夫姦臣之始，以臺諫折之而有餘，及

〔註16〕《嘉祐集箋注》卷九，第 272 頁。
〔註17〕關於《辨奸論》作者問題，可參閱王昊《近五十年來〈辨奸論〉真偽問題研究述評》，《社會科學戰線》2002 年第 1 期。
〔註18〕《東坡易傳》卷六，第 115 頁。

其既成，以干戈取之而不足。〔註19〕

蘇軾以古揆今，認為宋朝有內重之弊端，即姦臣當道之嫌。此封上書是針對王安石新法而發，蘇軾也因此受到王安石的彈劾而遭貶被黜。蘇軾認為「執政私人」的王安石權位過重，有蓋主之過，甚至有可能導致「人主孤立，紀綱一廢」的局面。針對這種局面，他提出朝廷應該恢復前代的臺諫之風，因為臺諫代表著天下之公議，可以折姦臣之萌，是聖人防過之至計。

第二節　君臣互信的共治理想

《東坡易傳》有關君臣勢力均衡的觀點，來源於儒家君臣共治的政治理想。在現實的政治關係中，單靠君主或單靠臣子都不可能達成共治，只有靠雙方共同發揮作用，協力合作，才能達到理想的政治秩序。在解釋《姤卦‧彖》（☰ 巽下乾上）「剛遇中正，天下大行」時，蘇軾說：

> 「剛」者，二也；「中正」者，五也。陰之長，自九二之亡而後為《遯》，始無臣也；自九五之亡而後為《剝》，始無君也。《姤》之世，上有君，下有臣，君子之欲有為，無所不可。故曰：「剛遇中正，天下大行也。」〔註20〕

蘇軾從此卦卦象出發，認為彖辭所謂「剛遇中正」，揭示了九二爻所象徵的臣子與九五爻所象徵的君主之間的上下交應。蘇軾還假設此卦中處於下位的陰爻向上增長，使九二陽爻消亡，於是演變為《遯卦》（☰ 乾上艮下）所象徵的是「無臣」之世。假如下位的陰爻繼續增長，以至九五陽爻亦消亡，那麼就演變為《剝卦》（☶ 艮上坤下），所象徵的是無君之世。蘇軾認為無君或無臣之世，都會出現天地不合、萬物閉隔的狀態。只有君臣上下交會，關係通暢，才能出現良好的社會秩序，也就是《姤卦‧彖辭》所說的「剛遇中正，天下大行」。

不言而喻，《東坡易傳》所提倡的君臣共治，並非現代政治學所謂的權利分享。它是指在忠於君權的前提之下，君臣之間致力於通過對各自道德的約束達到良好的共治關係。這種關係，可視為君臣之間在共有的道德認同基礎之上，對於政治秩序的共同追求。它首先要求為君有為君之德，為臣有為臣

〔註19〕《蘇軾文集》卷二十五，第739～740頁
〔註20〕《東坡易傳》卷五，第82頁。

之德，其次才表現為君臣之間的合作關係。《東坡易傳》對君臣共治的闡釋主要體現在兩方面：一是結合卦義具體討論君臣之德，二是借助「應位」的《易》學闡釋體例來討論君臣之會。

一、君臣之德

為君之德

歷來對為君之德的解釋，多集中在《乾卦‧象》「天行健，君子以自強不息」一句上。以下是《周易正義》與《東坡易傳》有關此句解釋：

> 《乾卦‧象》：天行健，君子以自強不息。

> 《周易正義》：「君子以自強不息」，此以人事法天所行，言君子之人，用此卦象，自強勉力，不有止息。言「君子」者，謂君臨上位，子愛下民，通天子諸侯，兼公卿大夫有地者。凡言「君子」者，義皆然也。〔註21〕

> 《東坡易傳》：夫天，豈以「剛」故能「健」哉？以「不息」故「健」也。流水不腐，用器不蠹，故君子莊敬日強，安肆日偷。強則日長，偷則日消。〔註22〕

對比可知，蘇軾特別強調「不息」的意義。「天」之所以能「行健」，不僅在於其剛強的品質，更在於它具有生生不息的自我運轉能力。天之德經常被作為君主之德的象徵。早在嘉祐六年（1061）為準備制科考試所作《策略》一文中，蘇軾就對為君之德發表過大體相同的看法：

> 方今之勢，苟不能滌蕩振刷，而卓然有所立，未見其可也。臣嘗觀西漢之衰，其君皆非有暴鷲淫虐之行，特以怠惰弛廢，溺於宴安，畏期月之勞，而忘千載之患，是以日趨於亡而不自知也。夫君者，天也。仲尼贊《易》，稱天之德曰：「天行健，君子以自強不息」。由此觀之，天之所以剛健而不屈者，以其動而不息也。惟其動而不息，是以萬物雜然各得其職而不亂，其光為日月，其文為星辰，其威為雷霆，其澤為雨露，皆生於動者也。使天而不知動，則其塊然者將腐壞而不能自持，況能以御萬物哉。苟天子一日赫然奮其剛明之威，使天下明知人主欲有所立，則智者願效其謀，勇者樂致其死，縱橫顛倒無所施

〔註21〕《周易正義》卷一，第12頁。
〔註22〕《東坡易傳》卷一，第5頁。

而不可。苟人主不先自斷於中，群臣雖有伊呂稷契，無如之何。故臣

特以人主自斷而欲有所立為先，而後論所以為立之要云。〔註23〕

這時蘇軾已敏銳地察覺到宋朝的積貧積弱之勢，指出「天下有治平之名，而無治平之實」，並勸說仁宗皇帝應當振興局勢，卓然有所立。在這篇文章中，蘇軾側重從「動而不息」來解釋君子的剛健品格，強調君主在國家政治架構中的決定性作用，強調為君者身為群臣和萬民的表率，更應當積極進取，不能溺於宴安。

在解釋《大畜卦》（☶ 乾下艮上）時，蘇軾還引孔子之語，論述君子須厚學以蓄德：

孔子論《乾》九二之德曰：「君子學以聚之，問以辨之。」是以知乾之健，患在於不學，漢高帝是也。故《大畜》之君子將以用乾，亦先厚其學。〔註24〕

蘇軾舉漢高帝為反例，認為其患在不學而失於乾健之德。蘇軾對漢高帝不滿，在《漢高帝論》一文中有類似的評論：

若漢高帝起於草莽之中，徒手奮呼，而得天下，彼知天下之利害與兵之勝負而已，安知所謂仁義者哉？觀其天資，固亦有合於仁義者，而不喜仁義之說，此如小人終日為不義，而至以不義說之，則亦怫然而怒。〔註25〕

此文指出，因漢高帝不喜仁義之說，群臣不敢言三代禮樂之教，而導致呂后之禍，此為帝王不學而致禍之一例。此外，在解釋《臨卦》（☱ 兌下坤上）時，蘇軾亦引《禮記》之語，強調為君者應蓄德厚學、謹言慎行以為萬民表率：「故君子為無窮之教，保無疆之民。《記》曰：『君子過言，則民作辭；過動，則民作則。』故言必慮其所終，而行必稽其所弊。」〔註26〕

在國家的政治結構中，君主雖然處於統領的地位，但僅憑國君一己之力是不能治理國家的。君臣共治很大程度上取決於君主如何對待臣子。具體來說，國君應當給予臣子適當的利祿，這也是歷代達成君臣共治的基礎。在解釋《晉卦》（☲ 坤下離上）時，蘇軾認為：「『晉』以『離』為君，『坤』為臣。

〔註23〕《蘇軾文集》卷八《策略一》，第 227 頁。

〔註24〕《東坡易傳》卷三，第 49 頁。

〔註25〕《蘇軾文集》卷三，第 81 頁。

〔註26〕《東坡易傳》卷二，第 38 頁。

『坤』之為物廣大薄厚，非特臣爾，乃諸侯也。故曰『康侯』，君以是安諸侯也。夫『坤』順而『離』明，以順而進，趨於明，無有逆而不受者，故曰『錫馬』。馬所以進也，錫之馬而使蕃之，許其進之甚也。一日三接，喜其來之至也。〔註27〕」此外，蘇軾還特別強調，君主應當施祿於臣，卻不可因此以德自居；應當頤養賢才，卻不可以蓄臣妾、小人的方式蓄臣子：

> 君子之於祿利，欲其在人；德業，欲其在己。孔子曰「修辭立其誠」，所以居業也。「澤上於天」，其勢不居，故君子以施祿，不以居德。〔註28〕

> 鼎之用，極於享帝而已，以其道養聖賢，則享之大者也。國有聖賢，則君位定而天命固矣。〔註29〕

> 係者，「畜臣妾」之道，而非所以畜君子也。（筆者按：蘇軾此處所言「君子」當指臣子，而非君主。）〔註30〕

此外，《東坡易傳》還特別強調君主須具有「誠」的品德。「誠」在蘇軾的哲學體系中是一個非常重要的概念，在某些表述中他甚至將其與「性」相等同：

> 君子日修其善以消其不善，不善者日消，有不可得而消者焉。小人日修其不善以消其善，善者日消，亦有不可得而消者焉。夫不可得而消者，堯舜不能加焉，桀紂不能亡焉，是豈非性也哉。〔註31〕

> 堯舜之所不能加，桀、紂之所不能亡，是謂誠。凡可以閑而去者，無非邪也。邪者盡去，則其不可去者自存矣。是謂「閑邪存其誠」。不然，則言行之信謹，蓋未足以化也。〔註32〕

值得注意的是，上引第二段話是蘇軾對《乾卦‧文言》所言「君德」的闡釋。也就是說，在蘇軾看來，君主應當本著「閑邪存其誠」的修養工夫來對待臣子。

為臣之德

在君臣共治的政治結構中，對為臣之德同樣也有明確的要求。《坤卦‧象》

〔註27〕《東坡易傳》卷四，第 65 頁。
〔註28〕《東坡易傳》卷五，第 81 頁。
〔註29〕《東坡易傳》卷五，第 93 頁。
〔註30〕《東坡易傳》卷四，第 63 頁。
〔註31〕《東坡易傳》卷一，第 4 頁。
〔註32〕《東坡易傳》卷一，第 6 頁。

云：「地勢坤，君子以厚德載物。」《東坡易傳》明確將此君子之德釋為臣子之德。以下是《周易正義》與《東坡易傳》的解釋：

> 《周易正義》：君子用此地之厚德容載萬物。言「君子」者亦包公卿諸侯之等，但「厚德載物」，隨分多少，非如至聖載物之極也。〔註33〕

> 《東坡易傳》：「坤」未必無君德，其所居之勢，宜為臣者也。

《書》曰：「臣為上為德，為下為民。」〔註34〕

《周易正義》認為「君子以厚德載物」的「君子」包括公卿諸侯。《東坡易傳》則特地指明此處的君子特指與君主相對的臣子。《坤卦》卦辭云：「元亨，利牝馬之貞。」《東坡易傳》對此的解釋是：「龍，變化而自用者也。馬，馴服而用於人者也。為人用而又牝焉，順之至也。至順而不貞，則陷於邪，故『利牝馬之貞』。」〔註35〕在蘇軾看來，「乾卦」以龍象徵君主，「坤卦」則以馬象徵臣子。為君者應當主導變化，振奮立新，以誠待人。與之相對，為臣者要配合國君的行動，需要具備柔順而貞敬的品德。這一觀點在解釋《坤卦》各爻義時被反覆提及：

> 「坤」之為道，可以為人用，而不可以自用；可以為和，而不可以為倡。〔註36〕

> 「坤」之患，弱而不可以正也，有章則可以為正矣。然以其可正，而遂專之，則亦非所以為「坤」也。故從事而不造事，無成而代有終。〔註37〕

> 黃而非裳，則君也。裳而非黃則臣爾，非賢臣也。六五陰之盛，而有陽德焉，故稱裳，以明其臣；稱黃以明其德。〔註38〕

此外，《東坡易傳》在解釋《坤卦》時明確談到臣子對待君主應當持「敬」的態度。《坤卦・文言》云：「臣弒其君，子弒其父，非一朝一夕之故，其所由來者漸矣，由辨之不早辨也。《易》曰：『履霜，堅冰至，』蓋言順也。『直』，其正也；『方』，其義也。君子敬以直內，義以方外；敬義立而德不孤。『直、方、

〔註33〕《周易正義》卷一，第32頁。
〔註34〕《東坡易傳》卷一，第8頁。
〔註35〕《東坡易傳》卷一，第8頁。
〔註36〕《東坡易傳》卷一，第8頁。
〔註37〕《東坡易傳》卷一，第9頁。
〔註38〕《東坡易傳》卷一，第9頁。

大、不習，无不利』（筆者按：此句為《坤卦》六三爻辭），則不疑其所行。」
《東坡易傳》對這段話的解釋是：

> 惟其順也，故能濟其剛；如其不順，則辨之久矣。小人惟多愧
> 也，故居則畏，動則疑；君子必自敬也，故內「直」，推其直於物，
> 故外「方」。直在其內，方在其外，隱然如名師良友之在吾側也，是
> 以獨立而不孤，夫何疑之有？〔註39〕

《文言》和《東坡易傳》此處所云「君子」指臣子，「君」指國君。《文言》認
為，「臣弒其君，子弒其父」其由來可辨。那麼，反過來對臣子來說，如何才
能避免遭到君主的猜忌？《文言》認為，君子做到「敬義立而德不孤」，則不
受疑。《東坡易傳》將「敬」釋為「自敬」。「自敬」可理解為為臣者克己的修
養工夫，其內心對君主盡柔順之意，其外在表現則合乎規範，是以不受猜忌。

與貫穿全書的「誠」（或「信」）的概念相反，《東坡易傳》甚少談到「敬」。
除了上舉《坤卦》之外，僅在《需卦》（䷄ 乾下坎上）中談到「敬」：

> 謂九五也。「乾」之欲進，凡為「坎」者皆不樂也……夫敬以求
> 免，猶有疑也。物之不相疑者，亦不以敬相攝矣。〔註40〕

> 「乾」已克四而達於五矣，其勢不可復抗，故入穴以自固。謂
> 之「不速之客」者，明非所願也。以不願之意而固守以待之，可得
> 為安乎？其所以得免於咎者，特以「敬」之而已。〔註41〕

儘管蘇軾解釋《需卦》各爻所象徵的人物關係並非特指君臣之義，但作為一
種處世態度的「敬」，在以上《坤卦》和《需卦》的解釋中仍有相通之處。
在《需卦》中，蘇軾認為，象徵柔弱的「坎」及「上六爻」在強勢的「乾」
面前皆僅能「以敬免咎」，而不能使之無疑。在這裡，蘇軾特別強調「物之
不相疑者，亦不以敬相攝矣」。也就是說，「以敬相攝」是出於「不願之意」
的處世態度。蘇軾在解釋《復卦》時說：「見其意之所向謂之『心』，見其誠
然謂之『情』。」〔註42〕由此看來，與心意之所向的誠然境界相比，「以敬相
攝」的終究是一種不得已而為之的處世態度。如上所述，蘇軾在解釋《坤卦·
文言》中，認可臣者可因「自敬」而免受君主的懷疑，但是，在解釋《坤卦》

〔註39〕《東坡易傳》卷一，第10頁。
〔註40〕《東坡易傳》卷一，第13頁。
〔註41〕《東坡易傳》卷一，第14頁。
〔註42〕《東坡易傳》卷三，第45頁。

六四爻辭「括囊，无咎无譽」時他卻說：「咎與譽，人之所不能免也，出乎咎，必入乎譽；脫乎譽，必罹乎咎。咎所以致罪，而譽所以致疑也。甚矣，无咎无譽之難。」〔註43〕可見，在蘇軾看來，為臣者即便「以敬免咎」，也是一種無可奈何的做法。這裡「无咎无譽之難」的感歎，似乎映照其宦海浮沉的身世之歎。

二、信者，君臣之會

那麼，維持彼此之間勢力均衡、實現上下共治的君臣關係，具體是以何種狀態存在的呢？如上所述，儘管《東坡易傳》在解釋《坤卦》時認為在君臣政治結構中，為臣者當持敬自立，但他又把「敬」看作一種不得已而為之的處世態度。在蘇軾理想的世界觀念中，天下是人心所向的天下，由之而來的政治體系亦應以人情為本。因此，在君臣共治的政治結構中，二者之間的理想關係應是心意互通，以信相會。《東坡易傳》對各卦的解釋一再強調，君臣主體之間必須都處於「誠」的狀態，才有可能協力共謀。具體來說，蘇軾主要以「應位」的《易》學闡釋體例，來象徵君臣之間和諧共處的政治模式，即通過對某卦之內爻與爻之間關係的解釋，尤其是對二、五爻是否以「信」相應的解釋，來解釋君臣之會通塞與否的狀態。下面以《大有卦》（☲ 離下乾上）的解釋為例來作說明：

> 「大車」，虛而有容者，謂五也。九二足以有為矣，然非六五虛而容之，雖欲往，可得乎？〔註44〕

> （六五）處群剛之間，而獨用柔，無備之甚者也。以其無備而物信之，故歸之者交如也。此柔而能威者，何也？以其無備，知其有餘也。夫備生於不足，不足之形見於外，則威削。〔註45〕

> 故孔子曰：「天之所助者，順也；人之所助者，信也。履信思乎順，又以尚賢也。是以『自天祐之，吉无不利』。」信也，順也，尚賢也，此三者，皆六五之德也。〔註46〕

在這幾段描述中，六五爻所象徵的君主能夠虛懷納賢，履信思順，所以能夠一陰收群陽，得到眾臣的擁護。而九二則象徵非大車不能載的臣子，因六五

〔註43〕《東坡易傳》卷一，第9頁。
〔註44〕《東坡易傳》卷二，第29頁。
〔註45〕《東坡易傳》卷二，第30頁。
〔註46〕《東坡易傳》卷二，第30頁。

虛懷而容之，才欲為前往。蘇軾認為，「信」是君臣相會的前提，也是實現君臣共治的基礎。以「信」來貫通各爻位的對應關係，並將其闡釋為君臣互信的政治結構——這是《東坡易傳》中較為常見的解卦模式。再看以下二例：

> 是受益者，臣也，則以永貞於五為吉，王也，則享帝為吉，皆受益而不忘報者也。〔註47〕

> 「益」之九五……惟信二也，故二信我；我惟德二也，故二德我。「有孚，惠我德」，「永貞」之報也。〔註48〕

> 光出於形之表，而不以力用。君子之廣大者也，下有九二，其應也；旁有九四、上九，其鄰也。險難未平，三者皆剛，莫能相用，將求用於我之不暇，非謀我者也。故六五信三者，則三者為之盡力，而我無為，此「貞吉，無悔，君子之光」也。〔註49〕

如上所述，蘇軾在解釋君主之德時強調其乾健有為，厚學蓄德。但在講到君主與臣子的關係時，蘇軾則強調二者之間以靜制動、以逸待勞的合作模式。如上舉《大有卦》《益卦》《未濟卦》中象徵君主的第五爻，皆因虛懷而納眾陽，故其前程皆貞吉有光。

《東坡易傳》中通過爻位對應來解釋君臣共治的模式，與其早年《進策》一組文章中所描述的理想政治圖景如出一轍：

> 中書者，王政之所由出，天子之所與宰相論道經邦而不知其他者也。非至逸無以待天下之勞，非至靜無以制天下之動。是故古之聖人，雖有大兵役，大興作，百官奔走，各執其職，而中書之務不至於紛紜。〔註50〕

> 臣聞聖王之治天下，使天下之事各當其處而不相亂，天下之人各安其分而不相蹂，然後天子得優游無為而制其上。〔註51〕

在這段《策略》文字中，蘇軾描述了心中理想的治世景象：君主居中無為，群臣百官各司其職，天下萬民各安其分，各得其所。與《東坡易傳》強調君主乾健不息、修言立誠的品德相同，《策略》亦強調天子是因為知「人心」而得以

〔註47〕 《東坡易傳》卷四，第77頁。
〔註48〕 《東坡易傳》卷四，第78頁。
〔註49〕 《東坡易傳》卷六，第119頁。
〔註50〕 《蘇軾文集》卷八《策略二》，第229頁。
〔註51〕 《蘇軾文集》卷八《策略三》，第231頁。

居中無為，並不是在龐大的官僚體系中空抱其器的「偶人」：

> 天下者，器也。天子者，有此器者也。器久不用，而置諸篋笥，
> 則器與人不相習，是以扞格而難操。良工者，使手習知其器，而器
> 亦習知其手，手與器相信而不相疑，夫是故所為而成也……昔之有
> 天下者，日夜淬勵其百官，撫摩其人民……凡此者，非以為苟勞而
> 已，將以馴致服習天下之心，使不至於扞格而難操也……（後世之
> 天子）養尊而自高，務為深嚴，使天下拱手以貌相承，而心不服。……
> 使其君臣相視而不相知，如此，則偶人而已矣。天下之心既已去，
> 而悵悵焉抱其空器，不知英雄豪傑已議其後。〔註52〕

天子之治天下，有如良工之操器。君臣之相知，有如良工之手與器之間相信
而不相疑。後世之君主徒為一整套繁瑣官僚體系中養尊居高的偶人，君臣相
見而不相知，必然空抱其器，而難以治國。此文還引西漢為例，認為創業之
初，布衣天子與大臣將相有握手之歡，形同手足，故無遠患；而後世君主「生
於深宮之中，而狃於富貴之勢，尊卑闊絕，而上下之情疏，禮節繁多，而君臣
之義薄，是故不為近憂，而常為遠患」。

　　由此可見，君臣之相知相信便可使人心振奮，整個社會生氣勃勃；反之，
君臣義薄，整個國家徒有一整套制度體系，而難以積極有效運轉。蘇軾提倡
治國如治家的理念，雖說是源自儒家君臣如父子的政治倫理觀念，但更應注
意的是《策略》的創作，主要是針對北宋因冗官冗員而尾大不掉的官僚體系
有感而發。這種憂患意識也直接體現在《東坡易傳》對《家人卦》九五爻「王
假有家，勿恤，吉」的解釋中。以下是《周易正義》與《東坡易傳》的對此爻
辭的相關解釋：

> 《周易正義》：「王假有家」者，假，至也。九五履正而應，處
> 尊體巽，是能以尊責巽接於物，王至此道，以有其家，故曰「王假
> 有家」也。「勿恤吉」者，居於尊位而明於家道，則在下莫不化之矣，
> 不須優恤而得吉也，故曰「勿恤吉」也。〔註53〕

> 《東坡易傳》：「假」，至也。王至有家，則是家也，大矣。王者
> 以天下為一家，「家人」之家近而相瀆，天下之家遠而相忘。知其患
> 在於相瀆也，故推嚴別遠以存相忘之意；知其患在於相忘也，故簡

<hr>

〔註52〕《蘇軾文集》卷八《策略五》，第238頁。
〔註53〕《周易正義》卷四，第187～188頁。

易「勿恤」以通相愛之情。「家人」四陽,惟九五有人君之德,故稱其德、論天下之家焉。君臣欲其如父子,父子欲其如君臣,聖人之意也。〔註54〕

《周易正義》認為王居於尊位而明於家道,家道正而天下定,所以「不須優恤而得吉」。可以說,《正義》的解釋符合儒家倫理政治學的傳統觀念,也代表多數易學家的觀點。〔註55〕《東坡易傳》雖然認同家國一體的倫理政治觀,但卻認為治家與治國同中有異,在此爻中側重談論各自的憂患。考察《東坡易傳》此段大意,並結合上下句之間的邏輯關係來看,上句認為「『家人』之家近而瀆」,「故應推嚴別遠,以存相忘之意」;下句則說「天下之家遠而相忘」,「故簡易勿恤以通相愛之情」。那麼,下句中的「簡易勿恤」,應當是與「推嚴別遠」相對立的狀態,意思是要拉近彼此的關係。因為天下之家遠而相忘,所以上下之間、君臣之間、各個部門之間,應當互慮互恤以通相愛之意。這樣,這個天下的大家庭才不至於出現上下不知、君臣義薄的局面。這樣看來,蘇似乎為了說明君臣互信的為政觀念,將《家人卦》的「勿恤」闡釋為互相體恤,這與《周易正義》的「不須優恤」正好相反。

第三節　臣子身處困境的處世之方

如上所述,《東坡易傳》的政治理想可以概括為:在恪守君臣之德的前提下,通過保持雙方力量均衡,實現以「信」為核心的共治模式。它強調在上位的君主應主動施信於人,同時也意味著身處下位的臣子需要在獲得君主的信任之後方可有所作為。那麼,從臣子的角度來講,在被君主重用之前應當如何獲得其信任?臣子在遭受君主懷疑或面對不明之君時應當如何自處?《東坡易傳》中的《否卦》《明夷卦》分別討論了這兩個問題。

〔註54〕《東坡易傳》卷四,第69頁。
〔註55〕其他較有代表性的解說基本與《周易正義》相同:如王弼:「假,至也。履正而應,處尊體巽,王至斯道以有其家者也。居於尊位,而明於家道,則下莫不化矣。父父、子子、兄兄、弟弟、夫夫、婦婦,六親和睦,交相愛樂,而家道正。正家而天下定矣。故『王假有家,則勿恤而吉』」(《周易注校釋》下經,第139頁);程頤云:「夫王者之道,修身以齊家,家正則天下治矣。自古聖王,未有不以恭己正家為本。故有家之道既至,則不憂勞而天下治矣。勿恤而吉也。」(見《程氏易傳》卷三,《二程集》,第887頁)。

一、待信而發的處世態度

《否卦》（☷ 坤下乾上）之《彖》曰：「天地不交而萬物不通也，上下不交而天下無邦也。內陰而外陽，內柔而外剛，內小人而外君子，小人道長，君子道消也。」《象》曰：「天地不交，否；君子以儉德辟難，不可榮以祿。」其中六二《象》「大人否，亨」，可理解為：具體的爻位之勢象徵「大人」由「否」轉「亨」。《東坡易傳》在解釋這爻，著重討論君子處於幽閉不通的境遇之時，應當如何自處，其觀點頗多自創。以下對比《周易正義》，對此加以說明：

> 《否卦・六二》：「包承，小人吉，大人否，亨。」《象》：「大人否，亨」，不亂群。

> 《周易正義》：「包承」者，居「否」之世而得其位，用其至順，包承於上。「小人吉」者，否閉之時，小人路通，故於小人為吉也。「大人否，亨」者，若大人用此「包承」之德，能否閉小人之吉，其道乃亨。

> 此釋所以大人「否亨」之意，良由否閉小人，防之以得其道，小人雖盛，不敢亂群，故言「不亂群」也。〔註56〕

> 《東坡易傳》：陰得其位，欲包群陽，而以承順取之。上說其順而不知其害，此小人之吉也。大人之欲濟斯世也，苟出而爭之，上則君莫之信，下則小人之所疾，故莫如「否」。大人否而退，使君子小人之群不相亂，以為邪之勝正也。常於交錯未定之間，及其群分類別，正未有不勝者也，故「亨」。〔註57〕

如上所引，《周易正義》和《東坡易傳》對「小人吉」的解釋是基本一致的，而對於「大人否，吉」的解釋則存在較大差異。《周易正義》認為，大人之所以能「否」而「亨」，原因在於其能幽閉小人，防阻小人晉升之道，使小人不敢亂群。《東坡易傳》認為，此卦象徵小人得勢、大人失勢，如果大人勉強出來與小人爭鬥，就會導致上不得君主之信，下又受小人之害的困境。蘇軾認為，從根本上說，「邪之勝正也，在於交錯未定之間」，大人處斯世，莫如忍而退守，韜光養晦，使君子小人之群不相亂，如此則邪終不勝正，大人先否而後亨。《周易正義》認為，大人「否」小人，其道乃亨。與之相反，《東坡易傳》則主張以靜制動，認為大人「否」自身，終得亨。兩種解釋中，

〔註56〕《周易正義》卷二，第84頁。
〔註57〕《東坡易傳》卷二，第26～27頁。

「否」的對象是不同的。

如上所述，《東坡易傳》不僅強調君子處「否」之世當與小人分群別類，還強調君子欲有所為，應當首先獲得「君主」之信任。除此之外，《東坡易傳》在解釋九四爻（「有命、无咎；疇離祉」）時說：「君子之居否，患無以自行其志爾。初六有志於君，而四之應；苟有命，我無庸咎之矣。故君子之疇獲離其福。疇，類也。」〔註58〕蘇軾認為，君子居「否」之世雖有志於為君主效力，但僅憑一己之力卻難以自行其志，如果能夠獲得同類的接應則可以成志。

君子應當如何獲得君主的信任以自用其才，這是蘇軾進入仕途之前一直思考的問題。其早年所作的《賈誼論》，對此問題已有明確的闡述：

> 非才之難，所以自用者實難。惜乎賈生王者之佐，而不能自用其才也。夫君子之所取者遠，則必有所恃，所就者大，則必有所忍。古之賢人，皆有可致之才，而卒不能行其萬一者，未必皆其時君之罪，或者其自取也。
>
> ……
>
> 夫絳侯親握天子璽，而授之文帝，灌嬰連兵數十萬，以決劉、呂之雌雄。又皆高帝之舊將。此其君臣相得之分。豈特父子骨肉手足哉？賈生，洛陽之少年。欲使其一朝之間，盡棄其舊而謀其新，亦已難矣。為賈生者，上得其君，下得其大臣，如絳、灌之屬，優游浸漬而深交之，使天子不疑，大臣不忌，然後舉天下而唯吾之所欲為，不過十年，可以得志。〔註59〕

蘇軾認為，可以自用其才者「必有所恃」「必有所忍」；所恃者人主之信任，而一時不得志則須有所忍。他從分析當時的政治環境入手，認為賈誼雖然稟賦異才，卻不可能使漢文帝在「一朝之間，盡棄其舊而謀其新」。正確的做法應當是，「優游浸漬」於天子大臣之間，待其信而見用，方可得志。從《賈誼論》中可以看出，青年蘇軾對自己仕途路線的規劃。〔註60〕此外，嘉祐年間所作《上韓樞密書》云：「軾懷此欲陳久矣，恐未信而諫，則以為謗。」〔註61〕由

〔註58〕《東坡易傳》卷二，第 27 頁。
〔註59〕《蘇軾文集》卷四，第 105～106 頁。
〔註60〕關於《賈誼論》中的為政思考，參見王水照、朱剛《蘇軾評傳》第 337～350 頁。
〔註61〕《蘇軾文集》卷四十八，第 1383 頁。

此可見，在他步入仕途之後，確實將此設想化為具體的處事策略。對照以上論述可見，蘇軾以「信」和「忍」為核心的仕進態度，與《東坡易傳》以人情為本、重視君臣互信的政治哲學互為表裏。

二、面對無德之主的處世態度

蘇軾在《明夷卦》中集中討論如何面對無德之主，下面結合《周易正義》加以分析。

《明夷卦》（☷☲ 坤上離下）卦辭：「利艱貞。」《周易正義》解釋曰：「夷者，傷也。此卦日入地中，明夷之象。施之於人事，闇主在上，明臣在下，不敢顯其明智，亦明夷之義也。時雖至暗，不可隨世傾邪，故宜艱難堅固，守其貞正之德，故明夷之世，利在艱貞。」〔註62〕在解釋六五爻時，《周易正義》甚至直接將此昏暗之主比作商紂：「『箕子之明夷』者，六五最比闇君，似箕子之近殷紂，故曰『箕子之明夷』也。」〔註63〕

《東坡易傳》在繼承《周易正義》的基礎上，著重討論各個爻位所象徵的臣子如何根據自身處境對待無德之君。以下分列此卦各爻辭和蘇軾的注解：

初九：明夷於飛，垂其翼。君子於行，三日不食。有攸往，主人有言。

六二：明夷，夷於左股，用拯馬壯，吉。

九三：明夷，於南狩，得其大首，不可疾貞。

六四：入於左腹，獲明夷之心，於出門庭。

六五：箕子之明夷，利貞。

上六：不明晦，初登於天，後入於地。

《東坡易傳》：「明夷」之主在上六。二與五，皆其用事之地，而九三勢均於其主，力足以正之，此三者皆有責於「明夷」之世者也。夫君子有責於斯世，力能救則救之，六二之「用拯」是也；力能正則正之，九三之「南狩」是也。既不能救，又不能正，則君子不敢辭其辱以私便其身，六五之「箕子」是也。君子居「明夷」之世，有責必有以塞之，無責必有以全其身而不失其正。初九、六四，無責於斯世，故近者則入腹獲心「於出門庭」，而遠者則行不及食

〔註62〕《周易正義》卷四，第181頁。
〔註63〕《周易正義》卷四，第184頁。

也。「明夷」者，自「夷」以全其明也，將飛而舉其翼，必見麋矣，
故「垂其翼」，所以示不飛之形也。方其未去也，「垂其翼」，緩之至
也；及其去也，三日不遑食，亟之至也。是何也？則懼不免也。「明
夷」之主，既已失其民矣，我有所適，所適必其敵也。去主而適敵，
主且以我為謀之，故曰「主人有言」。「主人」，上六也。〔註64〕

《東坡易傳》認為，此卦上六爻象徵不明之主、「將廢」之主，其他五爻象徵
不同地位、不同身份的臣子。蘇軾根據各爻與上六位置遠近、爻性異同的關
係，分別說明君子面對昏庸之主應採取的處世態度。面對無德君主，蘇軾主
張力能救則救之，能正則正之，如六二爻之「用拯」、九三爻之「南狩」；不能
救之、不能正之者，應當速速離開，全身遠害，如初九爻與六四爻之「無責於
斯世」。然而，在這些關係中，最為難者則是六五爻所象徵的臣子：「六五之
於上六，正之則勢不敵，救之則力不能，去之則義不可，此最難處者也。如箕
子而後可，箕子之處於此，身可辱也，而『明不可熄』者也。」《明夷卦·象》
曰：「內難而能正其志，箕子以之。」由此可見，在蘇軾看來，臣子若不能逃
離斯難，身可受其辱而不可滅其志。

第四節　任人以信、法則次之的為政主張

從蘇軾所生活的北宋的現實政治來看，趙氏王朝建立起一整套繁密的官
僚體系，使得各個行政部門互相牽制，上下官員各司其職。這一政治體系極
大地強化了君主集權制，然而也因此導致官僚機構冗沓紛雜，官員們循規蹈
矩，照章辦事，不敢有所作為，以致整個政治局面陷於臃蔽昏沉。自慶曆以
來，眾多有識之士掀起一股摒除弊政的改革思潮，以王安石為首的新黨致力
於重新建立起一整套行之有效、立竿見影的行政體系，從財政、兵制、吏制
等方面推起一場革故布新的改革運動。身處時代思潮激盪之下的蘇軾，同樣
看到宋朝積貧積弱的時代憂患，亦滿懷「滌蕩振刷」（《策略一》）、變革時局
的政治責任感。在嘉祐六年（1061）應制科前完成的系統論述治國之策的《進
策》（包括《策略》五篇、《策別》十七篇、《策斷》三篇，共二十五篇）組文
中，蘇軾對君臣關係也有比較全面的闡述。正如王水照、朱剛先生在《蘇軾
評傳》所總結，《進策》組文「理論程度較高，理想色彩也較濃厚，依據的純

〔註64〕《東坡易傳》卷四，第66～67頁。

為其『學術』」。〔註65〕《東坡易傳》中強調君臣互信的政治觀念,與這些進策文的為政主張多有相合之處。

在《策總敘》中,蘇軾從總體上認為君臣互信是一國政治的根基:

> 故戰國之際,其言語文章,雖不能盡通於聖人,而皆卓然近於可用,出乎其意之所謂誠然者……今陛下承百王之弊,立於極文之世,而以空言取天下之士,繩之以法度,考之於有司,臣愚不肖,誠恐天下之士,不獲自盡。〔註66〕

蘇軾認為君主因結人心而有天下,君臣之間能否有效合作,取決於二者能否以「誠」相通。如果君主一味地以法度來管理人才,可能會造成極大的人才流失。面對時局,他提倡以任人為主、法則次之的為政主張。

一、任法太過的時弊

在《策略三》中,蘇軾從當時的政治形勢出發,總論任人與法制的關係:

> 請言當今之勢。夫天下有二患,有立法之弊,有任人之失。二者疑似而難明,此天下之所以亂也……臣竊以為當今之患,雖法令有所未安,而天下之所以不大治者,失在於任人,而非法制之罪也。國家法令凡幾變矣,天下之不大治,其咎果安在哉?……夫法之於人,猶五聲六律之於樂也。法之不能無奸,猶五聲六律之不能無淫樂也。先王知其然,故存其大略,而付之於人,苟不至於害人,而不可強去者,皆不變也。故曰:「失在於任人而已。」〔註67〕

蘇軾以音樂為喻,認為五聲六律作為構成音樂的基本要素,就如同法制確立國家的基本框架。但不可否認,五聲六律之所以能夠變化出無窮的樂曲,其關鍵在於人的作為。由此可見,法制作為治國的基本框架,只需保留那些「不至於害人,不可強去者」,也就是古今不變的基本大略即可。關鍵的問題是如何在基本的法度之中發揮人的力量。聯繫當時的政治形勢,蘇軾認為天下之所以不大治,「失在於任人,而非法制之罪也」。

在《策別課百官》中,蘇軾還具體分析任法太過所導致的具體弊政。主要包括以下三方面:

〔註65〕王水照,朱剛《蘇軾評傳》,第319頁。
〔註66〕《蘇軾文集》卷八,第225頁。
〔註67〕《蘇軾文集》卷八,第232頁。

一是法令雖繁，而大吏不畏，民心不服。在《策別課百官一》中，蘇軾認為古之刑罰清簡，而民心悅服，其原因在於施刑於大族：「舜誅四凶而天下服，何也？此四族者，天下之大族也。夫惟聖人為能擊天下之大族，以服小民之心，故其刑罰至於措而不用。」〔註68〕與之相反，當時之世雖然法制繁密，而人心卻多有不服，其原因正在於不用法於大族，而用之於小民：「夫過惡暴者於天下，而罰不傷其毫毛；鹵莽於公卿之間，而纖悉於州縣小吏。用法如此，宜其天下之不心服也。」〔註69〕在此文中，蘇軾還對「刑不上大夫」做了一番符合其政治哲學的解釋：

> 方今法令至繁，觀其所以提防之具，一舉足且入其中，而大吏犯之，不至於可畏，其故何也？天下之議者曰：「古者之制，『刑不上大夫』，大臣不可以法加也。」嗟夫，「刑不上大夫」者，豈曰大夫以上有罪而不刑歟？古之人君，責其公卿大臣至重，而待其士庶人至輕也。責之至重，故其所以約束之者愈寬；待之至輕，故其所以提防之者甚密。夫所貴夫大臣者，惟不待約束，而後免於罪戾也。是故約束愈寬，而大臣益以畏法。何者？其心以為人君之不我疑而不忍欺也。苟幸其不疑而犯法，則固已不容於誅矣。〔註70〕

蘇軾認為，「刑不上大夫」並非是指公卿大夫有罪而不獲刑，而是說古之公卿大夫皆為天子心腹之交，被委於重任，雖然外在的約束寬，但其內在的道德約束極嚴，故而「益以畏法」；而一旦有恃人君之信而犯法者，「固已不容於誅」，更勿論訊鞫鞭笞之刑。在蘇軾看來，其生活之世屢屢有「大吏犯之」的現象，其原因在於法制網絡繁密有過，但由於君臣之義交薄，而使得為臣者缺少內在的道德約束，所以導致這種現象。

二是任法太過導致冗官積貧。在《策別・課百官二》中，蘇軾描述了當時的冗官現象：「國家自近歲以來，吏多而闕少，率一官而三人共之，居者一人，去者一人，而伺之者又一人，是一官而有二人者無事而食也。且其蒞官之日淺，而閒居之日長，以其蒞官之所得，而為閒居仰給之資，是以貪吏常多而不可禁，此用人之大弊也。」〔註71〕接下來作者分析，造成此用人之弊

〔註68〕《蘇軾文集》卷八，第241頁。
〔註69〕《蘇軾文集》卷八，第241頁。
〔註70〕《蘇軾文集》卷八，第242頁。
〔註71〕《蘇軾文集》卷八，第244頁。

的根源，在於任法太過。蘇軾認為，當時國家通過制定一系列條例法規，以「資考」取人，這種做法勢必會造成有些投機取巧、坐等資制而並無真才實學者濫竽充數（「臣竊以為今之患，正在於任法太過，是以為一定之制，使天下可以歲月必得」），從而導致整個官僚體系庸庸碌碌、難有作為。他認為，選吏不能單純依靠法制體系，當知人而任之。基於此，他的解決方案是遴選「一二大臣雜治之」，即由他們來幫助考量官員才器。此文最後，蘇軾進一步強調以法為綱、以才為主的用人主張：

> 然而議者必曰：「法不一定，而以才之優劣為差，則是好惡之私有以啟之也。」臣以為不然。夫法者，本以存其大綱，而其出入變化，固將付之於人。昔者唐有天下，舉進士者，群至於有司之門。唐之制，惟有司之信也。是故有司得以搜羅天下之賢俊，而習知其為人，至於一日之試，則固已不取也。唐之得人，於斯為盛。今以名聞於吏部者，每歲不過數十百人，使一二大臣得以訪問參考其才，雖有失者，蓋已寡矣。如必曰任法而不任人，天下之人，必不可信。則夫一定之制，臣亦未知其果不可以為奸也。〔註72〕

基於其以人情為本的哲學觀，蘇軾認為，不可能有一套精密無失的法令體制可以網羅天下國家的大小事務。以唐為例，他認為法制只需立其大綱，而中間的出入變化則交之於人。這樣方可因才用人，抑制僥倖者，有效解決國家冗官冗員的問題。

三是任法太過，導致君臣阻隔，小人為奸。如他在解釋《家人卦》中強調君臣之間相知相愛之情，在《策別·課百官》中他將此君臣之義比喻為人之心與手的關係：

> 今夫一人之身，有一心兩手而已。疾痛苛癢，動於百體之中，雖其甚微不足以為患，而手隨至。夫手之至，豈其一一而聽之心哉，心之所以素愛其身者深，而手之所以素聽於心者熟，是故不待使令而卒然以自至。聖人之治天下，亦如此而已。百官之眾，四海之廣，使其關節脈理，相通為一。叩之而必聞，觸之而必應。夫是以天下可使為一身。〔註73〕

與此理想的君臣共治相反，蘇軾認為其所生活之世因為任法太過，「小人以法

〔註72〕《蘇軾文集》卷八，第 245 頁。
〔註73〕《蘇軾文集》卷八，第 246 頁。

為奸」，造成君臣阻隔，王化壅遏而不行：

> 今也法令明具，而用之至密，舉天下惟法之知。所欲排者，
> 有小不如法，而可指以為瑕。所欲與者，雖有乖戾，而可借法以
> 為解。〔註74〕

面對這一現象，蘇軾再次強調：「欲去其弊也，莫如省事而勵精圖。省事莫如
任人，勵精莫如自上率之。」

綜上所述，蘇軾在這三篇《策別》中，皆從用法太過的角度剖析當時社會
的主要弊政。與其君臣互信的政治哲學觀念相呼應，蘇軾提出的消除弊政的良
方則是精簡法制，任人為主，致力於以人情道德為內在約束，治國如治家。

二、任人以信的用人之道

基於對上述「用法太過」時弊的認識，去苛禮而務至誠便成為蘇軾為政
思想的首要綱領，他將其視為人主御天下之大權。《策略五》云：「聖人知其
然，是以去苛禮而務至誠……凡皆以通上下之情也。昔我太祖、太宗既有天
下，法令簡約……故天下稱其言至今，非有文采緣飾，而開心見誠，有以入
人之深者，此英主之奇術，御天下之大權也。」也就是說，如何用人是解決天
下之亂的核心問題，而君臣互信則成為用人成功與否的標準。在《策略三》
中，蘇軾用他在政論文中慣用的古今對比的方式，來論述君主應當如何任人：

> 夫有人而不用，與用而不行其言，行其言而不盡其心，其失一
> 也。古之興王，二人而已。湯以伊尹，武王以太公，皆捐天下以興
> 之，而後伊、呂得捐其一身以經營天下。君不疑臣，功成而無後患，
> 是以知無不言，言無不行……使其心無所顧忌，故能盡其才而責其
> 成功。及至後世之君，始用區區之小數以繩天下之豪俊，故雖有國
> 士，而莫為之用。〔註75〕

蘇軾認為，君主之用人，當能行其言而盡其心。只有這樣，臣子才能夠以其無
所顧忌之心經營天下，以至於大治。商湯之於伊尹，武王之於太公，就是最好
的例子。而後世君主則用「區區之小數以繩天下之豪俊」，故難以至於大治。

接下來，蘇軾綜合人情關係與政治形勢，具體分析君臣之間如何達成互
信的理想狀態。在這個問題上，蘇軾首先將臣子分為兩種類型：一是急欲求

〔註74〕《蘇軾文集》卷八，第246頁。
〔註75〕《蘇軾文集》卷八，第233頁。

功以昭著不朽者,如晁錯。這類人「決然徒欲以身試人主之威」,只能速天下之亂。二是沉毅果勇之士。毫無疑問,蘇軾認為君主應當任用的是後者。而沉毅果勇之士「必有待而後發」,即獲得君主的信任之後才能有所作為。由此來看,君主主動示信於臣,便成為促進君臣共信的重要基礎:

> 苟人主不先自去其不可測,而示其可信,則彼(筆者按:指沉毅果勇之士)孰從而發哉。慶曆中,天子急於求治,擢用元老,天下日夜望其成功。方其深思遠慮而未有所發也,雖天子亦遲之。至其一旦發憤,條天下之利害,百未及一二,而舉朝喧嘩,以至於遂去,曾不旋踵。此天下之士,所以相戒而不敢深言也。〔註76〕

在這段文字中,蘇軾以慶曆革新為反例,將其失敗的原因歸為天子的遲疑。可以說,蘇軾從根本上是支持慶曆革新的。他認為,「居今之勢,而欲納天下於治,非大有所矯拂於世俗,不可以有成」。改革代表了人心所向,是「天下日夜望其成功」的行為。然而天子雖欲求治,卻不能完全示信於臣,導致革新派失去可以庇護之本,最終功虧一簣。

在《策略》諸篇中,蘇軾一再強調天子與執政大臣相得無疑是國家政治的首要之務:

> 臣以為宜如諸葛亮之治蜀,王猛之治秦,使天下悚然,人人不敢飾非,務盡其心。凡此者,皆庸人之所大惡,而讒人之所由興也。是故先主拒關、張之間,而後孔明得以盡其才;符堅斬樊世、逐仇騰、黜席寶,而後王猛得以畢其功。夫天下未嘗無二子之才也,而人主思治又如此勤,相須甚急,而相合甚難者,獨患君不信其臣,而臣不測其君而已矣。惟天子一日鏗然明告執政之臣所以欲為者,使知主之深知之也而內為之信,然後敢有所發於外而不顧。不然,雖得賢人千萬,一日百變法,天下益不可治。歲復一歲,而終無以大慰天下之望,豈不亦甚可惜哉。〔註77〕

> 天子與執政之大臣,既已相得而無疑,可以盡其所懷,直己而行道,則夫當今之所宜先者,莫如破庸人之論,以開功名之門,而後天下可為也。〔註78〕

〔註76〕《蘇軾文集》卷八,第233頁。
〔註77〕《蘇軾文集》卷八,第233~234頁。
〔註78〕《蘇軾文集》卷八,第235頁。

由上可見，蘇軾認為君臣共治的理想狀態應是君不疑臣，臣不測君，君臣上下相合，庸人不得作，讒人無由興，天下遂大治。然而，「賢人千萬，一日百變法」，那麼君主選擇什麼樣的臣子，把絕對的信任和權力交付與之，便成為政治決策中的關鍵問題。蘇軾站在較為保守的立場上認為，與君主上下相合者應是那些「沉毅果勇之士」，而非晁錯等急欲求功之人。所選之法也應當如諸葛亮之治蜀、王猛之治秦，即「使天下悚然，人人不敢飾非，務盡其心」。

除了總論君主應當施信於臣子之外，蘇軾還在《策略五》中具體談論君主應當如何對待各級官員：

> 其一曰：將相之臣，天子所恃以為治者，宜日夜召論天下之大計，且以熟觀其為人。
>
> 其二曰：太守刺史，天子所以寄以遠方之民者，其罷歸，皆當問其所以為政，民情風俗之所安，亦以揣知其才之所堪。
>
> 其三曰：左右扈從侍讀侍講之人，本以論說古今興衰之大要，非以應故事備數而已，經籍之外，苟有以訪之，無傷也。
>
> 其四曰：吏民上書，苟小有可觀，宜皆召問憂慰，以養其敢言之氣。
>
> 其五曰：天下之吏，自一命以上，雖其至賤，無以自通於朝廷，然人主之為，豈有所不可載，察其善者，卒然召見之，使不知其所從來。如此，則遠方之賤吏，亦務自激發為善，不以位卑祿薄無由自通於上而不修飾。〔註79〕

蘇軾曾多次強調君臣共治應以人情為本，君臣上下相知相宜，才能推動國家體制有效地發展。在蘇軾政論文中頻繁出現「古者聖人治世」的理想之境，作為理想君主的聖人在整個國家體系中發揮著的無以取代的主導作用。面對遠近親疏不同的各級官吏，君主應努力「熟觀其人」，以便知人善任，上下相通。這一點與上述《東坡易傳》中強調君德乾健不息、君主應修言立誠的觀念是相互貫通的。

儘管蘇軾以信任人的為政理念過於理想化，他要求君主有聖人般的知人之明也未免不切實際，他提倡的君主應授權於可信任大臣的做法也必定為北宋君主集權的政治體制所排斥，但不應忽略的是，蘇軾這些政治主張具有鮮明的現實針對性：「國家法令凡幾變化矣，天下之不大治」(《策略三》)；「今

〔註79〕《蘇軾文集》卷八，第239頁。

治天下則不然。百官有司，不知上之所欲為也，而人各有心……前之政未見其利害，而後之政復發矣」(《思治論》)。〔註 80〕在蘇軾看來，當時天下議論攘攘，而君主莫衷一是，政局紛紜莫測而人心所向各異。面對這種局面，他反覆強調為政者應當在基本的法制框架之上結人心，厚風俗，為此提倡以誠任人、法則次之的為政理念。綜上可見，蘇軾政論中的這一主張，與《東坡易傳》所闡述的以「信」為本源的政治哲學是一脈相承的。在蘇軾親自參與朝廷政務之後，面對尖銳的現實政治環境，這些主張雖不能得以實現，但以「信」為中心的君臣共治模式卻成為其貫穿始終的為政理想。蘇軾晚年被貶海南時作《真宗仁宗之信任》〔註 81〕一文，特以「信任」為標題，通過具體的人事回憶，對兩位皇帝能夠信任大臣予以高度讚揚。

第五節　蘇軾對君臣關係的反思

蘇軾在其人生前後期對待忠君問題的態度發生明顯變化。這一點體現在他對三良陪葬秦穆公的歷史事件，發表了截然相反的見解。〔註 82〕三良殉秦穆公，事見於《左傳・文公六年》：「秦伯任好卒。以子車氏三子奄息、仲行、鍼虎為殉，皆秦之良也。國人哀之，為之賦《黃鳥》。君子曰：『秦穆公之不為盟主也，宜哉。死而棄民。先王違世，猶詒之法，而況奪之善人乎？』」〔註 83〕《詩經・黃鳥》亦記錄這一殉葬事件，對秦穆公「殲我良人」的行為加以控訴。蘇軾於嘉祐年間簽書鳳翔時期，作《秦穆公墓》一詩，一反前人觀點提出三良自願殉葬的新穎之說：

> 橐泉在城東，墓在城中無百步。乃知昔未有此城，秦人以泉識
> 公墓。昔公生不誅孟明，豈有死之日而忍用其良。乃知三子徇公意，
> 亦如齊之二子從田橫。古人感一飯，尚能殺其身。今人不復見此等，
> 乃以所見疑古人。古人不可望，今人益可傷。〔註 84〕

蘇軾以秦穆公不殺孟明為旁證作翻案文章，認為秦穆公既然不殺孟明，便沒

〔註 80〕《蘇軾文集》卷四，第 116 頁。
〔註 81〕蘇軾著，王松齡點校《東坡志林》卷四，中華書局 1997 年版，第 85 頁。
〔註 82〕參見羅瑩《論蘇軾的「三良」詩及其意義》，《社會科學輯刊》2007 年第 6 期。
〔註 83〕楊伯峻《春秋左傳注》，中華書局 1981 年版，第 546～547 頁。
〔註 84〕蘇軾著，王文誥輯注，孔凡禮點校《蘇軾詩集》卷三，中華書局 2007 年版，第 118～119 頁。

有理由認為他命國之良人殉葬。在翻案詩甚為盛行的時代，此詩的觀點是否完全反映蘇軾本人的思想，還應作進一步分析。清代注家王文誥認為：「《秦穆公》詩以不誅孟明作骨，全翻《詩經》，後詠三良以晏子作骨，並翻前作。其意以行文自寓其樂，故不為雷同之詞。公詩既翻《詩經》，而子由和作必本《詩經》，此一定之理也。」〔註85〕誠如王文誥所言，二蘇的翻案作品，與其說是反映對君臣關係的深刻思考，不如說更多是出於娛樂競技的目的，很難從中看出個人深切的體驗。然而，在烏臺詩案之後，蘇軾深陷囹圄之難，又遭受流離之苦。此後雖復起用，但又再次遭遇貶謫厄運。這樣大起大落的人生經歷，迫使他重新審視作為臣子的個體生命意義，並站在專制政治體制的邊緣重新思索忠君的命題。

　　在貶謫惠州時期，經歷了連番宦海浮沉的蘇軾再次以「三良」為題材，重新發表自己對這一歷史事件的看法：

> 此生太山重，忽作鴻毛遺。三子死一言，所死良已微。
> 賢哉晏平仲，事君不以私。我豈犬馬哉，從君求蓋帷。
> 殺身固有道，大節要不虧。君為社稷死，我則同其歸。
> 顧命有治亂，臣子得從違。魏顆真孝愛，三良安足希。
> 仕宦豈不榮，有時纏憂悲。所以靖節翁，服此黔婁衣。〔註86〕

「太山」「鴻毛」之喻出自司馬遷《報任安書》「人固有一死，死有重於太山，或輕於鴻毛」，原意旨在表明輕生死而重大義。蘇軾此詩反其意而用之，重在突出生命的價值。蘇軾認為生命重如泰山，如果死非其所，那就辜負了生命的意義。作為臣子「事君不以私」，即並不是傚命於君主個人，而是傚命於君主所象徵的社稷。因此，為臣者可為大節而殺身，卻無須為君主個人殉命。蘇軾在詩中又舉了晏平仲和魏顆為例，來反襯三良之死。齊莊公因與崔杼妻私通，為崔杼弒殺，晏平仲認為這是君主無德所致，臣子無須為之受死。魏顆沒有遵從亡父神志不清時的遺願（將其父之愛妾殺死陪葬），遣嫁其亡父之愛妾。前者說明為臣者不可愚忠，後者說明為子者不可愚孝，二者共同表現了對個體生命價值的珍惜。在蘇軾看來，對於臣子而言，其生存意義既體現在為社稷奉獻之大節上，也不能忽視其作為一個獨立個體的生命價值。然而，

〔註85〕王文誥《蘇文忠公詩編注集成總案》卷三，清嘉慶武陵韻山堂刻本，巴蜀書社1985年版。
〔註86〕《蘇軾詩集》卷四十，第2184～2185頁。

他也清楚地意識到作為依附於專制政體的臣子，很難享有個人的獨立生命自由，所以詩末有「仕宦豈不榮，有時纏憂悲」之歎。南宋胡仔《苕溪漁隱叢話》云：「余觀東坡《秦穆公墓》詩全與《和三良》詩意相反，蓋少年議論如此，晚年所見益高也。」〔註87〕「所見益高」的背後反映出蘇軾審視君臣關係的視角發生了變化，即從臣子的身份轉變為更為根本的「人」的身份。

如上所述，貶謫境遇是造成蘇軾君臣觀念變化的現實根源，然而不容忽視的是，其以人情為本的哲學觀念對其人生思考也起到潛移默化的作用。早在嘉祐四年（1059）所作《夜泊牛口》一詩中，蘇軾已從人倫之情的角度審視人生的出處問題。為便於認識蘇軾思想的獨特性，以下並引蘇轍的同題之作加以對比：

> 夜泊牛口（蘇軾）
>
> 日落紅霧生，繫舟宿牛口。居民偶相聚，三四依古柳。
> 負薪出深谷，見客喜且售。煮蔬為夜餐，安識肉與酒。
> 朔風吹茅屋，破壁見星斗。兒女自咿嚘，亦足樂且久。
> 人生本無事，苦為世味誘。富貴耀吾前，貧賤獨難守。
> 誰知深山子，甘與麋鹿友。置身落蠻荒，生意不自陋。
> 今予獨何者，汲汲強奔走。〔註88〕
>
> 夜泊牛口（蘇轍）
>
> 行過石壁盡，夜泊牛口渚。野老三四家，寒燈照疏樹。
> 見我各無言，倚石但箕踞。水寒雙脛長，壞綺不蔽股。
> 日莫江上歸，潛魚遠難捕。稻飯不滿盂，饑臥冷徹曙。
> 安知城市歡，守此田野趣。只應長凍饑，寒暑不能苦。〔註89〕

二詩同是描寫泊舟牛口所見鄉野風貌。不難看出，蘇轍筆下的鄉村更接近客觀景象，除了最後兩聯發表議論之外，其他部分純粹是客觀的描繪，筆法更接近謝靈運的山水詩。而蘇軾詩更側重於描繪自我眼中的景象，其筆下的鄉村更多地呈現出陶淵明田園詩的怡然自得之樂。蘇轍詩停留於旅途紀實，只是在詩末安上一個「安知城市歡，守此田野趣」的尾巴，有情景兩隔之感。蘇

〔註87〕胡仔著，廖德明校點《苕溪漁隱叢話・前集》卷三，人民文學出版社1962年版，第19頁。

〔註88〕《蘇軾詩集》卷一，第9～10頁。

〔註89〕《欒城集》卷一，第3頁。

軾詩的前半部分以一個「苦為世味誘」「汲汲強奔走」的士子眼光審視寧靜的鄉村生活，由此引出後半部分對自我羈旅生涯的議論感慨，顯得水到渠成、了無隔礙。蘇軾在審視鄉村生活的同時反觀自我，流露出對人生價值選擇的疑惑。這種疑惑根源於兩方面：一是作為旅客的自己「苦為世味誘」的人生無奈，二是所見鄉村怡然自得的人倫之情。對蘇軾而言，此次旅行是隨父第二次入京求仕，那麼其中的「世味」即是以朝廷政治為價值旨歸。可以說，敏感的蘇軾在步入仕途之前，已經預感到作為臣子的政治追求與普通的人倫之情之間的悖謬。

正因為蘇軾極為重視人倫之情，真正步入仕途之後他更為深刻地體會到作為臣子的不自由之身。元祐八年（1093）在定州任上所作《鶴歎》曰：

> 園中有鶴馴可呼，我欲呼之立坐隅。
>
> 鶴有難色側睨予，豈欲臆對如鵬乎。
>
> 我生如寄良畸孤，三尺長脛閣瘦軀。
>
> 俯啄少許便有餘，何至以身為子娛。
>
> 驅之上堂立斯須，投以餅餌視若無。
>
> 戛然長鳴乃下趨，難進易退我不如。〔註90〕

此詩託物言志，借被馴園中之鶴清高孤傲之姿，寄寓自我的身世之感。令蘇軾感歎的是，仙鶴至少還有退守的餘地，而自己在仕途上卻處於進而不能、退而不可的困境。在蘇軾看來，作為一個臣子既不能盡享人倫之樂，又失去了一己之身的自由，這已悖離了一個人的生存價值。經宦海浮沉的蘇軾不斷地從「人」的角度反思「臣」的身份，這使他能夠以一種更超脫的視點審視傳統尊王忠君思想：從定州時期「何至以身為子娛」，到嶺海時期的「我豈犬馬哉，從君求蓋帷」，懷疑和歎息的姿態愈來愈明顯，不滿和抗爭的態度愈來愈鮮明。

第六節　本章小結

在《東坡易傳》中，蘇軾依託各卦爻辭象徵的具體形勢，闡述以「信」為核心的君臣共治理想。這一理想模式可以概括為：君臣之間在恪守各自道德

〔註90〕《蘇軾詩集》卷三十七，第 2003 頁。

規範，保持雙方勢力均衡的前提下，形成一種互信不疑的合作關係。具體來說，他主要以「應位」的《易》學體例來象徵君臣之間的政治模式，即通過對某卦之內爻與爻之間關係的解釋，尤其是對二、五爻是否以「信」相應的解釋，來象徵君臣之會通塞與否的狀態。與他重視人情之勢的哲學思想相呼應，蘇軾認為君主因結人心而有天下，君臣之間能否有效合作，取決於二者能否以「誠」相通。《東坡易傳》重視君臣之間互信相知的為政理念，與其對現實政治的反思有關。面對北宋因冗官冗員而尾大不掉的政治窘境，蘇軾《策略》諸文中提出國家應當精簡法制、任人為主的改革方案。在任人的過程中，蘇軾強調君主應主動示信於臣。另外，從臣子的角度來看，蘇軾認為臣子對君主更傾向於選擇性的認同，而並非無條件地忠君。在解釋《節卦》時蘇軾引孔子語：「君不密，則失臣；臣不密，則失身。」在解釋《渙卦》時，蘇軾再次表達了民無常主的思想。與《和陶詠三良》中「我豈犬馬哉」的喟歎相同，在《東坡易傳》中蘇軾亦反對君主以「蓄妾」「蓄宮人」的方式對待臣子，而是堅持以「信」為核心的君臣共治理想。在這種關係中，臣子可稱之為「在下的合作者」，臣子應當安守本分為君主所用，而不是附屬於君主的「臣妾」。遇到有德之主時，臣子應當竭力合作；遇到無德之君時，身處下位的臣子則不必盲目效忠其君。

第四章 《東坡易傳》與蘇軾止爭息亂的思想

　　《東坡易傳》善於結合各卦爻義發明人情愛惡相攻之理，由此而來，基於人情而來的「爭」，也成為貫穿全書的一條重要線索。本章將以此為切入點，結合具體卦爻語境，來分析蘇軾對以「爭」為中心的人之情慾的認識，並進一步探析其解「爭」途徑與處「爭」心態。此外，《東坡易傳》中雖未明確使用「爭」字，但含有爭奪攻伐之意的闡釋內容，也在本章討論範圍之內。蘇軾對「爭」的重視，強調停止紛爭的態度，與其身處北宋黨爭的政治漩渦有關。最後，本章將結合蘇軾的相關議論文章，進一步考察蘇軾在現實政治生活中對於黨爭的具體態度。

第一節　「爭」之緣起

　　朱熹對蘇氏父子解《易》有一段評論：

> 　　老蘇說《易》，專得於「愛惡相攻而吉凶生」以下三句。他把這六爻似那累世相仇相殺底人相似，看這一爻攻那一爻，這一畫剋那一畫，全不近人情。東坡見他恁地太粗疏，卻添得些佛老在裏面。〔註1〕

按朱熹所說，蘇軾不滿其父的解卦方式，而添了些佛老的思想在裏面。實際上，在《東坡易傳》中，以「愛惡相攻而吉凶生」仍是蘇軾解卦爻之義的一個主要方式。朱熹所謂老蘇得《易》三句，即《繫辭》：「是故愛惡相攻，而吉凶

〔註1〕《朱子語類》卷六十七《論後世易象》，《朱子全書》第16冊，第2246頁。

生。遠近相取,而悔吝生。情偽相感,而利害生。」這段話把各卦爻之剛柔變化所象徵的愛惡、遠近、真偽之情,視為吉凶、悔吝、利害的根源。《東坡易傳》抓住這一點,以自然的情慾為中心,將其發揮得更為明白具體:

> 在我為吉,則是天下未嘗有凶;在彼為凶,則是天下未嘗有吉。然而吉凶如此其紛紛者,是生於愛惡之相攻也。
>
> 「悔」「吝」者,生於不弘通者也。天下孰為真遠?自其近者觀之,則遠矣;孰為真近?自其遠者觀之,則近矣。遠近相資,以為別也。因其別也,而各挾其有以自異,則或害之矣,「悔」「吝」之所從出也。
>
> 信其人,則舉以為利己;不信,則舉以為害己。此「情」「偽」之弊也。〔註2〕

吉凶、悔吝、利害完全出自人情之向背,而且人情之中充滿著遠近、真偽之變。可以說《東坡易傳》是以人情為本,再加以權變之術,以此來解釋各卦爻之間的關係。基於這一解《易》原則,「爭」成為《東坡易傳》中出現頻率極高的字眼。以「爭」為中心闡釋卦爻關係,成為蘇軾解《易》的鮮明特徵。

一、人情之爭

如上所述,蘇軾以人情為本的哲學思想,並非不講理,而是認為個體的自然之情必然會形成共有的社會公識,這就是自然之情的理勢。一旦這一理勢遭到破壞,紛爭也就隨之而來。蘇軾往往結合爻象在一卦之中是否應位、當位,來闡發人情必爭之理勢。如解釋《解卦》(☳ 坎下震上):「《解》有二陽:九二有應於六五,而九四有應於初六,各得其正,而分定矣。惟六三者,無應而處於二陽之間,兼與二陽,而《解》始有爭矣。故《解》之所疾者,莫如六三也。」〔註3〕解釋《渙卦》(☴ 坎下巽上):「《渙》之世,民無常主。六三有應於上,志在外者也;而近於九二,二者必爭焉。」〔註4〕

注重發揮卦爻辭寓含的交爭之意,是蘇軾解《易》的一大特色。以下以《升卦》(☷ 巽下坤上)六四爻辭為例,對比《周易正義》和《東坡易傳》的解釋:

〔註2〕《東坡易傳》卷八,第145頁。
〔註3〕《東坡易傳》卷四,第73頁。
〔註4〕《東坡易傳》卷六,第110頁。

六四：王用亨於岐山，吉，无咎。《象》曰：「王用亨於岐山」，順事也。

《周易正義》：「王用亨於岐山」者，六四處升之際，下體二爻，皆來上升，可納而不可距，事同文王岐山之會，故曰「王用亨於岐山也」。「吉无咎」者，若能納而不距，順物之情，則得吉而无咎，故曰「吉无咎也」。〔註5〕

《東坡易傳》：上有所適，下升而避之，失於此而償於彼，雖不爭可也。今六四下為三之所升，而上不為五之所納，此人情必爭之際也。然且不爭而「虛邑」以待之，非仁人其孰能為此？太王避狄於豳，而亨於岐；方其去豳也，豈知百姓之相從而不去哉！亦以順物之勢而已，以此獲吉，夫何咎之有？〔註6〕

《周易正義》認為六四收納下體之二爻，事同文王岐山會眾賢而亨，這是順物之情，故能「吉无咎」。《東坡易傳》的觀點與《周易正義》基本相同，但其重點在分析六四爻處於「人情必爭之際」的原因以及立身處世的方法。蘇軾認為，「六四下為六三所升，而上不為五之所納」，身處上下兩難的困境之中，必然與上下爻產生紛爭。在此，蘇軾讚美了身處交爭之際的文王，能夠順物之勢，「虛邑」以待上升之人，故而能吉。

此外的例子，如解釋《噬嗑卦》（☲ 震下離上）：「九四居二陰之間，六五居二陽之間，皆處爭地而致交噬者也。」〔註7〕解釋《賁卦》（☶ 離下艮上）：「此四者，危疑之間，交爭之際也。〔註8〕」側重於從具體爻位所象徵的人事關係來探討「爭」的根源，這是蘇軾解《易》的一條重要線索，由此也形成了「處（居）……之間而爭」的闡釋模式。

二、有黨必有爭

在解釋《萃卦》（☱ 坤下兌上）時，蘇軾提出「有黨必有爭」的觀點。這一說法見解鮮明，在歷代《易》學著述中十分獨特。以下對照《周易注》《周易正義》《程氏易傳》加以說明：

〔註5〕《周易正義》卷五，第226頁。
〔註6〕《東坡易傳》卷五，第87頁。
〔註7〕《東坡易傳》卷三，第41頁。
〔註8〕《東坡易傳》卷三，第43頁。

　　《萃卦》：亨。王假有廟，利見大人，亨，利貞。用大牲，吉。
利有攸往。

　　《周易注》：《彖》曰：「萃」，聚也；順以說，剛中而應，故聚
也。「王假有廟」，致孝享也。「利見大人，亨」，聚以正也……但「順
而說」，則邪佞之道也。剛而違於中應，則強亢之德也。何由而聚？
順說而以剛為主，主剛而履中，履中以應，故得聚也……大人，體
中正者也。通眾以正，聚乃得全也。〔註9〕

　　《周易正義》：「萃」，聚者，訓「萃」名也。「順以說，剛中而應，
故聚」者，此就二體及九五之爻釋所以能聚也。若全用順說，則邪佞
之道興；全用剛陽，而違於中應，則強亢之德著，何由得聚？今「順
以說」，而剛為主，則非邪佞也。應不失中，則非偏亢也。如此方能
聚物……釋聚所以利見大人，乃得通而利正者，良由大人有中正之
德，能以正道通而化之，然後聚道得全，故曰：「聚以正也。」〔註10〕

　　《程氏易傳》：王者萃聚天下之道，至於有廟，極也。群生至眾
也，而可一其歸仰；人心莫知其鄉也，而能致其誠敬，鬼神之不可
度也，而能致其來格。天下萃合人心、總攝眾志之道非一，其至大
莫過於宗廟，故王者萃天下之道至於有廟，則萃道之至也……天下
之聚，必得大人以治之。人聚則亂，物聚則爭，事聚則紊，非大人
治之，則萃所以致爭亂也。萃以不正，則人聚為苟合，財聚為悖入，
安得亨乎……「萃」之義，聚也。順以說，以卦才言也。上說而下
順，為上以說道使民，而順於人心；下說上之政令，而順從於上。
既上下順說，又陽剛處中正之位，而下有應助，如此故能聚也。欲
天下之萃，才非如是不能也。〔註11〕

　　《東坡易傳》：《易》曰：「方以類聚，物以群分。」有聚，必
有黨；有黨，必有爭。故「萃」者，爭之大也。盡取其爻而觀之，
五能「萃」二，四能「萃」初，近四而無應，則四能「萃」三；近
五而無應，則五能「萃」上。此豈非其交爭之際也哉！且天下亦未

〔註 9〕《周易注校釋》下經，第 245 頁。
〔註10〕《周易正義》卷五，第 220～221 頁。
〔註11〕《周易程氏傳》卷三，《二程集》，第 929～930 頁。

有「萃」於一者也。大人者，惟能因其所「萃」而即以付之，故物
有不「萃」於我，而天下之能「萃」物者，非我莫能容之，其為「萃」
也大矣。「順以說，剛中而應」者，二與五而已；而足以為「萃」
乎？曰：足矣，有餘矣！從我者納之，不從者付之其所欲從，此大
人也！故「萃」有二「亨」，「萃」未有不亨者，而其未見大人也，
則亨而不正；不正者，爭非其有之謂也。故曰：「利見大人，亨，
聚以正也。」大人者，為可以聚物之道而已。「王」至於有「廟」，
而盡其「孝享」，非安且暇不能。物見其安且暇，安得不聚而歸之？
此「聚之正」也。〔註12〕

如上所引，《周易正義》直承《周易注》而來，旨在闡明大人有中正之「德」，
能聚天下萬物。《程氏易傳》結合《彖傳》所云「王假有廟」，認為王者以宗廟
萃聚天下，此為萃之極致。同時，程頤指出人聚、物聚、事聚勢必會產生紛爭
紊亂，苟非大人（即王者）治之，則「萃」將致天下之爭亂。在此，程頤特意
從「才」的角度強調大人能「萃」天下。

　　《東坡易傳》開頭引《繫辭上》「方以類聚，物以群分」，旨在說明有聚
則有黨，有黨則有爭。「萃」者「爭之大也」，其言下之意是「爭」之小大不
同，卻無處不在。接下來，蘇軾採用一卦之中爻與爻之間互為應位的解《易》
體例，形象地解釋「黨」之生成，「爭」之緣起。「九五」能聚「六二」「上六」，
此三者為一黨；「九四」能聚「初六」「六三」，此三者又為一黨。這樣一來，
「九五」與「九四」將會出現交爭之勢。蘇軾認為，此卦之二黨之所以能夠平
息交爭，關鍵在於「九五」象徵的大人有「聚物之道」。此聚物之道是蘇軾在
多處強調的大人之德，即「從我者納之，不從者付之其所欲從」。這樣的話，
雖然「天下亦未有萃於一者。大人者惟能因其所萃而即以付之，故物有不萃
於我者，而天下之能萃物者，非我莫能容之，其為萃也大矣」。換而言之，大
人者不強求天下之人皆歸一於我，但卻能包容天下之人之所好，如此也就使
得天下人皆歸於我所從之道。此為大人聚物之道，也就是止爭之道。

　　綜上所述，在解《萃》中，程頤和蘇軾皆在王弼、孔穎達之說的基礎上，
添加了「因聚而爭」的解說。兩家對此卦義的理解也隨之在原有「聚道得全」
的基礎上，加入上了平息爭亂的新意。作為理想化身的「大人」在萃聚萬物
中發揮著關鍵的作用，而對大人之德的闡釋也就成為各家學說特色的主要體

現。為了更清楚地說明這一點，以下引述象徵大人之德的九五爻辭及各家解說，進行對比說明：

九五：萃有位，无咎，匪孚，元永貞，悔亡。

《象》曰：「萃有位」，志未光也。

《周易注》：處聚之時，最得盛位，故曰「萃有位」也。四專而據，己德不行，自守而已，故曰：「无咎，匪孚」。夫修仁守正，久必悔消，故曰「元永貞，悔亡。」〔註13〕

《周易正義》：九五處聚之時，最得盛位，故曰「萃有位」也。既得盛位，所以「无咎」。「匪孚」者，良由四專而據，己德化不行，信不孚物，自守而已，故曰「无咎，匪孚」。若能修夫大德，久行其正，則其悔可消，故曰：「元永貞，悔亡。」〔註14〕

《程氏易傳》：九五居天下之尊，萃天下之眾而君臨之，當正其位，修其德。以陽剛居尊位，稱其位矣，為有其位矣，得中正之道，無過咎也。如是而有不信而未歸者，則當自反以修其「元永貞」之德，則無思不服，而「悔亡」矣。「元永貞」者，君之德，民所歸也，故比天下之道與萃天下之道，皆在此三者……元，首也，長也，為君德首出庶物，君長群生，有尊大之義焉，有主統之義焉，而又恒永貞固，則通於神明，光於四海，無思不服矣，乃無匪孚而其悔亡也。〔註15〕

《東坡易傳》：九五，「萃」之主也。「萃」有四陰，而九四分其二；以位為心者，未有能容此者也。故曰：「萃有位，无咎。」挾位以忌四為无咎而已，志不光矣；惟大人為能忘位以任四。夫能忘位以任四，則四且為吾用，而二陰者獨何往哉。「匪孚」者，非其所孚也，「元」者，始也；「元永貞」者，始既以從之，則終身為之貞也。自六二之外，皆非我之所孚也；非我之所孚，則我不求聚，使各得永貞於其始之所，從「悔亡」在道也。〔註16〕

《周易注》和《周易正義》認為九五行「元永貞」之德，處「萃」之最盛位。然而九五德未光大，「專而據」的九四，不能為其所化。《周易正義》認為，面

〔註13〕《周易注校釋》下經，第247頁。
〔註14〕《周易正義》卷五，第224頁。
〔註15〕《周易程氏傳》卷三，《二程集》，第934頁。
〔註16〕《東坡易傳》卷五，第85頁。

對這一情況，九五象徵的大人應當自守其德，久行其正，然後「其悔可消」。
《程氏易傳》繼承了《周易正義》的觀點，將九五爻解釋為萃天下之眾的君主，強調君主修「元永貞」之德，使天下萬物皆思服歸一。《東坡易傳》接續前面對《彖傳》的闡釋，進一步認為：九五雖為《萃》之主，但是據有二陰（即初六、六三）的九四卻可與之分庭抗禮，此時九五若恃其尊位以禁戒九四，可以无咎。然而，九五「挾位无咎」的做法僅是志未光大的體現，並非理想的處世之道。在蘇軾看來，理想之大人者，忘自我之尊位而能任九四之所好：「忘位以任四，則四且為吾用」，更何況依附於九四的二陰（即初六、六三）。此處，蘇軾基於己意，對「元永貞」作了一番別出心裁的解釋。王弼將此處「元永貞」釋為「修仁守正」之德。程頤說得更為明白：「元永貞」即為君之德，「元，首也，長也，為君德首出庶物，君長群生，有尊大之義焉，有主統之義焉，而又恒永貞固，則通於神明，光於四海。」而蘇軾則結合此卦各爻所象徵的人事關係，提出：「元永貞者，始既以從之，則終身為之貞。」蘇軾認為，如果不是真心誠意地信孚於我，則我不勉強求聚，而使其各貞於始之所好，如此天下之爭亂便可消亡。

　　不強求遵從己志、不爭以成其貞的觀點，是蘇軾對經典原文的獨創發揮，這也是貫穿《東坡易傳》全書的一條中重要的解《易》思路。如《屯卦》（䷂ 震下坎上），蘇軾提出為政者「不專利而爭民」：

> 《東坡易傳》：因世之「屯」，而務往以求功，功可得矣。而爭功者滋多，天下之亂愈甚，故「勿用有攸往」。雖然我則不往矣，而天下之欲往者皆是也，故「利建侯」。天下有侯，人各歸安其主，雖有往者，夫誰與為亂？
>
> 初九以貴下賤，有君之德而無其位，故磐桓居貞以待其自至。惟其無位，故有從者，有不從者。夫不從者，彼各有所為「貞」也。初九不爭以成其「貞」，故「利建侯」，以明不專利而爭民也。民不從吾，而從吾所建，猶從吾耳。〔註17〕

《屯卦》卦辭云：「元亨，利貞，勿用，有攸往，利建侯。」其卦義是指艱難創世之時，人主應當建立諸侯，分治天下。《周易正義》對此說得更明白：「以其屯難之世，世道初創，其物未寧，故宜『利建侯』以寧之。」〔註18〕蘇軾

〔註17〕《東坡易傳》卷一，第 10～11 頁。
〔註18〕《周易正義》卷一，第 39 頁。

在遵循此卦義的基礎上，著重指出人主不必強求人人遵從己意，而使其歸安所欲從者，不爭而成其貞，如此天下可以大治。

三、無德者交噬而爭

與有德懷人者相反，蘇軾在解釋《噬嗑卦》（䷔ 震下離上）六五爻中，提到無德而相噬之人。以下仍對比《周易正義》來說明：

> 六五：噬乾肉，得黃金，貞厲无咎。
>
> 《象》曰：「貞厲无咎」，得當也。

> 《周易正義》：「噬乾肉」者，「乾肉」，堅也。以陰處陽，以柔乘剛，以此治罪於人，人亦不服，如似「噬乾肉」也……己雖不正，刑戮得當，故雖貞正自危而无咎害。位雖不當，而用刑得當，故《象》云：「得當」也。〔註19〕

> 《東坡易傳》：九四居二陰之間，六五居二陽之間，皆處爭地而致交噬者也。夫不能以德相懷，而以相噬為志者，惟常有敵以致其噬，則可以少安；苟敵亡矣，噬將無所施，不幾於自噬乎？由此觀之，無德而相噬者，以有敵為福矣……惟有德者為能居安而享福，夫豈賴有敵而後存邪？〔註20〕

《周易正義》認為六五爻象徵「位雖不當，而用刑得當」之人，所以「貞厲无咎」。《東坡易傳》根據此卦卦象分析「九四」與「六五」相依互存的關係，認為此二爻象徵無德而相噬之人，依靠天下之紛爭而僥倖生存，「以有敵為福」，唯恐天下之不亂。蘇軾以有德者居安處靜的理想人格，表達了對此無德而相噬者的不滿之意。

綜上所述，蘇軾在傳統解《易》體例的基礎上，通過各卦爻象徵的人事之意說明「爭」之緣起，包括黨爭及其他人情之爭。他提倡以包容的態度保留各自不同的志趣，避免紛爭產生，形成其獨特的政治哲學觀念。

第二節　包容異見的止爭之道

蘇軾從根本上是反對「爭」的，他在談論「爭」時往往將之與「亂」「難」

〔註19〕《周易正義》卷三，第122頁。
〔註20〕《東坡易傳》卷三，第41頁。

相提並論。如解釋《訟卦》（坎下乾上 ䷅）：「難未有不起於爭，今又欲以爭濟之，是使相激為深而已。」〔註21〕那麼，個人身處紛爭之中，如何解爭息亂？蘇軾在諸多卦爻之中談到這個問題。概言之，蘇軾主要採取中庸之道來解爭息亂，傾向於有效調和各方矛盾之爭。這一方法論看似粗淺，實則體現了蘇軾順物之勢的大全之道。

一、基於自然人情的調和論

　　《訟卦》（坎下乾上 ䷅）是《周易》第六卦，「訟」之本義是在公堂上爭辯。許慎《說文解字》：「訟，爭也。」《周易音義》云：「訟，才用反，爭也，言之於公。」〔註22〕蘇軾對此卦的解釋，典型地體現他的解爭之道。以下結合具體卦爻辭的內容，對此加以說明。

　　《東坡易傳》從此卦卦象出發，結合傳統解《易》的應位體例，賦予每一爻以特殊的人物性格，如同評閱小說中的人物關係一樣，分析他們之間紛爭產生的原因以及最終的解爭之道：

> 初六信於九四，六三信於上九，而九二塞之，故曰：「有孚，
> 窒。」而九四、上九亦不能置而不爭，此「訟」之所以作也。〔註23〕

蘇軾認為，初六信於九四，六三信於上九。但是「九二處二陰之間，欲兼有之，初不予而強爭焉」，這就破壞了原本初六與九四、六三與上九之間的信任關係，「而九四、上九亦不能置而不爭」，訟辨因此產生。在這一過程中，九五始終置身事外，是一位公正的裁判：「處中得位而無私於應，故訟者莫不取曲直焉。」爭辯的結果是，九二與九四皆「不克訟」，失敗而歸，而上九則取得最終的勝利。接下來，蘇軾在對上九爻辭的解釋中，詳盡闡釋了如何在聚訟紛紜的局勢下有效地解決紛爭。下面仍對比《周易正義》加以說明：

上九：或錫之鞶帶，終朝三褫之。

《象》曰：以訟受服，亦不足敬也。

> 《周易正義》：「或錫之鞶帶」者，上九以剛居上，是訟而得勝
> 者也。若以謙讓蒙賜，則可長保有。若因訟而得勝，雖或賜與鞶帶，

〔註21〕《東坡易傳》卷一，第 15 頁。

〔註22〕《周易音義》，陸德明撰，黃焯匯校《經典釋文匯校》卷二，中華書局 2006 年版，第 36 頁。

〔註23〕《東坡易傳》卷一，第 15 頁。

不可長久，終一朝之間三被褫脫，故云：「終朝三褫之。」……以其
因訟得勝，受此賜服，非德而受，亦不足可敬，故終朝之間，三被
褫脫也。〔註24〕

《東坡易傳》：六三，上九之配也。二與四嘗有之矣，「不克訟」
而歸於上九。上九之得之也，譬之鞶帶，奪諸其人之身而已，服之
於人，情有赧焉，故終朝三褫之。既服之矣，則又褫之，愧而不安
之甚也。二與四，訟不勝者也，然且終无眚與吉也；上九，訟而勝
者也，然且有三褫之辱，何也？曰：此止訟之道也。夫使勝者自多
其勝以誇其能，不勝者自恥其不勝以遂其惡，則訟之禍，吾不知其
所止矣。故勝者褫服，不勝者安貞无眚，止訟之道也。〔註25〕

《周易正義》認為上九因訟得勝，被賜予鞶帶。然而所得之物，因訟非因
德，故而「不可長久，終一朝之間三被褫脫」。《周易正義》的解釋忠於九五
爻辭及《象》之意。與之相反，《東坡易傳》則在自己對各爻設定的人物關
係之上，曲成一己之說。蘇軾在此繼續講述各爻關係及故事結局：六三雖為
上九之配，但曾被九二、九四佔有，九二、九四在訟辯失敗後，將六三歸還
上九。上九之重得六三，猶如從九二、九四身上剝下鞶帶以自服。於情而
言，這樣的做法著實令人羞愧，所以既服之又褫之。蘇軾從人情的角度著
眼，認為「既服之又褫之」正是止訟的關鍵所在。訴訟失敗的九二和九四，
最終可以「无眚與吉」，而獲勝的上九卻遭受「三褫之辱」。這是為了不使善
者自誇其能，不使不勝者自恥其不能，使勝敗雙方保持在自然的平衡關係
之中。

可以說，蘇軾反對「爭」的態度是鮮明的，而其「解爭」的方法卻是中庸
的調和論。正如他解釋《泰卦》時所說：「世之小人不可勝盡，必欲迫而逐之，
使之窮而無歸，其勢必至於爭，爭則勝負之勢未有決焉。」〔註26〕緣於人之
情慾而起的爭鬥，本無絕對的是非判斷，因此沒有必要，也不可能將小人一
網打盡。〔註27〕蘇軾認為：從人情出發，基於實用的考慮，有效調整矛盾雙
方的關係，使其危害降至最低，即是最好的解爭之道。

〔註24〕《周易正義》卷二，第59頁。
〔註25〕《東坡易傳》卷一，第16頁。
〔註26〕《東坡易傳》卷二，第24頁。
〔註27〕關於君子如何對待小人的問題，筆者將在下一章中詳以論述。

二、止爭的關鍵人物：不涉黨者

　　如上所述，在解釋《訟卦》的過程中，蘇軾認為九五爻「處中得位而無私於應」，在爭訟的過程中發揮了公正的作用。在解釋《解卦》（☷ 坎下震上）時，蘇軾則進一步將沒有應位的上六爻稱為「不涉黨者」，認為唯有「不涉黨者」才能調和各方矛盾，解決爭亂。

　　《解卦·彖》曰：「天地解而雷雨作，雷雨作而百果草木皆甲坼。解之時大矣哉。」《解卦·象》曰：「雷雨作，解。君子以赦過宥罪。」《彖》《象》之辭皆從「坎」「震」有雷雨之象作解。根據王弼的解釋，《彖》辭預示著「雷雨之作，則險厄者亨，否結者散，故『百果草木皆甲坼』也」〔註28〕。《象》辭則從這一自然天象受到啟發，認為君子應當緩解刑獄，「赦過宥罪」。《周易正義》解釋：「赦謂放免，過謂誤失，宥謂寬宥，罪謂故犯，過輕則赦，罪重則宥，皆解緩之義也。」〔註29〕與這些觀點不同，蘇軾將《解卦》解釋為一場爭端，並探討了如何解爭的問題：

> 　　《解》有二陽：九二有應於六五，而九四有應於初六，各得其
> 正，而分定矣。惟六三者，無應而處於二陽之間，兼與二陽而「解」，
> 始有爭矣。故「解」之所疾者，莫如六三也。〔註30〕

蘇軾結合應位的解《易》體例，認為此卦九二與六五、九四與初六皆陰陽有應，獨有六三以陰爻居陽位，並處於二陽之間，爭端由之產生。因此，如何處理六三便成為解決爭端的關鍵所在。而在解爭的過程中，上六發揮了不可取代的作用：

> 　　《東坡易傳》：「隼」者，六三也；「墉」者，二陽之間也；「悖」
> 者，爭也。二陽之所以爭而不已者，以六三之不去也。孰能去之？將
> 使二與四乎？二與四固欲得之，將使初與五乎？則初與五，二陽之配，
> 三之所疑也。夫欲弊所爭而解交鬥，惟不涉其黨者能之，故「高墉」
> 之「隼」，惟上六為能射而獲也。隼獲爭解，二與四无不利者。〔註31〕

蘇軾從各爻之間交互錯雜的關係入手，認為初六、九二、九四、六五皆涉及黨派之爭，唯有上六「不涉黨」。涉黨者為各種關係所牽制，身處各種糾紛之中，

〔註28〕《周易注校釋》下經，第 148 頁。
〔註29〕《周易正義》卷四，第 198 頁。
〔註30〕《東坡易傳》卷四，第 73 頁。
〔註31〕《東坡易傳》卷四，第 74 頁。

其本身不能解爭。唯有不涉黨的上六無私以應，能夠置身事外地解決矛盾糾紛。

在解釋某卦爻的矛盾之爭時，蘇軾多次表達希望在紛紜錯雜的爭亂中，有超然物外、胸懷廣大的君子能夠包容異見，平息紛爭：

> 「乾」之剛，為可畏也；「坎」之險為不可易也。「乾」之於「坎」，遠之則无咎，近之則致寇，「坎」之於「乾」，敬之則吉，抗之則傷。二者皆莫能相懷也，惟得廣大樂易之君子，則可以兼懷而兩有之。故曰「飲食宴樂」。〔註32〕

> 安樂之世，人不思亂，而小人開之。開之有端，必始於爭；爭則動，動則無所不至。君子居之以至靜，受之以廣大，雖有好亂樂禍之人慾開其端，而人莫之予，蓋未嘗不旋踵而敗也。〔註33〕

「廣大樂易之君子」是蘇軾大全之道的理想人格，他尊重人情的豐富多樣性，對於各自不同的見解，「既能兼懷而兩有之」，又能使這些異見自然和諧地共存。那麼，君子如何能夠做到包容各種多元矛盾的事物，使物不盡傷，而全其大者呢？蘇軾認為，首先君子應當「居之以至靜」。「至靜」是道家思想中以靜制動、虛懷若谷的理想人格境界。如上所述，在《東坡易傳》中，這一理想人格化身能夠在各種錯綜複雜的人事糾紛之中，「無私於應」，不涉黨派，不偏袒獨斷，是一位能包容異見的公正裁決者。

三、不責人人隨己、包容異見的止爭之道

如本文第二章所論，蘇軾重視人情之用，但他所謂的情並不是散漫無章，而是如水一般，有其自然的理勢。善於治天下者應當循自然之理，順萬物之勢：「循萬物之理，無往而不自得，謂之順。執柔而不爭，無往而不見納，謂之入。」〔註34〕循萬物之理的要義在於全萬物之大者。

在解釋《同人卦》（☲ 離下乾上）時，蘇軾從天容萬物的自然現象受到啟發，認為天之「同」萬物是一種至大無私的「誠同」〔註35〕：

〔註32〕《東坡易傳》一，第 14 頁。
〔註33〕《東坡易傳》卷六，第 116 頁。
〔註34〕《東坡易傳》卷九，第 148 頁。
〔註35〕吳增輝《「誠同」與〈東坡易傳〉對黨爭的反思及對儒家價值的超越》（《樂山師範學院學報》，2013 年第 3 期）一文認為：蘇軾「誠同」的概念源於老莊哲學「真」的思想。筆者認為，蘇軾的「誠同」觀與他對《中庸》之「誠」獨特闡釋有關，下文將結合《東坡易傳・同人卦》予以分析。

《同人卦》：同人於野，亨，利涉大川，利君子貞。

《周易正義》：「同人」，謂和同於人。「於野，亨」者，野是廣遠之處，借其野名，喻其廣遠，言和同於人，必須寬廣，無所不同。〔註36〕

《東坡易傳》：「野」者，無求之地。立於無求之地，則凡從我者，皆誠同也。彼非誠同，而能從我於野哉。「同人」而不得其誠同，可謂「同人」乎？……物之能同於天者，蓋寡矣。天非求同於物、非求不同於物也，立乎上，而天下之能同者自至焉，其不能者不至也，至者非我援之，不至者非我拒之，不拒不援，是以得其誠同。〔註37〕

對比《周易正義》可見，二家對「同人於野」的解釋側重點各有不同。《周易正義》對「野」取其廣遠之意，對「同」取其無所不同之意。而蘇軾對「野」則取其無所求之意，對「同」則取其「誠同」之意。關於「誠」的內涵，我們可以結合蘇軾早年所作的《中庸論》來理解：「夫誠者，何也？樂之之謂也。樂之則自信，故曰誠……人之好惡，莫如好色而惡臭，是人之性也。好善如好色，惡惡如惡臭，是聖人之誠也。」〔註38〕根據謝思煒的分析：「『誠』作為《中庸》的中心觀念，被當作宇宙的道德本性，又被規定為人性自覺的最高目標。蘇軾則將這種本自天然、至高的道德境界，描述為一種感性十足的『樂之』的心理狀態……蘇軾則利用《中庸》賦予『誠』的崇高本體意義，也賦予感性的『樂』一種本源性的意義。」〔註39〕這一分析十分到位，也符合蘇軾一貫以情為本的世界觀。在解釋《同人卦》時，蘇軾亦提倡以一種本源的「樂之」的態度來看待「同」的問題。他認為「誠同」是出於自然本心的願望，而非勉強的結果：「天下之能同者自至焉，其不能者不至也。」在解釋九五爻中，蘇軾進一步結合各爻關係，強調出自「誠」之「同」才可堅固永久：「二，陰也；五，陽也。陰陽不同而為『同人』，是以知其同之可必也。君子出處語默不同而為『同人』，是以知其同之可必也。苟可必也，則雖有堅強之物，莫能間之矣。故曰『其利斷金』。」

蘇軾的「誠同」觀念，其實也意味著提倡以包容的態度看待不能誠同者：

〔註36〕《周易正義》卷二，第86頁。

〔註37〕《東坡易傳》卷二，第27～28頁。

〔註38〕《蘇軾文集》卷二，第60～61頁。

〔註39〕謝思煒《樂之歧解——從蘇軾到袁宏道》，載《唐宋詩學論集》，商務印書館2004年版，第311～312頁。

「至者非我援之，不至者非我拒之。」「誠同」的思想在人事上最大的啟示是，不強求人人遵從己志，而使萬物各順自然之理。這也是蘇軾在解釋各個卦爻辭中反覆強調的止爭之道。如在解釋《隨卦》中說：「責天下以人人隨己而咎其貞者，此天下所以不說也……不從己而從時，其為隨也大矣。」〔註40〕在解釋《萃卦》中說：「非我之所孚，則我不求聚，使各得永貞於其始之所。」〔註41〕在解釋《无妄卦》中說：「善為天下者，不求其必然，求其必然乃至於盡喪。『无妄者』驅人而內之正也，君子之於『正』，亦全其大而已矣。全其大有道，不必乎其小，而其大斯全矣。」〔註42〕

　　以上蘇軾對止爭之道的看法，貌似停留在調和各方矛盾的中庸方法論上，實則這一方法論是出於他對世界大全之道的理解。蘇軾認為人性本無絕對的善惡，使人性自然地循理而動，即是人類最理想的狀態。然而，人總是「從後而觀之」，給人性或人的行為貼上善惡的標籤，在評判的過程中獨斷專行，以自己理解的「必然」強求別人遵從己志。這樣便破壞了人性的自然狀態，就會出現勝者自誇其能，不勝者以遂其惡的不良結果。那些本著絕對的善惡標準，嚴格地評判是非，以爭濟爭的方法，只會使相爭愈深，而天下愈亂。因此，正確的解爭之道應當是，在承認世界豐富多樣的前提下，循理無私，全其大，求其同安。

第三節　蘇軾止爭息亂的政治主張

　　本節將從北宋聚訟紛紜、黨派林立的時代背景入手，結合蘇軾的相關議論文章，解析蘇軾在現實政治生活中對於黨爭的具體態度。並在此基礎上，將之與《東坡易傳》中的闡述相對照，通過對蘇軾具體政治態度的考察，探討《東坡易傳》止爭息亂思想的現實根據。

一、北宋「異論相攪」與黨派之爭的時代背景

　　北宋政治文化存在兩種相悖的現象：一是集權政治達到空前高度，二是學者議論十分自由。但深究起來，二者之間也有某種內在關聯：重視言論自由、廣開言路的社會風氣，不僅是出於北宋王朝「不殺士大夫及言事者」的

〔註40〕《東坡易傳》卷二，第34頁。
〔註41〕《東坡易傳》卷五，第85頁。
〔註42〕《東坡易傳》卷三，第47頁。

祖訓，更是宋朝統治者加強中央集權的曲折表現。北宋統治者鑒於唐末五代
地方割據、豪強稱霸的弊端，將軍政大權獨攬於中央，而這一做法卻可能導
致皇帝身邊的大臣（尤其是宰相）權力過重的隱患，給皇權的穩固帶來新的
危險。儘管北宋設中書以分割宰相用人之權，設樞密使以分割宰相軍權，設
三司以分割宰相財權，但實際上並不能完全控制宰相的權力。臺諫制度在此
體制下成為約束相權的一項重要設置，並得到皇帝的高度重視和運用。〔註43〕
依據臺諫制度，北宋統治者施行御史「風聞言事」的制度以及「異論相攪」的
策略：

> 御史，故事許風聞，縱所言不當，自繫朝廷採擇。今以疑似之
> 間，遽被詰問，臣恐臺諫官畏懦緘默，非所以廣言路也。〔註44〕
>
> 許風聞言事者，不問其言所從來，又不責言之必實。〔註45〕
>
> 真宗用寇準，人或問真宗，真宗曰：「且要異論相攪，即各不敢
> 為非。」〔註46〕

「異論相攪」之語出自宋真宗，是指他既用寇準，又用寇準的對立派王欽若、
丁謂，使兩派之間互為牽引以控制臣僚的權謀之術。可以說，議論相攪的原
則是趙宋皇帝歷代相傳的御臣之術，既體現在宋仁宗對待范仲淹及其反對派
的辦法上，亦反映在宋神宗對待王安石及其司馬光的態度上。

　　這種基於中央集權的臺諫體制而興起的「風聞言事」及「異論相攪」的
政治態勢，與同時代的儒學復興思潮互相影響，互相推動，共同促成宋代士
人以「感激論天下事，奮不顧身」〔註47〕的為政姿態，積極批判現實的政治
問題，並形成好議論、重名節、尚志氣的時代品格。〔註48〕在此局面下，基
於思想政治的差異，或是夾雜師友門戶之見、權力地位之爭以及個人愛惡恩

〔註43〕這部分內容可參考陳植鍔《北宋文化史述論》（中國社會科學出版社1992年
　　　　版）第一章「北宋臺諫制度與宋學的自由議論」（第35～58頁）以及沈松勤
　　　　《北宋文人與黨爭》第三章「北宋臺諫的新特點與政治品格」（第90～99頁）。
〔註44〕李燾著，上海師範學院古籍整理研究室、上海師範大學古籍整理研究室點校
　　　　《續資治通鑑長編》卷一六五「慶曆八年八月丁丑條」，上海古籍出版社1985
　　　　年版，第3962～3963頁。
〔註45〕《續資治通鑑長編》卷二一〇「熙寧三年四月壬午條」，第5106頁。
〔註46〕《續資治通鑑長編》卷二一三「熙寧三年七月壬辰條」，第5169頁。
〔註47〕脫脫《宋史》卷三一四《范仲淹列傳》，中華書局1977年版，第10268頁。
〔註48〕關於北宋士人重名節、尚志氣的風尚與黨爭的關係，可參照鞏本棟《北宋黨
　　　　爭與文學》（南京大學博士學位論文，1991年）第一章「北宋士風的分析」。

怨的各色文人，形成不同的群體，構成了北宋政壇黨派林立、聚訟紛紜的政治生態。自由議論的時代風潮，造就了士人「開口攬時政，議論爭煌煌」的勇於言事精神，以及由之派生而來的懷疑精神和批判精神。但是，以滿足統治者權謀之用為目的的自由議論，很容易走向不理性的病態一面。於是導致文人士子互相攻訐而揭人私德，侮辱人格。不同群體黨同伐異，而陷於意氣之爭。更有唯恐天下之不亂者，混亂視聽、眩人耳目以求私利。當時的社會形勢，誠如清人王夫之所云：「士競相習於浮言，揣摩當世之務，希合風尚之歸，以顛倒於其筆舌；取先聖之格言，前王之大法，屈抑以供其證佐。」〔註49〕

縱觀北宋一朝，黨爭幾無停息。從宋真宗時期的寇準、丁渭之爭，至仁宗時期的慶曆黨爭，再至貫穿於神宗、哲宗、徽宗三代的新舊黨爭（新黨主要以王安石新學為主導，舊黨之中又有洛、蜀、朔之別）。黨爭既是集權政治運作的結果，又直接反饋在為政的方針策略上（其中最鮮明的是王安石變法）。不同黨派的文人各持己見、爭執不休，甚至形成黨同伐異、攻訐詆毀的惡性循環，一派得勢則打壓、流放另一派，對士人的人生命運、處世態度、文學創作等等皆有直接影響。

二、蘇軾對「言論」的態度

深受時代精神影響的蘇軾亦熱衷於議論時政，早在青年時代即深受蘇洵影響，對「言必中當世之過」之文深為服膺〔註50〕。進入仕途之後，更曾因好發議論、勇於議事而遭讒罷罪。他曾自言：「臣愚蠢無狀，常不自揆，竊懷憂國愛民之意。自為小官，即好僭議朝政，屢以此獲罪。」〔註51〕然而，作為一位具有獨立意識和理性思考的文人，蘇軾並非盲目地追隨時代潮流，而是對當時議論之風的興盛及隨之而來的黨派之爭有著自覺的反思。以下將考察在此背景下蘇軾對於「遊談聚議」「一道德」及臺諫制度的看法，並在此基礎上進一步探討蘇軾止爭息亂的政治主張。

反對「遊談聚議」

在嘉祐八年（1063）所作《思治論》中，蘇軾認為「今世有三患而終莫能去，其所從起者，則五六十年矣」，究其原因，皆因「遊談聚議」而起：

〔註49〕王夫之《宋論》卷六，中華書局1964年版，第87頁。
〔註50〕《蘇軾文集》卷十《鳧繹先生詩集敘》，第313頁。
〔註51〕《蘇軾文集》卷三十三《辨賈易彈奏待罪劄子》，第935頁。

　　　　五六十年之間，下之所以遊談聚議，而上之所以變政易令以求
　　豐財者，不可勝數矣，而財終不可豐。

　　　　五六十年之間，下之所以遊談聚議，而上之所以變政易令以求
　　強兵者，不可勝數矣，而兵終不可強。

　　　　五六十年之間，下之所以遊談聚議，而上之所以變政易令以求
　　擇吏者，不可勝數矣，而吏終不可擇。〔註52〕

此文描述仁宗一朝尚言語而亂國事之窘況：朝廷大開言路，廣徵謀論，應此
世運風氣，深受儒學傳統薰陶的文人士子，無不慷慨談國事，刺口論時政，
八方之言盛於廊廟，而國家之法莫衷一是。蘇軾認為，宋朝開國以來孜孜以
求的豐財、強兵、擇吏之事皆難以奏效，根本原因即在於「遊談聚議」壞國家
之「綱紀」。言語冗沓而朝綱紊亂，國家法制朝令夕改，「前之政未見利害，而
後之政復發矣」。「綱紀」是蘇軾政論文章中經常出現的論題，圍繞這一論題
所強調的是，朝廷政令與百官有司乃至平民百姓之間形成以互信為基礎的政
治體制。在此文中，蘇軾進一步從人情的角度分析「遊談聚議」破壞了民眾
對國家政府的信任：「凡人之情，一舉而無功則疑，再則倦，三則去之矣。」
他還一反孔子「好謀而成」之語，認為「好謀而不成，不如不謀。」

　　宋代的自由議論不僅涉及政見問題，也摻雜進宮廷問題、私德問題，乃
至個人恩怨、好惡喜怒等各方面問題。所聚訟者愈多，而天下之紛爭愈甚。
在《思治論》中，蘇軾進一步指出，更有人以「遊談聚議」為名，以煌煌之言
眩人主之耳目，混天下人之視聽：

　　　　且今之世俗，則有所可患者，士大夫所以信服於朝廷者不篤，
　　而皆好議論以務非其上，使人主眩於是非，而不知其所從。從之，
　　則事舉無可為者，不從，則其所行者常多故而易敗。夫所以多故
　　而易敗者，人各持其私意以賊之，議論勝於下，而幸其無功者眾
　　也。〔註53〕

在蘇軾看來，那些以「議論勝於天下，而幸其無功者」，是以爭亂為喜，從中
牟利之大賊。這一情況正如上述他對《噬嗑卦》的獨特闡釋：「無德而相噬者，
以有敵為福矣。」儘管《思治論》與《東坡易傳》在創作時間上相差較遠，但
不妨礙我們將二者的相似言論皆視為針對北宋聚訟紛紜之時弊的產物。另外，

〔註52〕《蘇軾文集》卷四，第115～116頁。
〔註53〕《蘇軾文集》卷四，第118頁。

在《上神宗皇帝萬言書》中，蘇軾亦再次論述朝廷聽言太廣之危害：「若使言無不同，意無不合，更唱迭和，何者非賢。萬一有小人居其間，則人主何緣知覺。臣之所願存紀綱者，此之謂也」，「陛下生知之性，天縱文武，不患不明，不患不勤，不患不斷但患求治太速，進人太銳，聽言太廣。」〔註54〕

反對「以其學同天下」

其實，除了雜處其間的一二小人之外，北宋各派黨爭的實質是學術思想和政見分歧的鬥爭。伴隨著懷疑精神和自由議論的時代思潮，各家各派對於經典的解釋異見迭出、莫衷一是，而各家各派聚訟不已、相互攻擊的目的，也無非是為使自己的學術思想定於一尊，以之來統一思想，並作為治理天下國家的理論綱領。因此，在北宋學術思想多元自由的時代浪潮之中，還湧動著一條「一道德」的暗流。〔註55〕如程顥《請修學校尊師儒取仕劄子》即已明確提到：「古者一道德以同俗，苟師學不正，則道德何從而一。方今人執私見，家為異說，支離經訓，無復統一，道之不明不行，乃在於此。」〔註56〕王安石說得更為明白：「今人材乏少，且其學術不一，一人一義，十人十義，朝廷欲有所為，異論紛然，莫肯承聽，此蓋朝廷不能一道德故也。」〔註57〕神宗時期，王安石運用其宰輔之權，將「一道德」的時代訴求快速高效地付諸現實，編纂《三經新義》，廢除詩賦考試，改為以經術取士。

王安石「一道德」的做法，從思想意識領域到政策主張方面皆強求天下之人一同己說，表現出強烈的排斥異論、不容異己的傾向。如上所述，身處時代浪潮之中的蘇軾，雖然深知「遊談聚議」之危害，但他並不贊同以反面極端的「一道德」來解決爭紛問題。在這一點上，蘇軾與荊公新學的衝突最為激烈，本節即通過考察蘇軾對荊公新學「以其學同天下之人」的態度，來探討蘇軾對於平息爭亂的思考。

《致一論》是荊公新學「一同天下」最重要的理論綱領。王安石這篇文章主要是圍繞《周易·繫辭下》「天下同歸而殊途，一致而百慮，天下何思何慮」及「精義入神以致用，利用安身以崇德」這幾句話展開的。下面即以此為切入

〔註54〕《蘇軾文集》卷二十五，第741～742頁。

〔註55〕可參考方笑一《北宋學術一元化暗流與實用文學觀——以古文家為中心》，《文藝理論研究》2004年第3期。

〔註56〕《河南程氏文集》卷一，《二程集》，第448頁。

〔註57〕馬端臨《文獻通考》卷三十一《選舉考·四》，中華書局1986年版，第293頁。

點，結合《東坡易傳》的相關解釋，探討王安石、蘇軾理論思想的差異所在。

> 萬物莫不有至理焉，能精其理則聖人也。精其理之道，在乎致其一而已。致其一，則天下之物可以不思而得也。《易》曰「一致而百慮」，言百慮之歸乎一也。苟能致一以精天下之理，則可以入神矣。既入於神，則道之至也……故《易》曰：「精義入神以致用，利用安身以崇德。」此道之序也……夫身安德崇，而又能致用於天下，則其事業可謂備也。事業備而神有未窮者，則又當學以窮神焉。能窮神，則知微知彰，知柔知剛。夫於微彰剛柔之際，皆有以知之，則道何以復加哉？聖人之道，至於是而已也。且以顏子之賢而未足以及之，則豈非道之至乎？聖人之學至於此，則其視天下之理皆致乎一矣。天下之理皆致乎一，則莫能以惑其心也。故孔子取《損》之辭以明致一之道曰：「三人行則損一人，一人行則得其友也。」夫危以動，懼以語者，豈有他哉？不能致一以精天下之理故也。故孔子舉《益》之辭以戒曰：「立心勿恒，凶。」勿恒者，蓋不一也。嗚呼，語道之序，則先精義而後崇德，及喻人以修之之道，則先崇德而後精義。蓋道之序則自精而至粗，學之之道則自粗而至精，此不易之理也。夫不能精天下之義，則不能入神矣；不能入神，則天下之義亦不可得而精也。（王安石《致一論》）〔註58〕

> 「致」，極也；極則一矣。其不一者，蓋未極也。四海之水，同一平也；胡越之繩墨，同一直也。故致一而百慮皆得也，夫何思何慮……「精義」者，窮理也；「入神」者，盡性以至於命也。窮理、盡性以至於命，豈徒然哉？將以致用也。譬之於水，知其所以浮，知其所以沉，盡水之變而皆有以應之，精義者也。知其所以浮沉而與之為一，不知其為水，入神者也。與水為一，不知其為水，未有不善遊者也，而況以操舟乎？此之謂致用也。故善遊者之操舟也，其心閒，其體舒，是何故？則用利而身安也。事至於身安，則物莫吾測而德崇矣。（蘇軾《東坡易傳》）〔註59〕

首先來看王安石的「致一論」。王安石說：「精其理之道，在乎致其一而已。」

〔註58〕安石著、劉成國點校《王安石文集》卷六十六，中華書局2021年版，第1156～1158頁。

〔註59〕《東坡易傳》卷八，第138頁。

又說：「苟能致一以精天下之理。」由此可以推斷，在他的哲學中「一」與「理」是兩個對等的概念，或者說「一」是最為普遍的、最為概括性的「理」。「精義」即明理，「入神」是「精義」的理想狀態，即對「一」全面整體的把握（王安石用聖人與賢人的差異來說明「精義」與「入神」區別）。「一」（或「理」）達到「精義入神」之後，則可以「致用於天下」，乃至「安身崇德」。由此來看，王安石認為人所生活的世界中存在著抽象、客觀的理（或「一」），人類的活動即在於把握這個理以求致用。這一邏輯可以表示為：「一」（或「理」）—「精義」—「入神」—「致用」—「安身崇德」。當然，這是「語道之序」，而「喻人以修道」則需逆而行之。

再來看蘇軾的觀點。《東坡易傳》中「致，極也……夫何思何慮」這段話，是用來說明天下「致一而百慮皆得」的狀態。但蘇軾並沒有指出這個「一」是什麼。隨後，蘇軾將「精義」解釋為「窮理」，將「入神」解釋為「盡性以至於命」。在這裡，蘇軾以水為喻，區分「精義」和「入神」：「精義」即知物之理以應之，「入神」即與物合而為一的狀態。如本文第二章所論，「窮理盡性以至於命」是體「道」的理想狀態，也就是極於「道」的境界。根據第二章的分析，這一思想來自《老子》「道生一，一生二，二生三，三生萬物」的思想。蘇軾說：道生萬物，「其始為水。水者，有無之際矣。始離於無而入於有矣。老子識之，故其曰：『上善若水。』又曰：『水幾於道。』」〔註60〕由此可見，蘇軾所說的「一」，即相當於這個有無之際的水。蘇軾說：「水無常形而有至信。」水包容著世界萬物的豐富多樣性，是蘇軾「大全之道」的體現。在《東坡易傳》中，蘇軾談到「一」時無不強調其無心而有信、順應物理的特徵：

> 「乾」「坤」惟無心，故一，一故有信；信，故物知之也。〔註61〕
>
> 夫無心而一，一而信，則物莫不得盡其天理，以生以死。故生者不德，死者不怨，無怨無德，則聖人者豈不備位於其中哉。吾一有心於其間，則物僥倖、夭枉，不盡其理者矣。〔註62〕
>
> 天下之理，未嘗不一，而一不可執。知其未嘗不一而莫之執，則幾矣。〔註63〕

〔註60〕《東坡易傳》卷七，第124頁。
〔註61〕《東坡易傳》卷七，第121頁。
〔註62〕《東坡易傳》卷七，第121頁。
〔註63〕《東坡易傳》卷七，第122頁。

蘇軾說:「未嘗不一而莫之執,則幾矣。」「幾矣」即指上述「入神」的理想狀態,幾乎與「道」合而為一,也就是道與萬物之間那個「有無之際」的「水」。由此可見,蘇軾的致一論旨在說明主體順應事物自然的理勢,並有側重於主體心性修養的一面。而王安石的致一論則用於強調人具有掌握自然規律的強烈自信,主體與對象之間「表現出一種機械觀點」〔註 64〕。王安石的「致一論」用在政教治化上,即表現為「好使人同己」的弊病。對此,蘇軾表達了強烈的不滿:

> 文字之衰,未有如今日者也。其源實出於王氏。王氏之文,未必不善也,而患在於好使人同己。自孔子不能使人同,顏淵之仁,子路之勇,不能以相移,而王氏欲以其學同天下。地之美者,同於生物,不同於所生,惟荒瘠斥鹵之地,彌望皆黃茅白葦,此則王氏之同也……使後生猶得見古人之大全者,正賴黃魯直、秦少游、晁无咎、陳履常與君等數人耳。〔註 65〕

蘇軾這番議論是針對王安石以《三經新義》取士而發的。蘇軾認為,王安石「好使人同己」的做法必然會影響學術文章的繁榮發展。但他對王安石本人的文章並不加以否定。蘇軾對王安石的態度,正體現出他「不責人人隨己」、能包容萬物的哲學觀念。如上所述,在解釋《同人卦》時,蘇軾強調同人者是一種至大無私的「誠同」,「天下之能同者自至焉,其不能者不至也」。這正如孔子之同其弟子,使他們以「樂之」的態度跟隨自己,又不強求人人歸於一律,而尊重各自的性格特徵。這也是蘇軾對待蘇門文人的態度。

蘇軾反對「一道德」,不僅針對王安石。可以說北宋諸多學派中,凡是不容異己、獨斷專行者,皆遭到蘇軾的反對。在王安石新法失敗後,以司馬光為首的舊黨取得政權,實行元祐更化,全盤否定新法。司馬光在學術思想上欲求天下人之同己的做法,並不比王安石遜色。司馬光在打壓新黨中奉行「君子小人之猶冰炭之不可同器而處」,主張君子在位,必須毫無保留地清除小人。對此做法,蘇軾亦表示強烈反對。他曾感慨說:「昔之君子,惟荊是師;今之君子,惟溫是隨。所隨不同,其為隨一也。」〔註 66〕蘇軾說,雖然王安石、

〔註 64〕《中國思想通史》第四卷,第 458 頁。
〔註 65〕《蘇軾文集》卷四十九《答張文潛書縣丞書》,第 1427 頁。
〔註 66〕《蘇軾文集》卷五十五《與楊元素十七首之十七》,第 1655 頁。

司馬光二者的學術思想不同,但責求天下人人隨己的態度卻是一樣的。蘇軾反對新舊黨派強求隨己的觀點,也體現在他對《隨卦》的解釋中:「大時不齊,故隨之世,容有不隨者也。責天下以人人隨己而咎其貞者,此天下所以不說也。」〔註67〕

綜上所述,蘇軾一方面力陳「遊談聚議」之危害,另一方面也不贊同以另一個極端的「一道德」方式來解決紛爭。那麼,面對因「遊談聚議」而引起的黨派紛爭,蘇軾的解決方案是什麼?以下將以北宋臺諫制度為切入點,考察蘇軾對於臺諫的態度,分析蘇軾平息爭亂的具體方法。

三、標舉公議的臺諫觀與參校利害的息爭之道

作為一種為鞏固君主專權而設置的監察制度,北宋臺諫雖然不可避免地帶有專制文化的特徵,但因基於這一制度自身發展的需要,臺諫對於北宋政治文化活動起到了積極的推動作用。這一積極作用集中體現在以臺諫推行社會公議,即宋仁宗所云:「措置天下事,正不欲自朕出,若自朕出,皆是則可。如有不是,難以更改,不如付之公議。令宰相行之,行之而天下以為便,則臺諫得言其失,於是改之為易矣。」〔註68〕統治者標舉公議,在客觀上提高了士大夫的參政地位和話語權力。應此風氣而來,仁宗時期的田況著有《儒林公議》,記錄宋太祖建隆下迄仁宗慶曆間朝廷政事及士大夫行履得失。《四庫提要》對此書評價頗高:「足備讀史之參稽,其持論亦皆平允。」儘管北宋時期的「公議」囿於士大夫階層的價值取向,其範圍遠未達到近代的民主議論,但「公議」之要義仍在於「公」。從言說內容來看,「公議」須體現社會群體共同的價值追求。從言說方式來看,「公議」須持論公允,不涉門戶之見。只不過作為「人主之耳目」的臺諫制度,實際上並未能真正地「付之公議」。如上所述,臺諫造成北宋士大夫在言論上走向「遊談聚議」與「一道德」兩個極端,促進了北宋黨派的形成,並催化黨爭朝著病態的方向發展。根據沈松勤考察,臺諫在仁宗朝『惟結主知』,其工具性能主要體現在君主『養其銳氣,而借之重權』上。神宗熙寧以後,卻為黨派所利用,淪為黨爭工具。〔註69〕在新舊黨爭之中,蘇軾可謂一位堅定的「公議」擁護者。他對於黨爭的態度

〔註67〕《東坡易傳》卷二,第34頁。
〔註68〕楊時《龜山先生語錄》卷三,《四部叢刊續編》本。
〔註69〕《北宋文人與黨爭》,第99~116頁。

直接體現在對臺諫的態度上，其平息爭亂的方法亦直接體現在呼籲臺諫之公議上。以下將結合蘇軾在熙寧變法與元祐更化之際的奏議、上書等文章，對其臺諫觀加以分析。

熙寧時期：反對新黨驅逐臺諫

熙寧時期，以司馬光為首的舊黨以臺諫為輿論工具，反對王安石變法。為了保障新法順利實施，神宗皇帝支持王安石展開一場規模浩大的「逐諫官」「罷諫院」的活動，被王安石罷免的諫官有十數位之多。〔註70〕

蘇軾熙寧四年（1071）所上《上神宗皇帝書》的一項重要內容即是批駁王安石驅逐諫官之事：

> 然觀其委任臺諫之一端，則是聖人過防之至計。歷觀秦、漢以及五代，諫諍而死，蓋數百人。而自建隆以來，未嘗罪一言者，縱有薄責，旋即超昇。許以風聞，而無官長，風采所繫，不問尊卑。言及乘輿，則天子改容，事關廊廟，則宰相待罪。故仁宗之世，議者譏宰相但奉行臺諫風旨而已。聖人深意，流俗豈知？臺諫固未必皆賢，所言亦未必皆是。然須養其銳氣，而借之重權者，豈徒然哉。將以折姦臣之萌，而救內重之弊也……陛下得不上念祖宗設此官之意，下為子孫立萬一之防，朝廷紀綱，孰大於此？
>
> ……
>
> 臣自幼小所記，及聞長老之談，皆謂臺諫所言，常隨天下公議。公議所與，臺諫亦與之。公議所擊，臺諫亦擊之。及至英廟之初，始建稱親之議，本非人主大過，亦無禮典明文，徒以眾心未安，公議不允，當時臺諫，以死爭之。今者物論沸騰，怨讟交至，公議所在，亦可知矣，而相顧不發，中外失望。夫彈劾積威之後，雖庸人亦可奮揚；風采消委之餘，雖豪傑有所不能振起。臣恐自茲以往，習慣成風，盡為執政私人，以致人主孤立。紀綱一廢，何事不生……臣非敢歷詆新政，苟為異論……則非臣之私見，中外所病，其誰不知？〔註71〕

蘇軾以古揆今，指出宋朝之世傾向於內重之弊，即中央權力過於集中而使皇帝身邊的近臣（宰相）有「指鹿之患」。臺諫正是為了防止大臣專權之弊而採

〔註70〕《宋史》卷三二七《王安石列傳》，第 10545～10546 頁。
〔註71〕《蘇軾文集》卷二十五，第 740～741 頁。

取的一項措施。基於此，他對仁宗朝宰相奉行臺諫之旨，深表嘉許。接下來，蘇軾指出臺諫不僅可以牽制宰相之權，亦有監督君主的作用。可以說，蘇軾對臺諫的期待已經突破宋朝統治者用以維護集權的需要，帶有理想民主政治的色彩。最後，他指出執政私人（即指王安石）廢除象徵國家綱紀的臺諫，必使人主孤立，國家生亂。在這段話中，蘇軾接連五次談及公議，他以「眾心未安」「中外失望」「怨讟交至」「中外所病」這些詞語描述公議代表人心之所向。循人情之勢，順天下公議，這是蘇軾以情為本的哲學觀在為政態度上的反映。既然公議代表了天下民心，而新黨罷除能夠發出公議之聲的臺諫，必然使人情之勢失衡，爭亂也就隨之而起。

元祐時期：反對舊黨控制臺諫

元祐時期實施全面廢除新法的更化之政，司馬光、呂公著等舊黨受到重用，他們立即恢復臺諫舊制，專門排擊新黨、新法。蘇軾雖屬舊黨，在元祐時期被委以重任，但他對司馬光等利用臺諫專門攻擊新黨、新法的行為深表不滿。在這一歷史事件中，最突出的是對於王安石「免役法」與司馬光「差役法」孰優孰劣的爭論。蘇軾認為新法雖然有諸多不可利，但「免役法」一項卻有可取之處，就此問題與臺諫諸人展開激烈的爭辯：

> 臣聞差役之法，天下以為未便，獨臺諫官數人者主其議，以為不可改，磨礪四顧，以待言者，故人畏之而不敢發耳。近聞疏遠小臣張行者力言其弊，而諫官韓川深詆之。〔註72〕

> 特以臣拙於謀身，銳於報國，致使臺諫，例為怨仇……但以光所建差役一事，臣實以為未便，不免力爭。而臺諫諸人，皆希合光意，以求進用，及光既歿，則又妄意陛下以為主光之言，結黨橫身，以排異議，有言不便，約共攻之……但以臺諫氣焰，震動朝廷，上自執政大臣，次及侍從百官，外至監司守令，皆畏避其鋒，奉行其意，意所欲去，勢無復全。天下知之，獨陛下深居法宮之中，無由知耳……若不改其操，知無不言，則怨仇交攻，不死即廢。〔註73〕

蘇軾指出，臺諫諸人為了「希合光意，以求進用」，力詆新法，以諷諫為誹謗，完全將臺諫視為黨爭的工具，無視其公正的監察職能。在這兩份奏疏中，他分別以「天下以為未便」「天下之人」所代表的公議為立論點，反對舊黨獨斷

〔註72〕《蘇軾文集》卷二十八《大雪論差役不便劄子》，第807頁。
〔註73〕《蘇軾文集》卷二十九《乞郡劄子》，第827～829頁。

專行、以臺諫為己物的做法。在《乞郡劄子》中蘇軾還進一步指出，臺諫諸官「結黨橫身，以排異議」的做法，只會造成天下人敢怒而不敢言，其後果必如決堤之水，使怨愁交攻，國家亦將毀於一旦。

在《辯試館職策問劄子》中，蘇軾總結臺諫之弊，並寄希望於君主能夠盡去臺諫之偏，調和差役、免役二法之弊：

> 雖陛下廣開言路，無所諱忌，而臺諫所擊不過先朝之人，所非不過先朝之法……差役、免役，各有利害……若盡去二弊，而不變其法，則民悅而事易成……天下皆以為便，而臺諫猶累疏力爭，由此觀之，是其意專欲變熙寧之法，不復校量利害，參用所長也……所以一一縷陳者，非獨以自明，誠見士大夫好同惡異，泯然成俗，深恐陛下深居法宮之中，不得盡聞天下利害之實也。願因臣此言，警策在位，救其所偏，損所有餘，補所不足，天下幸甚。〔註74〕

眾所周知，「校量利害，參用所長」反映了蘇軾欲調和新舊黨爭的做法。如何才能「校量利害，參用所長」，很顯然蘇軾是希望通過臺諫發出公議之聲使得君主做出正確的裁奪。在蘇軾看來，舊黨把持臺諫最大的危害是遮蔽視聽，使得君主「不得盡聞天下利害之實」，不能做出正確的判斷以取長補短、損餘補足，使天下終無平息之日。

值得注意的是，上述關於臺諫的議論文章，皆是上呈給君主。這意味著蘇軾在如何有效利用臺諫獲取公議的問題上，對君主寄予極大的希望。關於這一點，與蘇軾學術政治思想基本一致的蘇轍在《乞責降韓縝第八狀》中，有更清晰的表述：

> 臣竊見仁宗皇帝在位四十餘年，海內乂安，近世少比。當時所用宰相二三十人，其所進退，皆取天下公議，未嘗輒出私意。公議所發，常自臺諫，臺諫所言，即時行下。其言是則黜宰相，其言妄則黜臺諫。忘己而用人，故賞罰之行，如春生秋殺，人不以為怨。〔註75〕

蘇轍認為仁宗皇帝能夠維護臺諫公議，所以天下怨聲少有，而人得以為安。

總而言之，無論是針對熙寧時期王安石罷黜臺諫，還是針對元祐時期舊黨以臺諫為私物排斥異己，蘇軾皆從臺諫之公議的出發，對兩派看似相反實

〔註74〕《蘇軾文集》卷二十七，第790～792頁。
〔註75〕《欒城集》卷三十七，第828頁。

則相同的做法予以強烈批評。在如何有效利用臺諫之公議以平息黨派之爭的問題上，蘇軾認為君主在其中發揮著不可取代的關鍵作用：一是君主要保障諫官獨立不阿發表政見，廣開言路，確保臺諫獨立的監察作用；二是面對群言萬策，君主須有英明的判斷能力，以獲取公議。面對不同黨派之見，君主須居中調停，以「校量利害，參用所長」。

第四節　本章小結

綜上所述，基於人情愛惡相攻之勢，蘇軾解《易》提出「有黨必有爭」的鮮明觀點，也是基於人情之勢的考慮，蘇軾提倡以包容的態度保留各自異趣，避免紛爭的政治哲學觀點。在卦爻關係的解釋中，蘇軾認為只有「無私於應」的「不涉黨者」才能有效調停各方矛盾，解決爭亂。「不涉黨者」體現出道家「居之至靜」，虛懷若谷的理想人格。這一理想人格在「解爭」上的重要啟示是：不責求天下人人隨己，而能順自然之理，循萬物之勢，全其大者，求其同安。

《東坡易傳》止爭息亂的思想有其深刻的現實根源，它是蘇軾對北宋黨爭自覺反思的結果。概而言之，臺諫制度造成北宋士大夫在言論上走向「遊談聚議」與「一道德」兩個極端，促進北宋黨派的形成，並催化黨爭朝著病態的方向發展。蘇軾對於黨爭的態度直接體現在對臺諫的態度上，其平息爭亂的方法亦直接體現在呼籲臺諫之公議上。他既反對「遊談聚議」以亂天下者，又反對王安石、司馬光強求天下人人隨己的做法。在蘇軾看來這兩種極端的做法，只會導致天下之爭不斷，而國之亂愈甚。基於其重人情之勢的哲學觀，蘇軾認為君主應當重視臺諫獨立的監察作用，循人情之勢，順天下公議，調和黨派矛盾，而用其所長。

總之，蘇軾反對「爭」的態度是鮮明的，而「解爭」的態度卻是中庸的調和論。無論是在經典闡釋上，還是在具體的政治鬥爭中，止爭息亂的主張成為瞭解蘇軾思想的一條重要線索。身處新舊黨爭漩渦之中的蘇軾，對於爭亂的危害有著切身的體驗。他將現實生活中對政治鬥爭的反思滲入於對經典的闡釋之中，這使《東坡易傳》和他的奏議文章在平息爭亂的態度、調停爭亂的方法、解爭的關鍵人物特徵等問題上表現出諸多同一性。如反對好同惡異，反對強求一律，反對人人隨己，寄希望於超越黨派者，通過順人情、循公議

的方式，有效地調停各方矛盾。蘇軾在解決爭亂方面近乎中庸的實用主義方法，實則源自其重視人情理勢、順應自然的哲學觀。這是蘇軾融合儒道兩家思想以解決現實問題的一種獨特思路。這種融合典型地體現在他在解釋《訟卦》《解卦》《需卦》《既濟卦》中所推崇的「不涉黨者」「無於私應者」「廣大樂易之君子」這類人物身上。這類人物是蘇軾理想的人格範式。他們居靜至明，虛懷若谷，對於不同黨派者，「可以兼懷而兩有之」。他們通曉人情理勢，可以輕而易舉地化解各種矛盾糾紛。然而，這一止爭的理想人物如果投諸於現實政治之中，又不可避免地落入希冀明君救世的侷限之中。

第五章 《東坡易傳》與蘇軾的
君子小人觀

　　「君子」「小人」最初是指不同階層的群體,《周易》著眼於二者「位」的差異,用這兩個詞分別指處於上位的統治者與處於下位的被統治者。在後代的闡釋中,君子和小人被用來區分不同人格的群體,成為儒家思想的重要命題。在宋代這一命題被進一步發展為指導政治鬥爭的理論工具。本章將在綜合考察蘇軾《東坡易傳》與《續歐陽子朋黨論》中相關討論,力圖從學術著作與議論文章兩方面,把握蘇軾對於這一命題的獨特思考,並進一步揭示其觀點與傳統儒學之間的差異。接著,本文將從時代政治環境與其人性論為切入點,進一步探討蘇軾君子小人觀的現實意義及理論根源。

第一節 《東坡易傳》中的君子小人觀

　　「君子」「小人」最初是用來區分不同的社會群體,統治者為君子,被統治者謂小人。「春秋時期及之前(即所謂『六經』所反映的時代),人們對於『君子』與『小人』的理解基本上都著眼於其地位上的區別。」〔註1〕但是從《易傳》開始,君子與小人的劃分就開始有了道德上的差異。此外在《論語》中,孔子雖然基本上也以地位來劃分君子、小人,但他有時候也以此來區分不同的道德群體,如《論語·里仁》云:「君子喻於義,小人喻於利。」清代

〔註1〕黎紅雷《「位」與「德」之間——從〈周易·解卦〉看孔子「君子小人」說的糾結》,《孔子研究》2012年第1期。

學者俞樾在《群經平議》中指出,「古書言君子小人大都以位而言……漢世師說如此。後儒專以人品言君子小人,非古義矣。」〔註2〕俞樾的說法基本正確,但也有例外。比如在《周易正義》中,孔穎達即指出:「言『君子』者,謂君臨上位,子愛下民,通天子諸侯,兼公卿大夫有地者。凡言『君子』,義皆然也。」〔註3〕儘管孔穎達有意遵循古義,但是他在闡釋君子與小人時,仍不免帶有道德區分的意義,比如他說:「若好遁君子,超然不顧,多以得吉。小人有所繫戀,即不能遁,故曰『小人否』也。」〔註4〕受到儒家尚義棄利精神的影響,在後代的易學著作中,大多把君子和小人的關係闡釋成水火不容、截然對立的人格群體,形成了崇尚君子、貶斥小人的傳統。

關於君子如何對待小人的問題,在《東坡易傳》中,蘇軾往往結合卦爻辭所象徵的不同形勢提出不同的見解,呈現出靈活多樣的特徵。以下對此加以分類分析:

一、嚴守君子與小人之別

嚴守君子與小人之別,是儒家思想應有之義。但是,面對這一問題,不同的思想者往往建構出不同的實踐路徑,也由此呈現出獨特的處世態度。以下通過對比《周易正義》和《東坡易傳》對《否卦》(☷ 坤下乾上)「六二」「九五」的闡釋,來呈現蘇軾對這一問題的看法:

> 《否卦・六二》:包承,小人吉,大人否,亨。
>
> 《象》曰:「大人否亨」,不亂群也。
>
> 《周易正義》:「包承」者,居「否」之世而得其位,用其至順,包承於上。「小人吉」者,否閉之時,小人路通,故於小人為吉也。「大人否亨」者,若大人用此「包承」之德,能否閉小人之「吉」,其道乃亨。此釋所以大人「否亨」之意,良有否閉小人,防之以得其道,小人雖盛,不敢亂群,故言「不亂群」也。〔註5〕
>
> 《東坡易傳》:陰得其位,欲包群陽,而以承順取之。上說其順

〔註2〕俞樾《群經平議》卷三十,《續修四庫全書》本,上海古籍出版社 1995 年版,第 491 頁。
〔註3〕《周易正義》卷一,第 12 頁。
〔註4〕《周易正義》卷四,第 173 頁。
〔註5〕《周易正義》卷二,第 84 頁。

而不知其害，此小人之吉也。大人之欲濟世也，苟出而爭之，上則
君莫之信，下則小人之所疾，故莫如否。大人否而退，使君子小人
之群不相亂，以為邪之勝正也，常於交錯未定之間，及其群分類別，
正未有不勝者也，故亨。〔註6〕

《否卦》六二爻象徵著「小人吉」「大人否」，大人與小人儼然有別。《周易正
義》認為，面對斯世，大人應「否閉」小人，防止小人得道，使大人、小人之
群不相亂。《東坡易傳》認為「陰得其位，欲包群陽」，象徵著小人得勢。在蘇
軾看來，面對斯世，大人如果出來與小人相爭的話，既得不到君王信任，又
會受到小人迫害，所以大人遇到險難應當退避，使君子、小人之群不相亂。
君子、小人群分類別之後，君子代表的正義勢力最終必然會勝過小人代表的
邪惡勢力。由此可見，《周易正義》和《東坡易傳》雖然都認同嚴守君子、小
人之別，但《周易正義》更加強調正義者（大人）對不正義者（小人）的制
衡，而蘇軾則更加強調君子審時度勢、把握戰機的重要性。

再來看《周易正義》和《東坡易傳》對《否卦》九五爻的解釋：

《否・九五》：休否，大人吉；其亡其亡，繫於苞桑。

《象》曰：「大人」之「吉」，位正當也。

《周易正義》：「休否」者，休，美也。謂能行休美之事於否塞
之時，能施此否閉之道，遏絕小人，則是「否」之休美者也，故云
「休否」。「大人吉」者，唯大人乃能如此而得吉也，若其凡人，則
不能。「其亡其亡，繫於苞桑」者，在道消之世，居於尊位而遏小人，
必近危難，須恒自戒慎其意，常懼其危亡，言丁寧戒慎如此也。「繫
於苞桑」者，苞，本也。凡物繫於桑之苞本則牢固也。若能「其亡
其亡」，以自戒慎，則有「繫於苞桑」之固，無傾危也。（「《象》曰：
大人之吉，位正當也」者）釋「大人吉」之義，言九五居尊得位，
正所以當遏絕小人得其吉。〔註7〕

《東坡易傳》：九五，大人之得位，宜若甚安且強者也。然其
實制在於內。席其安強之勢，以與小人爭而求勝，則不可。故曰
「休否，大人吉」。恃其安強之勢，而不虞小人之內勝，亦不可。

〔註6〕《東坡易傳》卷二，第26～27頁。
〔註7〕《周易正義》卷二，第85頁。

故曰「其亡其亡，繫於苞桑」。「休否」者，所謂「大人否」也，
小人之不吾敵也，審矣。惟乘吾急，則有以幸勝之，利在於急，
不在於緩也。苟否而不爭，以休息之，必有不吾敵者見焉，故曰
「大人吉」。〔註8〕

可以看出，《周易正義》和《東坡易傳》最大的分歧體現在對「休」理解的差
異。《周易正義》釋「休」為「美」，認為：大人能於否塞之時，遏絕小人，即
為行休美之事。《東坡易傳》釋「休」為「休息」，認為：君子雖處於安強之
勢，但不可急與小人爭勝，亦不能不防備小人，而應讓小人休息，使其放鬆
警惕，隨後把握形勢，見其「有不吾敵者」而勝之。

　　如上所述，蘇軾一方面主張君子、小人之群不可亂，另一方面還強調君
子應審時度勢去制衡小人，這與《周易正義》所講的「遏絕小人」，形成了比
較鮮明的對比。

二、君子可以包容小人、利用小人

　　《東坡易傳》認為君子不一定恪守遠小人的戒條，必要的時候君子可以
懷小人。以下以《泰卦》（☰ 乾下坤上）九二爻為例，通過對比《周易正義》，
來看《東坡易傳》的獨特之處：

　　　　《泰卦・九二》：包荒，用馮河，不遐遺；朋亡，得尚於中行。
　　　　《象》曰：「包荒」「得尚於中行」，以光大也。

　　　　《周易正義》：「包荒，用馮河」者，體健居中，而用乎「泰」，
　　　能包含荒穢之物，故云「包荒」也。「用馮河」者，無舟渡水，馮陵
　　　於河，是頑愚之人，此九二能包含容受，故曰「用馮河」也。「不遐
　　　遺」者，遐，遠也。遺，棄也。用心弘大，無所疏遠棄遺於物。「朋
　　　亡」者，得中無偏，所在皆納，無私於朋黨之事。「亡，無也」，故
　　　云「朋亡」也。「得尚於中行」者，「中行」謂六五也，處中而行，
　　　以九二所為如此。尚，配也，得配六五之中也。（「《象》曰，包荒，
　　　得尚於中行，以光大也」者）釋「得尚中行」之義。所以包荒、得
　　　配此六五之中者，以無私無偏，存乎光大之道，故此包荒。皆假外
　　　物以明義也。〔註9〕

〔註8〕《東坡易傳》卷二，第27頁。
〔註9〕《周易正義》卷二，第80頁。

《東坡易傳》:「馮河」者,小人之勇也;小人之可用,惟其勇
者。「荒」者,其無用者也;有用者用之,無用者容之不遽棄也,此
所以懷小人爾。以君子而懷小人,其朋以為非也,而或去之,故曰
「朋亡」。然而得配於六五,有大援於上,君子所以愈安也,雖亡其
朋,而卒賴以安,此所以為「光大」也。〔註10〕

《周易正義》將九二理解為無偏無黨的行中道之人,他對愚頑者亦能包含容
收,心胸寬大,並沒有非常明確地對應到君子與小人的人物關係。而《東坡
易傳》則明確指出,「馮河」者即指小人,「九二」象徵的則是能夠用小人之君
子。蘇軾認為小人可用之處在其「勇」,君子必要時可以加以利用。蘇軾對待
小人「有用者用之,無用者容之不暇棄」的態度,體現出他尚權謀、重實用的
人事觀念。此外,蘇軾還強調君子利用小人,並非為了一己私利,而是出於
「有大援於上」,「將以有所濟」的目的。這點同樣體現在對《兌卦》(☱ 兌
下兌上) 九二爻的解釋上:

《兌・九二》:孚兌,吉,悔亡。

《象》曰:「孚兌」之「吉」,信志也。

《周易正義》:九二說不失中,有信者也。說而有信,則吉從之,
故曰「孚兌,吉」也。然履失其位,有信而吉,乃得亡悔,故曰「孚
兌,吉,悔亡」。「信志也」者,失位而得吉,是其志信也。〔註11〕

《東坡易傳》:「和而不同」,謂之「和兌」;信於其類,謂之「孚
兌」。六三小人,而初九、九二君子也;君子之說於小人,將以有所
濟,非以為利也。〔註12〕

《周易正義》認為九二象徵著樂而有度、持中有信之人,並無涉及君子、小
人之義。《東坡易傳》則認為六三象徵小人,初九、九二象徵君子。蘇軾進而
認為,君子「說於小人」,並非出於私利,而是「將以有所濟」。

《東坡易傳》還提出君子對待小人不必過於求全求正,需要警惕小人身
上之惡,更應當發現小人身上之善。以下以《剝卦》(☶ 坤下艮上) 六二爻
為例,仍通過對比《周易正義》,加以討論:

〔註10〕《東坡易傳》卷二,第 25 頁。

〔註11〕《周易正義》卷六,第 276 頁。

〔註12〕《東坡易傳》卷六,第 108 頁。

《剝卦‧六二》：剝床以辨，蔑；貞凶。

《象》曰：「剝床以辨」，未有與也。

《周易正義》：「剝床以辨」者，辨，謂床身之下，床足之上，足與床身分辨之處也。今剝落侵上，乃至於「辨」，是漸近人身，故云「剝床以辨」也。「蔑貞凶」者，蔑，削也。削除中正之道，故「凶」也。……長此陰柔，削其正道，以此為德，則物之所棄。故《象》云「未有與」也，言無人與助之也。〔註13〕

《東坡易傳》：陽在上，故君子以上三爻為己。載己者，床也，故下為床。陰之長，猶水之溢也，故曰「蔑」。「辨」，足之上也，床與足之間，故曰「辨」。君子之於小人，不疾其有邱山之惡，而幸其有毫髮之善，「剝床以足」，且及其「辨」矣，猶未直以為凶也，曰「蔑，貞」而後「凶」。小人之於正也，絕蔑無餘，而後「凶」可必也；若猶有餘，則君子自其餘而懷之矣，故曰「剝床以辨，未有與也」。小人之為惡也，有人與之然後自信以果。方其未有與也，則其愧而未果之際也。〔註14〕

《周易正義》認為，「剝床以辨」意味著陰柔愈長、中道日消，而至於「無人與助」的困境，並未言及君子、小人之事。而《東坡易傳》則認為，「剝床以辨」意味著小人逐漸剝蝕侵上，但還未徑直以為惡。當此之時，君子對待小人，應當本著「不疾其有丘山之惡，而幸其有毫髮之善」的態度，加以包容、引導，避免小人走向窮凶極惡的境地。

蘇軾強調以包容的態度對待小人，與其重視人情的哲學思想有關。蘇軾以情為本之說，並非不講理，而是認為個體的自然之情必然會形成共有的社會公識，這就是自然之情的理勢。而一旦這一理勢遭到破壞，紛爭也就隨之而來。例如對《泰卦‧彖》的解釋：

《泰卦‧彖》：「泰，小往大來，吉亨」，則是天地交而萬物通也，上下交而其志同也。內陽而外陰，內健而外順，內君子而外小人。君子道長，小人道消。

《周易正義》：「泰，小往大來，吉亨，則是天地交而萬物通」

〔註13〕《周易正義》卷三，第129頁。
〔註14〕《東坡易傳》卷三，第44頁。

－120－

者，釋此卦「小往大來，吉亨」名為「泰」也。所以得名為「泰」者，止由天地氣交而生養萬物，物得大通，故云「泰」也。「上下交而其志同」者，此以人事象天地之交。上謂君也，下謂臣也，君臣交好，故志意和同。「內陽而外陰，內健而外順」，內健則內陽，外順則外陰。內陽外陰據其象，內健外順明其性，此說泰卦之德也。陰陽言爻，健順言卦。此就卦爻釋「小往大來，吉亨」也。「內君子而外小人，君子道長，小人道消」者，更就人事之中，是「小往大來，吉亨」也。〔註15〕

　　《東坡易傳》：陽始於《復》而至於《泰》。《泰》而後為《大壯》，《大壯》而後為《夬》。《泰》之世，不若《大壯》與《夬》之世，小人愈衰而君子愈盛也。然而聖人獨安夫《泰》者，以為世之小人不可勝盡，必欲迫而逐之，使之窮而無歸，其勢必至於爭，爭則勝負之勢未有決焉，故獨安夫《泰》，使君子居中，常制其命；而小人在外，不為無措，然後君子之患無由而起，此《泰》之所以為最安也。〔註16〕

《彖》根據《泰卦》內陽外陰之象，認為此卦象徵著內君子而外小人，天地交而萬物通。《周易正義》沿循《彖》的說法，重在發明「君子道長，小人道消」之意。與之不同，《東坡易傳》通過對比《復卦》（䷗　震下坤上）、《泰卦》（䷊　乾下坤上）、《大壯卦》（䷡　乾下震上）、《夬卦》（䷪　乾下兌上）這四卦中陰陽爻之增減所象徵的君子小人勢力的變化，並結合人情常理，認為：小人愈衰而君子愈盛並非是理想的態勢，因為這將會導致小人勢窮而怒爭，爭則致使天下不安。在分析九二爻，蘇軾再次強調這一點：「陽皆在內，據用事之處；而擯三陰於外，此陰之所不能堪也。陰不能堪，必疾陽；疾陽，斯爭矣。」

　　綜上所述，蘇軾以「用」為立足點來討論君子應當如何對待小人的問題。他一方面認為應當嚴守君子、小人之別，另一方面則強調君子可以因時制宜，審時度勢地處理與小人的關係。除了「遠小人」之外，必要的時候君子也可以逐小人、懷小人、用小人，乃至取悅小人，包容小人。蘇軾的君子小人觀體現了他尚權謀之術、重人情之變的哲學觀觀，而與儒家嚴辨君子小人之別的傳統觀念，存在顯著的分歧。

〔註15〕《周易正義》卷二，第78頁。
〔註16〕《東坡易傳》卷二，第24頁。

第二節　蘇軾的君子小人觀與朋黨論

一、君子小人之辨與北宋朋黨之爭

君子小人之辨是北宋黨爭的重要理論依據。正如沈松勤所言，北宋士大夫的「君子小人之辨與不同政見之爭是同步進行的。」〔註17〕這一文化現象一方面激發了士大夫們志在當世的主體精神和對理想人格的追求，另一方面君子小人之辨在指導政治實踐的過程中，勢必會扭曲因政見不同帶來的黨爭，而出現排斥異己、黨同伐異的弊端，如下面的例子：

> 蓋君子小人，方圓不相入，曲直不相投，貪廉進退不相伴，動靜語默不相應。如此而望議論協和，政令平允，安可得邪？安可幸而致邪？《易·泰卦》「君子道長，小人道消」，則時自泰矣。《否卦》「小人道長，君子道消」，則時自否矣。若使君子小人並位而處，其時之否、泰，必無兩立之理。〔註18〕

> 夫君子小人之不相容，猶冰炭之不可同器而處也。故君子得位，則斥小人；小人得勢，則排君子。此自然之理也。〔註19〕

> （陳瓘）復曰：「上方虛心以待公，公必有以副上意者。敢問將欲施行之序，以何事為先？何事當急？誰為君子？誰為小人？諒有素定之論，願聞其略。」（章）惇復拤思良久曰：「司馬光姦邪，所當先辨，無急於此。」〔註20〕

章惇的話說得很明白，他以君子自居而將反對黨司馬光貶斥為小人。從富弼、司馬光的話中，也可以體會出他們以君子自居，強調君子與小人絕對對立的立場。

另一方面，在北宋士大夫之中普遍存在著宣揚君子結黨的風氣。宋太宗時期的王禹偁作《朋黨論》一反傳統的觀點，提出不僅小人有黨，君子亦有之的全新見解。到了宋仁宗時期，「君子有黨」之說已經成為君臣之間公開討

〔註17〕《北宋文人與黨爭》，第48頁。

〔註18〕富弼《論辨邪正》，見呂祖謙編、齊治平點校《宋文鑒》卷四十五，中華書局1992年版，第685頁。

〔註19〕這段話是司馬光在《資治通鑒》中對唐文宗感歎「去河北賊易，去朝廷朋黨難」的議論，從中可見其以古鑒今的精神。（司馬光編著，胡三省音注《資治通鑒》卷二四五，中華書局1976年版，第7899頁。）

〔註20〕徐自明撰、王瑞來校補《宋宰輔編年錄校補》卷十，中華書局1986年版，第620頁。

論的話題。《續資治通鑑長編》慶曆四年四月戊戌條載:「上謂輔臣曰:『自昔小人多為朋黨,亦有君子之黨乎?』范仲淹對曰:『臣在邊時,見好戰者自為黨;而怯戰者亦自為黨。其在朝廷,邪正之黨亦然,惟聖心所察爾。苟朋而為善,於國家何害?』」〔註21〕但是,在慶曆年間,以范仲淹為主導的政治革新者,卻被政敵污為朋黨,被強烈攻擊。針對這一情況,歐陽修作《朋黨論》,並以「道義」作為君子之黨的存在根據,從理論上支持范仲淹政治革新運動。〔註22〕歐陽修云:

> 臣聞朋黨之說,自古有之,惟幸人君辨其君子、小人而已。大凡君子與君子以同道為朋,小人與小人以同利為朋。此自然之理也。然臣謂小人無朋,惟君子則有之,其故何哉?小人所好者,祿利也,所貪者財貨也。當其同利之時,暫相黨引以為朋者,偽也。及其見利而爭先,或利盡而交疏,則反相賊害,雖其兄弟親戚不能相保。故臣謂小人無朋,其暫為朋者,偽也。君子則不然,所守者道義,所行者忠信,所惜者名節。以之修身,則同道而相益,以之事國,則同心而共濟,終始如一。此君子之朋也。故為人君者,但當退小人之偽朋,用君子之真朋,則天下治矣。〔註23〕

歐陽修從結黨原因和追求目標這兩個方面,論述君子之黨與小人之黨存在著「道義」與「祿利」的根本差異。在此基礎上,他總結認為君主應當進君子之真朋而退小人之偽朋。在此文的後半部分,歐陽修以史為鑒,從正反兩方面進一步論述這一觀點。正面的例子是,堯舜進八元八凱君子之黨,退共工驩兜小人之黨,而使天下大治。反面的例子是,禁絕善人為朋的漢獻帝,誅戮清流之朋的唐昭宗,最終亂亡其國。可以看出,歐陽修將君子與小人截然對立的二分法,進一步強化了嚴守君子與小人之別的傳統觀念,並形成推崇君子之道義而貶斥小人之逐利的為政理念。

　　隨著北宋黨爭的加劇,君子小人之辨中排斥異己、黨同伐異的傾向進一步凸現出來。歐陽修《朋黨論》契合這一政治思潮,在當時產生了較大的影響。元祐時期,秦觀作《朋黨論》上下篇,完全推崇歐陽修的觀點,進一步強

〔註21〕《續資治通鑑長編》卷一四八,第3580頁。
〔註22〕關於歐陽修《朋黨論》的創作背景,蘇轍在《歐陽文忠公神道碑》中有詳細的交代。可參閱《欒城後集》卷二十三,《欒城集》,第1424～1434頁。
〔註23〕《歐陽修全集》卷十七,第297頁。

化君子小人之別。

二、蘇軾《續歐陽子朋黨論》中的君子小人觀

蘇軾的《續歐陽子朋黨論》〔註24〕是在北宋君子小人之辨日益尖銳的形勢下寫的。〔註25〕此文雖題為「續歐陽子朋黨論」，但其觀點與歐陽修差異極大，主要體現為以下兩方面的內容：

第一，有黨必有爭，爭則君子必敗、小人必勝的立論點。

蘇軾此文開頭就指出「有黨則必爭，爭則小人者必勝，而權之所歸也，君子安得不危哉。」他結合人情之勢，分析認為：君子以道事君，「人主必敬之而疏」，而小人善於爭權鬥利，希合聖意，「人主必狎之而親」。君子、小人與人主的關係親疏有別，「疏者易間，而親者難睽」，因此君子與小人爭，必不敵之。

接著，蘇軾以「嘉禾」和「惡草」為喻，進一步闡述小人不可盡除的原因：

> 君子如嘉禾也，封殖之甚難，而去之甚易。小人如惡草也，不
> 種而生，去之復蕃。世未有小人不除而治者也，然去之為最難。斥
> 其一則援之者眾，盡其類則眾之致怨也深。小人復用而肆威，大者
> 得志而竊國。

小人如惡草，生命力頑強，一旦失志則怨恨交加，而一旦復用則得志肆威，乃至於有竊國之禍。隨後，蘇軾以春秋時期齊魯兩國的田、季之黨「歷數君不忘其誅」為依據，說明「小人之黨，其不可除也如此」。又以漢代黨錮之禁、唐代白馬驛之禍為依據，論述「君子之黨，其易盡如此」。最後總結認為：「使世主知易盡者之可戒，而不可除者之可懼，則有療矣。」

第二，包容小人，停止紛爭的為政主張。

小人既不可除，那麼應當如何對待小人呢？蘇軾首先提出，從為世所用的角度來看，君子和小人並無差異：

> 凡才智之士，銳於功名而嗜於進取者，隨所用耳。孔子曰：「仁
> 者安仁，智者利仁。」未必皆君子也。

〔註24〕下文所引用《續歐陽子朋黨論》皆出自《蘇軾文集》卷四，第128～130頁。
〔註25〕楊勝寬《北宋政壇一個敏感而沉重的話題——歐陽修、蘇軾朋黨觀論析》（載《蘇軾與蘇門文人集團研究》，四川人民出版2010年版）一文在梳理朋黨歷史淵源之上，分析蘇軾與歐陽修的差異。筆者在參考楊文的基礎上，主要從君子如何對待小人的角度，探討蘇軾的觀點。

蘇軾認為將一個人的才智用在有益的地方即為君子，用於為害則為小人。
文中他還提到春秋時期的冉有從孔子則為門人之選，從季氏則為聚斂之臣。
此外，唐代的柳宗元、劉禹錫如果不從王叔文之黨，以其高才絕學，「亦足
以為唐名臣矣。」可以說，在蘇軾眼中，君子與小人不是先天的，而是後天
「隨所用」不同而造成的。

　　有鑑於此，蘇軾提出應當包容小人，使之為我所用的主張。「苟黜其首惡
而貸其餘，使才者不失富貴，不才者無所致憾，將為吾用之不暇，又何怨之
報乎。」「善除小人者，誘以富貴之道，使墮其黨。」在此文末尾，蘇軾以唐
代牛李黨爭為例，再一次強調「奸固不可長，而亦不可不容也。若奸無所容，
君子豈久安之道哉。」

　　綜上所述，蘇軾與歐陽修的君子小人觀存在著極大的反差。歐陽修認為
朋黨並不可怕，關鍵在於辨清君子之朋與小人之朋，君主如若進君子之朋
而退小人之朋，國家即可歸於大治。而蘇軾則表現出對朋黨之爭的恐懼，他
認為小人善於謀權奪利，君子與小人爭必然會失敗，甚至出現亂亡其國的
危害。他從實用主義的立場出發，主張以調和的方法來處理君子與小人的
矛盾。

第三節　蘇軾的君子小人觀與人性論

　　綜上可見，無論是直接面對政治生活的《續歐陽子朋黨論》，還是闡釋經
典的《東坡易傳》，蘇軾的君子小人觀共同表現出以下兩個鮮明的特徵：一是
在目的論上，體現出立足現實，有效解決現實問題的實用精神；二是在方法
論上，強調君子避免與小人相爭，君子應當有效利用小人，並引導小人走向
善。這些觀點既源自其對現實激烈黨爭的反思，又與他對人性的深刻認識密
切相關。其實君子小人之辨，本是儒家學者在人性探索之上延伸出來的一個
話題，而「性」的討論又與其相應的政治主張息息相關。如孟子的性善論是
其仁政之治的理論基礎，而荀子的性惡論則導致其強調法制的作用。漢代董
仲舒的性善情惡論、揚雄的性善惡混論、韓愈的性三品論皆是他們據以劃分
社會群體的標準，是其政治主張的理論根據。而宋代士人在使用君子、小人
這兩個概念時，進一步強化了性有善惡的觀點。比如王安石《再答龔深父〈論
語〉〈孟子〉書》說：「然道德性命，其宗一也。道有君子小人，德有吉有凶，

則命有逆有順，性有善有惡，固其理，又何足疑？」〔註26〕司馬光《善惡混辯》中云：「夫性者，人之所受於天以生者也，善與惡必兼有之。」〔註27〕儘管王安石和司馬光二人的政治立場完全不同，但他們皆以性有善有惡來區分君子與小人，並將之運用於具體的政治鬥爭之中。

與其獨特的君子小人觀相應，蘇軾對「性」的認識也體現出對傳統儒學的挑戰和反思。在解釋《繫辭傳上》「一陰一陽謂之道，繼之者善也，成之者性也」，蘇軾據此駁斥了孟子的「性善論」：

> 昔者孟子以善為性，以為至矣，讀《易》而後知其非也。孟子之於性，蓋見其繼者而已，夫善，性之效也。孟子不及見性，而見夫性之效，因以所見者為性。性之於善，猶火之能熟物也。吾未嘗見火，而指天下之熟物以為火，可乎？夫熟物，則火之效也。〔註28〕

蘇軾認為，孟子所謂的「以善為性」僅僅是「性之繼者」，而非性本身，其錯誤正如以火烤物，而指熟物以為火。在釋《乾卦‧彖》中，蘇軾對「性」有明晰的表述：

> 君子日修其善以消其不善，不善者日消，有不可得而消者焉；小人日修其不善以消其善，善者日消，亦有不可得而消者焉。夫不可得而消者，堯舜不能加焉，桀紂不能亡焉，是豈非性也哉。〔註29〕

蘇軾認為「性」是最有修養的君子和最糟劣的小人身上所共有的，是「堯舜不能加焉，桀紂不能亡焉」的最為根本的東西。因此，「性」不可以善惡論。此外，在《繫辭上》「成性存存，道義之門」，蘇軾進一步強調「性」是「堯舜不能加，桀紂不能亡」的「真存」：「性，所以成道而存存也。堯舜不能加，桀紂不能亡，此真存也。存是，則道義所從出也。」〔註30〕

蘇軾在易學詮釋上的「性無善惡論」，也反映在其《揚雄論》一文中：

> 聖人之所與小人共之，而皆不能逃焉，是真所謂性也……人生莫不有飢寒之患、牝牡之欲，今告乎人曰：「饑而食，渴而飲，男女之欲，不出於人之性也。」可乎？是天下知其不可也。聖人無是，

〔註26〕 《王安石文集》卷七十二，第1256頁。
〔註27〕 司馬光《溫國文正司馬公文集》卷七十二，《四部叢刊》本，第522頁。
〔註28〕 《東坡易傳》卷七，第125頁。
〔註29〕 《東坡易傳》卷一，第4頁。
〔註30〕 《東坡易傳》卷七，第127頁。

> 無由以為聖，而小人無是，無由以為惡。聖人以其喜怒哀懼愛惡欲
> 七者御之，而之乎善；小人以是七者御之，而之乎惡……夫太古之
> 初，本非有善惡之論，唯天下之所同安者，聖人指以為善，而一人
> 之所獨樂者，則名以為惡。〔註31〕

蘇軾強調，「性」是聖人與小人共有的東西。而人之所以成為「之乎善」的聖人或成為「之乎惡」的小人，皆是後天修養不同的結果。換言之，「善惡」並非天生的，而是歷史的產物。

綜上可見，蘇軾的「性無善惡」論是其君子小人觀的理論基礎。首先，性無善惡，即君子、小人在原初的本性是一致的觀點，為調和君子小人之矛盾奠定了理論根據。其次，在蘇軾看來，善惡是後天修養不同的行為結果（「聖人與小人所御不同」），這也就沒有阻斷小人「之乎善」的可能性，從而為君子引導小人走向「善」提供學理依據。第三，蘇軾將「天下之所同安者」視為「善」，將「一人之所獨樂者」視為「惡」，這就將以往對善惡的抽象判斷轉化為具體的公私之辨（即為公者為善、為私者為惡），從而為調和君子小人之爭尋找到一個可以付諸實踐的衡量標準。

與其對善惡的歷史性認識相應，蘇軾認為仁義並不是抽象的道德概念，而是可以「誘而進」「卻而退」的。這一點在他早年所作的《漢高帝論》中，已有所發明：

> 人唯好善而求名，是故仁義可以誘而進，不義可以卻而退。若
> 漢高帝起於草莽之中，徒手奮呼，而得天下，彼知天下之利害與兵
> 之勝負而已，安知所謂仁義者哉？觀其天資，固亦有合於仁義者，
> 而不喜仁義之說，此如小人終日為不義，而至以不義說之，則亦怫
> 然而怒。故當時之善說者，未嘗敢言仁義與三代禮樂之教，亦惟曰
> 如此而為利，如此而為害，如此而可，如此而不可，然後高帝擇其
> 利與可者而從之，蓋亦未嘗遲疑。〔註32〕

仁義落實到具體的國家政治中，無非就是為國為民求利，因此，仁義之名與求利之實，二者並無矛盾。當然，蘇軾這裡所說的求利當是指求天下之大利，而非一己之私利。基於善惡、義利的歷史性認識，在新舊黨爭中，蘇軾始終以一種務實的態度來看待新舊二黨之間的分歧，他的相關文章極大地弱化了

〔註31〕《蘇軾文集》卷四，第110～111頁。
〔註32〕《蘇軾文集》卷三，第81頁。

新舊黨人用以互相攻擊的義利之辨。在熙寧二年（1069）所作《上神宗皇帝書》中，蘇軾充分結合民情之勢、朝廷典章、歷史經驗為神宗皇帝算了一筆經濟賬，力圖說明王安石新法之不利。在這篇文章中，蘇軾並未像舊黨的司馬光、二程以「義利兩隔」的道德標準反對王安石新法，〔註33〕相反，蘇軾基本上是「以利言義」：

> 夫制置三司條例司，求利之名也。六七少年與使者四十餘輩，求利之器也……夫陛下之所以創此司者，不過興利除害也。使罷之而利不興，害不除，則勿罷。罷之而天下悦，人心安，興利除害，無所不可，則何苦而不罷。〔註34〕

蘇軾反對新法並非反對其求利的目的，而是反對新黨求利之名過速，求利之器過小，不能給天下帶來大利（文中引孔子「欲速則不達，見小利則大事不成」來說明這一點）。元祐時期，當新黨失勢後，蘇軾提出「校量利害，參用所長」的主張，一以貫之地體現其為天下求利的用世主張。在新舊黨爭中，蘇軾不斷地遭受貶謫、攻擊，這一切身經歷使他以一種更為理性的態度看待君子小人之辨，並超越了孤陋僵硬的黨派界限與抽象的道德束縛，從國家安危存亡的根本，反思黨爭給國家命脈帶來的巨大打擊。如元祐六年（1061）所作《再乞郡劄子》即表露這一希望：「臣聞朝廷以安靜為福，人臣以和睦為忠。若喜怒愛憎，互相攻擊，則其初為朋黨之患，而其末乃治亂之機，甚可懼也。」〔註35〕

第四節　本章小結

　　如上所述，在《東坡易傳》中，蘇軾善於結合不同卦爻所象徵的形勢提出君子對待小人的不同態度：在《否卦》中主張君子小人「不亂群」，而在

〔註33〕舊黨的司馬光據孔子「君子喻以義，小人喻以利」駁斥王安石新學之偽，以義利兩隔嚴守君子小人之別：「彼誠君子邪，則固不能言利；彼誠小人邪，則固〔惟〕民是盡。」（司馬光《與王介甫書》，《溫國文正司馬公文集》卷六十，第 450 頁）。程顥也宣稱義利兩隔，曰：「大凡出義則入利，出利則入義，天下之事，惟義利而已」（《河南程氏遺書》卷十一，《二程集》，第 124 頁）；程頤則將義利與公私聯繫起來，指出：「義與利，只是個公與私也。纔出義，便以利言也」（《河南程氏遺書》卷十七，《二程集》，第 176 頁）。
〔註34〕《蘇軾文集》卷二十五，第 731 頁。
〔註35〕《蘇軾文集》卷三十三，第 930 頁。

《泰卦》《兌卦》《剝卦》中強調君子「懷小人」「說小人」「用小人」。在蘇軾看來這些皆是立足於現實有效解決矛盾的權變之策。在《續歐陽子朋黨論》中，蘇軾進一步將這一理論思想用於指導現實政治鬥爭，提出與歐陽修截然不同的觀點，反對以威力取勝小人，而主張以中庸調停之道利用小人。總之，無論是在經典闡釋還是現實政治鬥爭中，蘇軾皆主張以審時度勢的態度對待君子與小人的關係，呈現出尚權謀、講實用的特徵。

蘇軾的君子小人觀與傳統儒學精神存有極大的差異。這一差異既源於其對現實政治的反思，也源於其對人性的反思。總之，無論是辯駁歐陽修的《續歐陽子朋黨論》，還是《東坡易傳》對爻辭的獨特詮釋，蘇軾並未侷限於「君子喻於義，小人喻於利」的傳統觀念簡單地看待君子小人之辨，而是從為天下求公利、使天下同安的價值原則出發，反對激化二者之間的矛盾，強調君子因勢制宜、審時度勢地引導小人走向善，使天下同安。蘇軾的君子小人觀既是基於現實激烈黨爭給國家及個人帶來危害的反思，又與他在易學詮釋中「性無善惡」的哲學認識聯成一個統一體，反映了他在經典著述與現實政治實踐之間的緊密聯繫。

第六章 《東坡易傳》與蘇軾的
幽人意象[註1]

「幽人」一詞，出自《周易》。《履卦》（☱ 兌下乾上）九二：「履道坦坦，幽人貞吉。」《歸妹卦》（☳ 兌下震上）九二：「眇能視，利幽人之貞。」王注和孔疏都將「幽人」解釋為幽隱之人，即山中的隱士。在《東坡易傳》中，蘇軾對《周易》的「幽人」的解釋並沒有採用傳統的隱士說，而做出了獨具特色的解釋。

另外，蘇軾詩詞中的幽人意象數量可觀，頗引人注目。蘇軾頻繁使用「幽人」意象背後寄寓作者怎樣的精神蘊涵與情感訴求？其經學著作與文學創作中出現的「幽人」含義是否近同？二者之間又有何關聯？本章試就這些問題展開討論。

目前有關這一問題的研究，主要集中於對其詩詞中「幽人」一詞的解釋。何九盈將蘇軾詩詞的「幽人」一詞解釋為罪人。[註2]朱運申《詞語雜考》將此詞解釋為隱士。[註3]這兩篇文章都是從語言學的角度，從「幽」字的特定含義來解釋「幽人」一詞。實際上，從文學的角度來看，同一詞彙在不同的作品中有時含義並不相同。而「幽人」一詞所象徵意象，有時在一首作品中其含義也可能是多重的、模糊的。因此，除了考查詞彙的語源、文學傳統中的用例之外，還應結合作品產生的具體背景對其含義進行分析。

〔註 1〕按：近年來，將蘇軾「幽人」意象與其易學思想結合起來的研究有：程剛《蘇軾的「幽人」意象與易象》（《文學評論》2018 年第 5 期）、沈松勤《「幽人」：解讀蘇軾的一個易學視角》（《北京大學學報》2020 年第 3 期）。本文為本人博士論文的一部分，完成於 2015 年 7 月，故因原貌保留於此。

〔註 2〕何九盈《詞義商榷》，《中國語文》1987 年第 2 期。

〔註 3〕朱運申《詞語雜考》，《古漢語研究》，1990 年第 1 期。

第一節 《東坡易傳》中的幽人意象

《東坡易傳》對「幽人」一詞的解釋別具一格，與《周易注》及《周易正義》的疏解有很大不同。以下以《履卦》（☲ 兌下乾上）為例進行分析。

《履卦》全卦除了六三是陰爻外，其餘均為陽爻。《周易正義》據此認為：「《履卦》之義，以六三為主」〔註4〕，九二爻象徵「幽隱之人，守正得吉。」〔註5〕《東坡易傳》則認為，整卦的關鍵不是表面上為九五所用的六三，而是為六三所用的九二：「履之所以為履者，以三能履二也。有是物者不能自用，而無者為之用也」；「九二者，虎也」，性剛強，不為九五所用。六三是一位跛者、眇者，全憑九二之功而能視、能聽：「九二為三用，而三為五用，是何以異於五之親用二哉？五未嘗病，而有用二之功，故曰『履帝位而不疚，光明也。』」〔註6〕

以下對比諸家對九二爻辭的解釋，並作進一步說明：

《履卦·九二》：履道坦坦，幽人貞吉。

《周易注》：履道尚謙，不喜處盈，務在致誠，惡夫外飾也。而二以陽處陰，履于謙也。居內履中，隱顯同也。履道之美，於斯為盛。故「履道坦坦」，無險厄也。在幽而貞，宜其吉。〔註7〕

《周易正義》：九二以陽居陰，履于謙退，已能謙退，故「履道坦坦」，平易無險難也。「幽人貞吉」者，既無險難，故在幽隱之人，守正得吉。〔註8〕

《東坡易傳》：九二之用大矣，不見於二，而見於三。三之所以能視者，假吾目也；所以能履者，附吾足也。有目不自以為明，有足不自以為行者，使六三得坦途而安履之，豈非才全德厚、隱約而不慍者歟？故曰「幽人貞吉」。〔註9〕

王注和孔疏均認為，九二爻以陽質處陰位，居中履謙，象徵守正得吉的幽隱之人。《東坡易傳》則認為，九二以陽居陰，不是為了趨吉避凶，其用大矣（即

〔註4〕《周易正義》卷二，第74頁。
〔註5〕《周易正義》卷二，第76頁。
〔註6〕《東坡易傳》卷一，第21頁。
〔註7〕《周易注校釋》上經，第66頁。
〔註8〕《周易正義》卷二，第76頁。
〔註9〕《東坡易傳》卷一，第22頁。

在於為六三所用）。《東坡易傳》所闡釋的「幽人」有如下特徵：性格剛強；不為人主所用；才全（能視、能聽）；德厚（有物者不自用，而為無者所用）；隱約而不慍。

第二節　蘇軾詩詞中的幽人意象

檢索《文選》和唐宋詩詞中的用例，一般都將「幽人」作為「隱者」來使用。如《文選》中陸機《招隱詩》：「躑躅欲安之，幽人在濬谷。」李善注引《周易》「履道坦坦，幽人貞吉」作為解釋。〔註10〕唐宋以來，文人又往往以「幽人」指稱僧道之徒。如陳子昂《秋園臥疾呈暉上人》：「幽人遂貞吉，圖書紛滿床。」〔註11〕王安石《僧德殊家水簾求予詠》：「朱門試問幽人價，翡翠鮫綃不值錢。」〔註12〕這些詩作中幽人一詞的含義比較單純一致，可理解為與廟堂之士相對立的隱者。他們遁隱山林，高蹈獨立，怡然自得，與孔穎達所釋「幽隱之人，守正得吉」的含義一致。另外，有些文人雖然身處廟堂，但是心慕歸隱，在幽居獨處之時，也時時以「幽人」自稱。

據現存的資料，「幽人」一詞在蘇軾詩中共出現四十一次，在蘇軾詞中共出現三次。使用次數之多，頗引人注目。蘇軾的「幽人」意象不僅數量多，而且含義也較複雜。本章末附表對這些作品的寫作時間和涉及對象進行統計。

從蘇軾的人生經歷來看，是否寫於貶謫時期對辨析其作品中幽人意象的含義至關重要。「幽人」一詞在蘇軾貶謫時期與非貶謫時期（包括外任和在京）作品中的含義明顯不同。

首先來看非貶謫時期。嘉祐六年（1061）至元豐二年（1079）外任時期，有十三首詩中出現「幽人」。其中鳳翔一首、杭州七首、徐州五首。熙寧五年（1072）《秋懷二首》和元豐二年《月夜與客飲酒杏花下》兩詩中，詩人皆以「幽人」自稱，表現外任獨居時的孤單寂寞之情。除這兩首詩外，他詩所見「幽人」皆指隱士（包括僧道之徒）。其中姓名可考者有：守詮、惠勤、惠思、清順、可久、惟蕭、義詮、參寥等七位僧人，以及雲龍山人張天驥。詩中多描寫這些隱士淡泊清靜的品格。元祐時期在朝和外任，有五首詩中出

〔註10〕蕭統編，李善注《文選》卷二十二，上海古籍出版社1986年版，第1029頁。
〔註11〕陳子昂著，徐鵬校點《陳子昂集》卷二，上海古籍出版社2013年版，第53頁。
〔註12〕《王安石文集》卷十三，第202頁。

現「幽人」，其含義或指隱士，或表達自己的歸隱之意。

蘇軾有兩次貶謫經歷，一為元豐三年（1080）至七年（1084）貶謫黃州，一為紹聖元年（1094）至建中靖國元年（1037）貶謫嶺海（惠州、海南）。貶謫時期作品中的幽人多是自謂，指有罪受罰之身，但是同中有異，以下分別說明。

元豐二年（1079）七月，御史中丞李定等人彈劾蘇軾詩語譏諷朝廷。蘇軾自湖州任上被捕入京，八月至京，係於御史臺獄。十二月結案出獄，貶檢校水部員外郎黃州團練副使，本州安置。此事史稱「烏臺詩案」。蘇軾謫居黃州期間（從元豐三年（1080）三月至元豐七年（1084）四月），在詩詞作品中頻繁以「幽人」自謂，其中除了記夢詩《石芝》外，其他這些作品多以「驚」「怕」「恨」「愁」「孤」「憤」「悲」等字眼形容「幽人」的處境和心情。另外，《潘推官母李氏挽詞》雖作於元祐二年（1087），但詩中「南浦淒涼老逐臣，東坡還往盡幽人」二句，顯然是對貶謫黃州生活的追憶和總結。「逐臣」和「幽人」皆是自謂之語。可以說，貶謫黃州時期詩中的「幽人」意象都是蘇軾自謂，含有罪受罰之意。

以下是蘇軾初到黃州寓居定惠院所作一詩一詞，皆以「幽人」自稱：

定惠院寓居月夜偶出

幽人無事不出門，偶逐東風轉良夜。
參差玉宇飛木末，繚繞香煙來月下。
江雲有態清自媚，竹露無聲浩如瀉。
已驚弱柳萬絲垂，尚有殘梅一枝亞。
清詩獨吟還自和，白酒已盡誰能借。
不惜青春忽忽過，但恐歡意年年謝。
自知醉耳愛松風，會揀霜林結茅舍。
浮浮大瓿長炊玉，溜溜小槽如壓蔗。
飲中真味老更濃，醉裏狂言醒可怕。
閉門謝客對妻子，倒冠落佩從嘲罵。〔註13〕

卜算子

缺月掛疏桐，漏斷人初靜。時見幽人獨往來，縹緲孤鴻影。

〔註13〕《蘇軾詩集》卷二十，第 1032～1033 頁。

　　　　驚起卻回頭，有恨無人省。揀盡寒枝不肯棲，寂寞沙洲冷。
　　〔註14〕

「烏臺詩案」的悲慘遭遇使他驚魂未定，「無事不出門」「醉裏狂言醒可怕」「閉門謝客」皆表現了這種畏罪避禍的心理；「清詩獨吟還獨和」「獨往來」「有恨無人省」則流露出幽人含冤受屈的悲愴和孤獨心境。

　　蘇軾的囚徒心理不僅源自烏臺詩案的餘悸，而且源自他在黃州時期受到管制和監禁。葉夢得《避暑錄話》載，蘇軾作《臨江仙·夜歸臨皋》詞：「小舟從此逝，江海寄餘生。」此詞傳出後，當地謠傳蘇軾「掛冠服江邊，拏舟長嘯而去矣」，「郡守徐君猷聞之，驚且懼，以為州失罪人，急命駕往謁，則子瞻鼻鼾如雷，猶未興也。」〔註15〕由此可見，蘇軾在黃州時期名義上為團練副使，但實際上不得簽署公事，並受到知州的監視。

　　在蘇軾貶謫嶺海時期的詩文中，「幽人」一詞有十五例，其中八例自謂，兩例指蘇轍，五例指其他隱士。雖然在貶謫嶺海期間，蘇軾生活居行仍然受到當地官員的監控（「本州安置」或「昌化軍安置」），其以「幽人」自謂仍帶有含罪受罰之意，但已少見怨憤驚恐之意，而轉向精神上的獨樂之境。試看以下數例：

　　　　幽人掩關臥，明景翻空廬。開心無良友，寓眼得奇書。〔註16〕
　　　　幽人正獨樂，不知行路難。〔註17〕
　　　　幽人拊枕坐歎息，我行忽至舜所藏。〔註18〕
　　　　幽人忽富貴，蕙帳芬椒蘭。〔註19〕
　　　　自撥床頭一甕云，幽人先已醉濃芬。〔註20〕

如第一例中所云，幽人被貶謫不免歎息，但緊接著即以「我行忽至舜所藏」

〔註14〕蘇軾著，鄒同慶、王宗堂校注《蘇軾詞編年校注》，中華書局2002年版，第275頁。
〔註15〕葉夢得著，徐時儀校點《避暑錄話》卷二，上海古籍出版社2012年版，第122頁。
〔註16〕《蘇軾詩集》卷三十九《和陶讀〈山海經〉十三首》其一，第2129～2130頁。
〔註17〕《蘇軾詩集》卷四十《次韻子由所居六詠》其一，第2206～2207頁。
〔註18〕《蘇軾詩集》卷四十一《吾謫海南，子由雷州，被命即行，了不相知，至梧乃聞其尚在藤也。旦夕當追及，作此詩示之》，第2243～2245頁。
〔註19〕《蘇軾詩集》卷四十二《夜燒松明火》，第2328～2329。
〔註20〕《蘇軾詩集》卷四十三《庚辰歲正月十二日，天門冬酒熟，予自漉之，且漉且嘗，遂以大醉，二首》其一，第2344頁。

來砥礪自己。與黃州時期偏愛用「愁」「苦」「悲」等字眼來形容幽人不同,嶺海時期著力於表現幽人苦中作樂的情懷。此時的「幽人」雖然在人身上受到拘禁,但已不再避禍畏罪,而在精神上走向曠達超越。

第三節　本章小結

蘇軾詩詞中的「幽人」意象意義複雜而獨特,並且與其仕旅浮沉密切相關。總的來說,在朝為官或非貶謫外任時期,其「幽人」的含義多指隱士,或偶而藉此表達自己的歸隱之意。在貶謫黃州、嶺海時期,皆以「幽人」自謂,意為含冤受罰之人,但同中有異。黃州時期的幽人意象含有悲憤驚恐之意,嶺海時期的幽人意象則有苦中作樂、曠達超脫之意。此時的「幽人」,既非潔身自愛的隱士,也不是單純的犯人,而是在拘禁中追求聖人情懷的曠達者。

作於貶謫時期的《東坡易傳》,將幽人解釋為不為君主所用但有自己特殊用世之道的人。「幽人」不是忘情世事的山中隱士,也不是滿懷怨憤的臣子,而是一位「才全德厚,隱約而不慍者」。這種解釋體現了蘇軾對傳統君臣關係、仕進與守性關係的反思。

儘管經學注釋與文學創作中的「幽人」不能一一對應,但通過以上分析可見,在蘇軾貶謫時期,這兩種「幽人」都與他的被貶心態息息相關。尤其在海南時期,兩者的處世態度與精神境界有某些共通之處,體現出蘇軾對傳統儒學思想的反思。《池上二首》:「男兒學《易》不應舉,幽人一友吾得尚。」〔註21〕這兩句詩體現了《周易》中的「幽人」對其人生處世的影響。「學而優則仕」是儒家的傳統觀點,然而在蘇軾看來,學《易》不是為了應舉作官,自己的理想就是像「幽人」那樣立身行事。

附表:蘇軾詩詞中的「幽人」用例

作品題名	繫年	所在地	官職	是否貶謫	所指何人
樓觀	嘉祐七年	盩厔縣	簽書鳳翔節度判官	否	道士
和劉道原見寄	熙寧五年	杭州	杭州通守	否	泛指隱士

〔註21〕《蘇軾詩集》卷四十八《池上二首》其二,第 2716 頁。

梵天寺見僧守詮小詩清婉可愛，次韻	熙寧五年	杭州	同上	否	僧友
秋懷二首其二	熙寧五年	杭州	同上	否	自身
法惠寺橫翠閣	熙寧六年	杭州	同上	否	僧人
五月十日，與呂仲甫、周邠、僧惠勤、惠思、清順、可久…時周有服	熙寧六年	杭州	同上	否	僧惠勤、惠思、清順、可久、惟肅，等人
單同年求德興俞氏聚遠樓詩三首其三	熙寧七年	宜興	同上	否	隱士
漸字木蘭花·雙龍對起	熙寧七年	杭州	同上	否	僧友
過雲龍山人張天驥	熙寧十年	徐州	同上	否	張山人
和孔周翰二絕其二	熙寧十年	徐州	同上	否	隱士
攜妓樂遊張山人園	元豐元年	徐州	同上	否	張山人
和參寥見寄	元豐二年	徐州	同上	否	僧參寥
月夜與客飲杏花下	元豐二年	徐州	同上	否	自身
定惠院寓居月夜偶出	元豐三年	黃州	黃州團練副使本州安置不得簽書公事	是	自身
卜算子·缺月掛疏桐	元豐三年	黃州	同上	是	自身
石芝	元豐三年	黃州	同上	是	自身
紅梅三首其三	元豐五年	黃州	同上	是	自身
哨遍·為米折腰	元豐五年	黃州	同上	是	自身
寄周安孺茶	元豐六年	黃州	同上	是	自身
過江夜行武昌山上，聞州鼓角	元豐七年	武昌	同上	是	自身
潘推官母李氏挽詞	元祐二年	京師	翰林學士知制誥	否	自身
書鄢陵王主簿所畫折枝二首其二	元祐二年	京師	翰林學士知制誥兼侍讀	否	隱士
書艾宣畫四首其二	元祐三年	京師	同上	否	隱者
參寥上人初得智果院……軾得心字	元祐四年	杭州	杭州軍州事	否	僧參寥
再和楊公濟梅花十絕其二	元祐六年	杭州	同上	否	自身
十月十四日以病在告獨酌	元祐六年	穎州	穎州太守	否	自身

鹿外亭	紹聖元年	貶謫惠州途中	寧遠軍副使惠州安置不得簽書公事	是	自身
十月二日初到惠州	紹聖元年	惠州	同上	是	隱士
寄鄧道士	紹聖二年	惠州	同上	是	鄧道士
再用前韻	紹聖二年	惠州	同上	是	自身
次韻定慧欽長老見寄八首其四	紹聖二年	惠州	同上	是	僧友
連雨江漲二首其一	紹聖二年	惠州	同上	是	自身
和子由次月中梳頭韻	紹聖二年	惠州	同上	是	蘇轍
和陶讀《山海經》	紹聖二年	惠州	同上	是	自身
江月五首其二	紹聖二年	惠州	同上	是	自身
江月五首其四	紹聖二年	惠州	同上	是	隱士
次韻子由所居六詠其一	紹聖三年	惠州	同上	是	蘇轍
吾謫海南，子由雷州……作此詩示之	紹聖四年	貶謫海南途中	瓊州別駕昌化軍安置不得簽書公事	是	自身
夜燒松明火	元符二年	海南	同上	是	自身
庚辰歲正十二日……二首其一	元符三年	海南	同上	是	自身
留題顯聖寺	建中靖國元年	北歸途中	同上	否	僧徒
無題	不詳	不詳	不詳	不詳	自身
池上二首其二	不詳	不詳	不詳	不詳	自身
壽陽岸下	不詳	壽陽	不詳	不詳	自身

第七章　蘇軾的天命觀與處窮心態

　　在中國思想傳統中，個體在面臨窮困之際，往往向本源的「天」尋求精神慰藉。正如司馬遷《史記‧屈原賈生列傳》所云：「夫天者，人之始也……人窮則反本，故勞苦倦極，未嘗不呼天也。」〔註1〕天命即人所秉賦的來自天的使命。關於個體的失意與天命的關係，儒釋道三家發展出不同的學說來回答這一問題。大體而言，佛家以宿命輪迴的理論來消解此生的有限或禍福不均帶來的痛苦；道家則以「知其不可奈何而安之若命」來尋求心靈的平靜。〔註2〕與佛道二家通過取消現世價值來消解人生痛苦的天命觀不同，儒家採取的是「知天命，盡人事」的積極態度。孔子強調，君子要「畏命」「知命」。孟子從其「性善論」出發，提出盡心知性以知天，進而修身以俟命的理論：「盡其心者，知其性也。知其性則知天矣。存其心，養其性，所以事天也。夭壽不貳，修身以俟之，所以立命也。」〔註3〕基於此，孟子認為「古之人得志，澤加於民；不得志，修身見於世。窮則獨善其身，達則兼善天下。」〔註4〕孟子的天命觀與其仁政理念聯繫在一起，因此，個體稟受的「天命」往往是通過天子之命來體現的。由此而來，窮則獨善其身也是為了進一步等待天命，即「修身以俟之」。

　　蘇軾詩文詞頻繁言及天命，其天命觀的內涵較為駁雜。總體看來，可歸結

〔註1〕司馬遷《史記》卷八十四，中華書局 1959 年版，第 2482 頁。
〔註2〕《莊子注疏》內篇《人間世》，第 85 頁。
〔註3〕楊伯峻譯注《孟子譯注》卷十三《盡心章句上》，中華書局 2019 年版，第 278 頁。
〔註4〕《孟子譯注》卷十三《盡心章句上》，第 281 頁。

為兩個方面：一方面，他將天命視為決定人貴賤禍福的神秘存在，面對這一異己的力量所帶來的人生不確定感，尤其是貶謫生涯所帶來的現實生活與精神世界的重重困苦，蘇軾多以莊子「知其不可奈何而安之若命」的心態去面對，「付造物」「等窮通」成為其貶謫詩文反覆吟唱的主題；〔註5〕另一方面，蘇軾又在天命的內涵中加入強烈的主觀意念，使之成為肯定自我存在價值，砥礪自己積極進取的思想依據。這一點既受到儒家知天命、盡人事的天命觀的影響，又與其對佛學義理的融攝不無關係。從蘇軾一生的經歷來看，莊子天命觀的影響可謂一以貫之，前後基本一致。而他的以儒學為主體的天命觀，在其兩次貶謫生涯中則發生了明顯的變化，這是考察其處窮心態時不可忽視的問題。

　　蘇軾貶謫黃州和嶺海時期的處窮心態相當複雜，本文以天命觀與處窮心態的關聯作為線索，來討論這一問題。這樣，不僅有利於我們通過具體的思想概念來瞭解蘇軾的貶謫心態，而且還為我們考察儒釋思想在蘇軾身上的融攝點提供了一條有價值的線索。為使討論更為深入，本文還將聯繫蘇軾早年集中討論儒者處窮之道的《賈誼論》進行分析，並通過對比韓愈的天命觀來把握蘇軾思想的獨特性與時代意義。

第一節　蘇軾的天命觀與處窮心態

一、《賈誼論》中的處窮之道

　　《賈誼論》是嘉祐五年（1060）蘇軾參加「賢良方正能直言極諫」〔註6〕制科考試前，向朝廷進獻的二十五篇進論之一，時年二十五歲。〔註7〕此文借賈誼的遭遇表達自己的處窮觀，體現了作者早年獨特的理性精神。文章開頭一反對賈誼懷才不遇寄予同情的傳統論調，而從「才」與「用」的關係入手，批評賈誼因「不能自用其才」，而導致最終的失敗：

〔註5〕如《送歐陽辯監潭州酒》「由來付造物，倚伏何窮已」（《蘇軾詩集》卷二十九，第1541頁），《用前韻再和孫志舉》「窮通付造物，得喪理本均」（《蘇軾詩集》卷四十五，第2441頁），《與程秀才三首》其一「此身付與造物，聽其運轉，流行坎止無不可者」（《蘇軾文集》卷五十五，第1628頁）等。

〔註6〕此制科考試全稱為「賢良方正能直言極諫」（見徐松輯《宋會要輯稿》，第一百十一冊，《選舉》一一之一、之八，中華書局出版1957年版）。考試名稱有時也被簡稱為「賢良方正直言極諫」或「直言極諫」。

〔註7〕下面引用《賈誼論》之文皆出自《蘇軾文集》卷三，第105～106頁。

> 非才之難，所以自用者實難。惜乎賈生王者之佐，而不能自用
> 其才也。夫君子之所取者遠，則必有所待，所就者大，則必有所忍。
> 古之賢人，皆有可致之才，而卒不能行其萬一者，未必皆其時君之
> 罪，或者其自取也。

在蘇軾看來，賈誼秉賦王佐之才卻無法用世的原因，未必是當時國君的過失，
而是因為賈誼不能自用其才。蘇軾認為：立志高遠者，必有所待、有所忍。由
此出發，他進一步分析賈誼不善處窮的表現：

> 夫絳侯親握天子璽，而授之文帝，灌嬰連兵數十萬，以決劉、
> 呂之雄雌。又皆高帝之舊將。此其君臣相得之分，豈特父子骨肉手
> 足哉？賈生，洛陽之少年，欲使其一朝之間，盡棄其舊而謀其新，
> 亦已難矣。為賈生者，上得其君，下得其大臣，如絳、灌之屬，優
> 游浸漬而深交之，使天子不疑，大臣不忌，然後舉天下而唯吾之所
> 欲為，不過十年，可以得志。安有立談之間，而遽為人痛哭哉？觀
> 其過湘，為賦以弔屈原，紆鬱憤悶，趯然有遠舉之志。其後卒以自
> 傷哭泣，至於夭絕，是亦不善處窮者也。夫謀之一不見用，安知終
> 不復用也。不知默默以待其變，而自殘至此。嗚呼！賈生志大而量
> 小，才有餘而識不足也。

賈誼雖有異才，卻對當時政治環境和具體的人事關係缺乏認識。實際上，君
主與舊部之間往往有著千絲萬縷、難以斬斷的聯繫，因此漢文帝不可能在「一
朝之間，盡棄其舊」，而採用賈誼的政治方略。在蘇軾看來，正確的做法應當
是「優游浸漬」於天子與大臣之間，待其信而見用，方可得志。即便是不幸遭
受貶謫，也應當修持身性，等待時機，以求復用。蘇軾認為賈誼的「趯然有遠
舉之志」，或「自傷哭泣，至於夭絕」，都是不善於「處窮」的表現。

蘇軾在文中舉孔子、孟子，作為與賈誼相反而「善處窮」的典範：

> 仲尼聖人，歷試於天下，苟非大無道之國，皆欲勉強扶持，庶
> 幾一日得行其道。將之荊，先之以子夏，申之以冉有。君子之欲得
> 其君，如此其勤也。孟子去齊，三宿而後出晝，猶曰：「王其庶幾召
> 我。」君子之不忍棄其君，如此其厚也。公孫丑問曰：「夫子何為不
> 豫？」孟子曰：「方今天下，捨我其誰哉？而吾何為不豫？」君子之
> 愛其身，如此其至也。夫如此而不用，然後知天下果不足與有為，
> 而可以無憾矣。若賈生者，非漢文之不能用生，生之不能用漢文也。

蘇軾分別從「君子之愛其君」與「君子之愛其身」兩方面，來肯定孔、孟積極用世的處世態度。

概而言之，蘇軾《賈誼論》中的處窮之道為：愛其身，待其機，以達於用。其積極進取、對待窮困的態度，無疑深受儒家「盡人事」精神的影響。這是青年蘇軾對於處窮問題的討論，從中可見其秉承的實用主義處世態度。而在之後的歲月中，當命運之手一再將他置於貶謫之際，《賈誼論》中的處窮之道是否得以貫徹，或發生了哪些變化，這是下文要進一步討論的問題。

二、黃州時期的天命觀與處窮心態

元豐三年（1080）蘇軾因烏臺詩案被貶至黃州，至元豐七年（1084）四月離開，前後歷經五載，從四十五歲至四十九歲。

蘇軾因文禍而遇罪，初到黃州時表現出強烈的畏罪避禍心理，多次申明要戒筆墨，並反思遭貶的原因在於自身性格迂闊，如《與子由遊寒溪山》詩云：「吾儕流落豈天意，自坐迂闊非人擠。」〔註8〕可以說，烏臺詩案給蘇軾帶來精神上的兩大痛苦：一是自由人格的喪失，二是生存價值的幻滅。初到黃州時所作的《與滕達道書》云：「然平生學道專以待外物之變，非意之來，正須理遣耳。」〔註9〕那麼，對於這非意之來的兩大痛苦，蘇軾將如何排遣？對於前者，他主要通過接受佛道思想來加以排解。如《答畢仲舉書》所云：「學佛老者本期於靜而達。」〔註10〕所謂「靜而達」，即是通過理性的自持追求心靈的平靜與曠達。當然，蘇軾最具魅力的地方在於，他在佛老理遣的過程中走向了自由的審美之境。這一時期的代表作《赤壁賦》《雪堂記》等，都體現出這種精神追求所帶來的藝術魅力。然而，讀者也不難感受到，這些作品在表現自由人格之美的同時，也流露出生存價值的空漠感。歸根到底，蘇軾感到生存價值幻滅的原因在於他未能從根本上放棄儒家的入世價值——儒家的「天窮」觀念正是在這個意義上為其精神提供理論支撐。由此出發，他一方面反思被貶在於自身「迂闊」，並非出於天意；另一方面又不得不將之歸於天意使然。如《東坡八首》所說：「獨有孤旅人，天窮無所逃。」〔註11〕又

〔註8〕　《蘇軾詩集》卷二十，第1055頁。

〔註9〕　《蘇軾文集》卷五十一《與滕達道六十八首》之二十，第1481頁。

〔註10〕　《蘇軾文集》卷五十六《答畢仲舉二首》之一，第1672頁。

〔註11〕　《蘇軾詩集》卷二十一，第1079頁。

如《次韻和王鞏》詩云：「若問我貧天所賦，不因遷謫始囊空。」〔註12〕

在蘇軾看來，自己雖然流落受黜，但自有「天意」。元豐三年（1080）二月初到黃州所作《寓居定惠院之東，雜花滿山，有海棠一株，土人不知貴也》云：

> 江城地瘴蕃草木，只有名花苦幽獨。
>
> 嫣然一笑竹籬間，桃李漫山總粗俗。
>
> 也知造物有深意，故遣佳人在幽谷。
>
> 自然富貴出天姿，不待金盤薦華屋。
>
> 朱唇得酒暈生臉，翠袖卷紗紅映肉。
>
> 林深霧暗曉光遲，日暖風輕春睡足。
>
> 雨中有淚亦悽愴，月下無人更清淑。
>
> 先生食飽無一事，散步逍遙自捫腹。
>
> 不問人家與僧舍，拄杖敲門看修竹。
>
> 忽逢絕豔照衰朽，歎息無言揩病目。
>
> 陋邦何處得此花，無乃好事移西蜀？
>
> 寸根千里不易致，銜子飛來定鴻鵠。
>
> 天涯流落俱可念，為飲一樽歌此曲。
>
> 明朝酒醒還獨來，雪落紛紛那忍觸。〔註13〕

此詩對海棠花的描繪，寄寓自我身世之感。正如陶文鵬所說，「詩人讚美一株西蜀海棠幽獨高雅、美麗清淑的品節，悲歡它飄零陋邦，與雜花草莽為伍，其實是寄託自己的情操，哀傷自己的遭遇。」〔註14〕除了詠物詩常有的託物喻志之外，此詩還特意從造物主的視角來審視這一命運。〔註15〕「也知造物有深意，故遣佳人在幽谷」——造物者為何讓這株絕豔的海棠飄零陋邦？這裡可以有兩個理解的向度。第一，正如詩歌後半部分所言，這株海棠一定是鴻鵠從西蜀銜來的種子落地長成，它是來自故鄉的慰藉。換言之，貶謫到黃

〔註12〕《蘇軾詩集》卷二十一，第1131頁。

〔註13〕《蘇軾詩集》卷二十，第1036～1037頁。

〔註14〕陶文鵬編著《蘇軾集》，河南文藝出版社2018年版，第150頁。

〔註15〕「造物」一詞最早見於《莊子・大宗師》。「造物」即「造物主」，與「天」「天意」「天命」類同，是對人命運的主宰者。關於蘇軾對「造物」的思考，山本和義有較為全面的梳理（參見：山本和義著、張劍譯《詩人與造物——蘇軾論考》，中國社會科學出版社2013年版）。不過，山本氏沒有特別針對蘇軾的處境來探討這個問題。筆者在參考山本氏的基礎上，將進一步將蘇軾的「造物」觀與其貶謫心態聯繫起來考察。

州的蘇軾把這株海棠看作造物主對他的眷顧。第二，這裡的海棠、佳人都有自喻的意味，「也知造物有深意，故遣佳人在幽谷」，也可以理解為自己遭遇貶謫是造物主特意安排的結果。那麼，造物主出於何種目的將詩人貶謫陋邦，我們很難直接從此詩獲得十分明朗的答案。如果聯繫整首詩的格調來看，此詩雖寫飄零之苦，但亦是苦中作樂，時有幽默之語。所以，第二個向度的造物之「深意」，亦包含著某種善意。這樣看來，我們似乎可以將此詩中的造物之意理解為：蘇軾試圖通過天命的視角，來為自己的現實遭遇尋求某種積極的解釋，進而在窮困之際肯定自我價值。

元豐五年（1082），蘇軾在黃州再一次從一株綻放的紅梅看到「造物深意」：

紅梅其一

怕愁貪睡獨開遲，自恐冰容不入時。

故作小紅桃杏色，尚餘孤瘦雪霜姿。

寒心未肯隨春態，酒暈無端上玉肌。

詩老不知梅格在，更看綠葉與青枝。〔註16〕

紅梅其二

雪裏開花卻是遲，何如獨佔上春時？

也知造物含深意，故與施朱發妙姿。

細雨裏殘千顆淚，輕寒瘦損一分肌。

不應便雜妖桃杏，數點微酸已著枝。〔註17〕

梅一般是白色，多於冬日開花。然而，眼前這株紅梅卻因「怕愁貪睡」，而延遲至「上春」（即正月）開放。「也知造物含深意，故與施朱發妙姿」，大概是說：造物者考慮到梅花「獨開遲」（本應在冬月開，卻在正月開）與「不入時」（梅花多為白色，有冰清玉潔之姿）的窘境，故賦予它更入時的紅色。雖然，在此詩中，蘇軾強調梅格在其神，不在其形。但是，換個角度來看，詩中的造物者的確是一位富有同情心、善於體察人情的主宰者。

以上，無論是歌詠海棠詩的「也知造物有深意」，還是歌詠紅梅詩的「也知造物含深意」，都反映出蘇軾在困窮之際希冀從「造物」那裡尋求精神慰藉的內在訴求。這種天命觀的思維方式，有著深厚的儒學傳統。孟子所說的「天

〔註16〕《蘇軾詩集》卷二十，第 1107 頁。
〔註17〕《蘇軾詩集》卷二十，第 1107 頁。

將降大任於斯人也，必先苦其心志，勞其筋骨，餓其體膚」，可謂是這一思理的重要淵源。孟子的學說「把天道、性善論和仁政聯繫起來，構成了一套系統的唯心論體系。在他那裡天作為人世的主宰具有道德的屬性。」〔註18〕天不僅決定人的貴賤禍福，亦決定個體具有善的道德屬性，因此個體所遭遇的窮困與其肩負的大任之間有一種必然的邏輯關係。不難看出，蘇軾所謂的「造物之意」，更多地是汲取孟子修身俟命的思維方式來排遣現實的苦悶，未必有孟子那樣強烈的道德自信。但從中仍不難窺探，詩人在窮困之際，仍有修身俟命以求用世的存想。實際上，在黃州時期，蘇軾確有身處窮境、仍心懷復用的希冀。這一想法表現在以下兩方面的行動中：

首先，他在黃州時期養氣修道，保持身體健康，以待復用。這從他在這一時期與王鞏的詩文交流可見一斑。在烏臺詩案中王鞏受牽連，獲罪最重，被貶至最荒蠻的賓州。蘇軾寫信給王鞏表達自己的不安和愧疚。隨後他收到王的來信，知其「未嘗戚戚」，而能「以道自遣」。蘇軾對此深為激賞。在黃州自戒「不復作文字」〔註19〕的他，特地為王鞏詩集作序。其中引孔子「不怨天，不尤人」之言，讚揚王鞏身窮心曠的處世胸懷。〔註20〕除此之外，這一時期蘇軾在給王鞏的書信中多傳授養身護體之術，如「用摩腳心法」，服「軟朱砂膏」以抵禦瘴氣，「每日飲少酒，調節飲食，常令胃氣健壯」等。〔註21〕總之，在被貶謫的艱難歲月中，蘇軾頻繁地鼓勵朋友保養身體、祛愁散悶，以待他日之用：

> 如君美材多文，忠孝天稟，但不至死，必有用於時。雖賢者明瞭，不待鄙言。但目前日見可欲而不動心，大是難事。又尋常人失意無聊中，多以聲色自遣。定國奇特之人，勿襲此態。〔註22〕

不難看出，蘇軾在鼓勵王鞏的同時，也隱含著自我鼓勵和希冀的意味。元豐四年（1081）所作與王鞏次韻詩云：「欲結千年實，先摧二月花。故教窮到骨，要使壽無涯。」〔註23〕此詩也以儒家天命觀的思理鼓勵友人保持積極達觀的心態。

〔註18〕蕭萐父《中國哲學史》，人民出版社1982年版，第154頁。
〔註19〕《蘇軾文集》卷五十二《答秦太虛七首》其四，第1536頁。
〔註20〕《蘇軾文集》卷十《王定國詩集序》，第318頁。
〔註21〕《蘇軾文集》卷五十二《與王定國四十一首》之三，第1514頁。
〔註22〕《蘇軾文集》卷五十二《與王定國四十一首》之六，第1516頁。
〔註23〕《蘇軾詩集》卷二十一《次韻和王鞏六首》之三，第1129頁。

其次，從他在黃州給朝中故交的書信來看，他仍密切關注朝局變化，表達自己忠君憂國之思，並表達了「復入道德之場」的希望：

西事得其詳乎？雖廢棄，未忘為國家慮也。〔註24〕

此非公職事，然孜孜尋訪如此，以見忠臣體國，知無不為之義也。軾其可以罪廢不當言而止乎？雖然，亦不可使不知我者見，以為詬病也。〔註25〕

但顧平生所存，名義至重，不知今日所犯，為已見絕於聖賢，不得復為君子乎？抑雖有罪不可赦，而猶可改也……伏讀灑然，知其不肖之軀，未死之間，猶可以洗濯磨治，復入於道德之場，追申徒而謝子產也。〔註26〕

杜子美在困窮之中，一飲一食，未嘗忘君，詩人以來，一人而已……僕雖不肖，亦嘗庶幾彷彿於此也。」〔註27〕

綜上所述，黃州時期蘇軾在躬耕自濟、養身護體、參禪問道之際，依然關注時局變化，期待被朝廷復用。如果聯繫《賈誼論》中所述處窮之道（愛其身、待其機，以達於用），可以發現，蘇軾在黃州時期基本貫徹了這一理念。當然，佛道思想的介入，在一定層面上也為他驅散現實的苦悶，使其在理遣的過程中走向審美之境。但不可否認，其人生價值觀仍以現世價值為旨歸，儒家的天命觀正是在這一角度為其提供理論支撐，排遣其生存意義的困擾，鼓勵他通過修身俟命的信念來面對未來人生。

三、嶺海時期的天命觀與處窮心態

紹聖元年（1094），宋哲宗行「紹述」之政，恢復神宗新法。蘇軾於此年六月貶為寧遠軍節度副使，惠州安置，十月至惠州。紹聖四年（1097）閏二月再貶為瓊州別駕，昌化軍安置，六月渡海，七月至海南。至宋徽宗建中靖國元年（1101）遇赦北歸。從五十九歲直至其生命終點的六十六歲，前後歷時八年，這就是蘇軾生命歷程的嶺海時期。

如果說黃州時期蘇軾仍懷著「但不至死，仍有用於時」的希冀，那麼嶺海時期，以其年歲之長，貶所之遠，可以說幾無生還之望，更別提重入政治

〔註24〕《蘇軾文集》卷五十一《與滕達道六十八首》之二十，第1481頁。

〔註25〕《蘇軾文集》卷四十九《答李琮書》，第1437頁。

〔註26〕《蘇軾文集》卷四十八《黃州上文潞公書》，第1379～1380頁。

〔註27〕《蘇軾文集》卷五十二《與王定國四十一首》之八，第1517頁。

舞臺。尤其是渡海之後，這種意識更為強烈：

> 某垂老投荒，無復生還之望，昨與長子邁訣，已處置後事矣。
> 今到海南，首當作棺，次便作墓，乃留手疏與諸子，死則葬於海
> 外。〔註28〕

黃州時期以理遣為立足點，以儒家的天命觀自我砥礪，以等待天命。嶺海時期與中原阻隔，生還無望，使他必須在生存意義上重新為自己尋求安身立命之本。從詩歌創作來看，黃州時期寄寓於草木中的「造物之意」更多地體現了修身俟命的意義，而嶺海時期詩人則從被動的「俟命」心態掙脫出來，懷著強烈的與天合的信念自立天命。表現最為明顯的就是，詩人在這一時期不斷以聖人之意砥礪自我：

> 雙闕浮空照短亭，至今猿鳥嘯青熒。
> 君王自此西巡狩，再使魚龍舞洞庭。
> 蜀人文賦楚人辭，堯在崇山舜九疑。
> 聖主若非真得道，南來萬里亦何為。
> 嶺海東南月窟西，功成天已錫玄圭。
> 此方定是神仙宅，禹亦東來隱會稽。〔註29〕

王文誥引趙次公注，解釋其中「堯在崇山舜九疑」及「禹亦東來隱會稽」二句：「崇山、九疑，皆在南方。詩意言堯舜本不死，以得道遠來也」；「會稽，越地也，禹所葬。先生以終前篇堯舜事，皆言其本不死耳。」〔註30〕垂老投荒的蘇軾，在渡嶺之後圍繞聖人「南來」與「得道」的主題展開思索，其貶謫心態也已跳脫出以往個性不自由或懷才不遇的侷限，而從更有本源意義的「道」來思考生存價值。

如果說以上三詩中的堯、舜、禹「南來」「得道」作為蘇軾自我砥礪的參照，那麼在渡海之後，詩人則進一步將這一人格自覺發展為強烈的道德使命感，表現出濃厚的擬聖意識，如：

> 九疑聯綿屬衡湘，蒼梧獨在天一方。
> 孤城吹角煙樹裏，落日未落江蒼茫。

〔註28〕《蘇軾文集》卷五十六《與王敏仲十八首》之十六，第1695頁。
〔註29〕《蘇軾詩集》卷三十八《宿建封寺，曉登盡善亭，望韶石三首》，第2057～2059頁。
〔註30〕轉引自《蘇軾詩集》卷三十八，第2058、2059頁。

> 幽人抍枕坐歎息，我行忽至舜所藏。
>
> 江邊父老能說子，白須紅頰如君長。
>
> 莫嫌瓊雷隔雲海，聖恩尚許遙相望。
>
> 平生學道真實意，豈與窮達俱存亡。
>
> 天其以我為箕子，要使此意留要荒。
>
> 他年誰作輿地志，海南萬里真吾鄉。〔註31〕

此詩開頭延續了渡嶺詩「堯舜本不死，以得道遠來」之意，表明無論窮達皆要貫徹平生所學之道，最後以箕子自擬，從天命的高度肯定在邊荒傳道的意義。商朝的箕子在殷周易代之際，東渡朝鮮，在那裡傳播故國先進的文化。蘇軾認為，自己遠渡嶺海，也肩負著這樣的使命，是天意使然。

再來看同是在海南所作的《次前韻寄子由》：

> 我少即多難，邅回一生中。
>
> 百年不易滿，寸寸彎強弓。
>
> 老矣復何言，榮辱今兩空。
>
> 泥洹尚一路，所向餘皆窮。
>
> 似聞崆峒西，仇池迎此翁。
>
> 胡為適南海，復駕垂天雄。
>
> 下視九萬里，浩浩皆積風。
>
> 回望古合州，屬此琉璃鍾。
>
> 離別何足道，我生豈有終。
>
> 渡海十年歸，方鏡照兩童。
>
> 還鄉亦何有，暫假壺公龍。
>
> 峨眉向我笑，錦水為君容。
>
> 天人巧相勝，不獨數子工。
>
> 指點昔遊處，蓬萊生故宮。〔註32〕

「似聞崆峒西，仇池迎此翁」二句值得關注。「崆峒西」指黃帝謁廣成子學道之處。「仇池」位於成州上祿縣（今甘肅成縣），隸屬西南夷。此二句大意為：廣成子尚且能在荒遠的崆峒山修道成仙，黃帝還曾去向他請教治國大道，海

〔註31〕《蘇軾詩集》卷四十一《吾謫海南，子由雷州，被命即行，了不相知，至梧乃聞其尚在藤也。旦夕當追及，作此詩示之》，第2244～2245頁。

〔註32〕《蘇軾詩集》卷四十一《次前韻寄子由》，第2248～2249頁。

南雖然偏遠如仇池，但自己或許也能如廣成子一般得道有成。此詩最後「天人巧相勝」，出自《史記·伍子胥傳》：「人眾者勝天，天定亦能破人。」〔註33〕「天人巧相勝，不獨數子工」二句，仍是從天命的視角來肯定自我的生存價值。在蘇軾看來，自己「適南海」擔負著上天的使命，並非新黨「數子」弄權所能戰勝的，體現出強烈的道德自信。

　　除此之外，蘇軾在海南還以孔子自擬，試看下詩：

　　　　總角黎家三四童，口吹蔥葉送迎翁。

　　　　莫作天涯萬里意，溪邊自有舞雩風。〔註34〕

此詩描寫了蘇軾與海南黎族朋友親密無間的交遊情景，頭上紮著髮髻，口中含著用蔥葉製成的樂器的黎家兒童，吹著歌曲迎接這位可敬的老者。淳樸的人情使詩人頓時驅散流落天涯的哀傷，轉而去暢享海南溪邊的清風。蘇軾此詩用《論語》「風乎舞雩」的典故，一方面體現他深處逆境卻有「曾點之樂」的達觀心態，另一方面也隱約流露出他以孔子自擬，欲在海南傳播禮樂文化的用意。這一用意在以下這首《千秋歲》詞中體現得更為明顯：

　　　　島邊天外，未老身先退。珠淚濺，丹衷碎。聲搖蒼玉佩，色重

　　　　黃金帶，一萬里，斜陽正與長安對。

　　　　道遠誰云會，罪大天能蓋。君命重，臣節在。新恩猶可覬，舊

　　　　學終難改。吾已矣，乘桴且恁浮於海。〔註35〕

此詞上闋主要抒發貶謫南荒的不滿和悲憤之情，以及忠君念主之意。下闋則表示自己難以迎合朝廷的政略，不能違背舊學，只好學孔子「乘桴且浮於海」。孔子所處境遇無疑給予蘇軾一種精神激勵，為他指示了生命意義所在。元符三年（1100），蘇軾自海南返回中原，渡海途中云：「空餘魯叟乘桴意，粗識軒轅奏樂聲。」〔註36〕此處再次以孔子自擬，表現出強烈的道德自信。

　　蘇軾以聖人之意自擬還體現在，從天命的高度肯定自己撰述經典的意義：

　　　　予自海康適合浦，遭連日大雨，橋樑盡壞，水無津涯。自興廉村

　　　　淨行院下，乘小舟至官寨，聞自此西皆漲水，無復橋船。或勸乘艇舟

　　　　並海即白石。是日，六月晦，無月。碇宿大海中，天水相接，疏星滿

〔註33〕《史記》卷六十六，第2176頁。

〔註34〕《蘇軾詩集》卷四十二《被酒獨行，遍至子雲、威、徽、先覺四黎之舍三首》其二，第2323頁。

〔註35〕《蘇軾詞編年校注》，第803頁。

〔註36〕《蘇軾詩集》卷四十三《六月二十日夜渡海》，第2366～2367頁。

天。起坐四顧太息，吾何數乘此險也。已濟徐聞，復厄於此乎。過子

在傍鼾睡，呼不應。所撰《易》《書》《論語》皆以自隨，世未有別本。

撫之而歎曰：「天未喪斯文，吾輩必濟。」已而果然。〔註37〕

此文是元符三年（1101），蘇軾從海南北歸、乘舟遇險時所作。「天未喪斯文，吾輩必濟」二句出自《論語·子罕》：「子畏於匡。曰：『文王既沒，文不在茲乎？天之將喪斯文也，後死者不得與於斯文也；天之未喪斯文也，匡人其如予何。』」孔子懷著強烈的自信認為，上天讓他繼承、傳播西周以來的文化遺產，故而在匡人圍困之際，表現出超拔灑脫、從容堅定心態。蘇軾在渡海北歸時，以孔子自擬，認為自己撰述《易》《書》《論語》三書也肩負著傳承文化的使命，從而以極其澹然的心態面對生死，表現出大無畏的勇氣。

總之，在海南垂老投荒的處境和對人生意義的終極思考，則使蘇軾從自身所依附的政治體制中掙脫出來，從精神意識深處尋求終極的生存意義。他這種「自立天命」的處窮心態，不僅擺脫了黃州時期「修身俟命」的被動狀態，而且在一定程度上也衝擊了以忠君為核心的政治倫理觀念。

蘇軾嶺海時期的擬聖之意，除了受到孔孟積極進取的天命觀影響之外，也與其對佛學義理的融攝大有關係。大體來說，佛學思想對蘇軾嶺海時期積極入世心態的影響，體現在以下兩方面：

一是佛學「一念」之說對蘇軾心性自悟的影響。

熙寧七年（1074）蘇軾為亡母程氏所作《阿彌陀佛頌》云：「我造無始業，本從一念生。既從一念生，還從一念滅。生滅無盡處，則我與佛同。」〔註38〕在蘇軾看來，人生的一切苦樂悲喜皆在一念之間，一念空則萬象皆空，如此則可無憂無惱，超脫自在。

在元豐元年（1078）所作的《百步洪》詩中，蘇軾更深入地表達了對大乘佛教一念空觀的體會：

我生乘化日夜逝，坐覺一念逾新羅。紛紛爭奪醉夢裏，豈信荊

棘埋銅駝。覺來俯仰失千劫，回視此水殊委蛇。君看岸邊蒼石上，

古來篙眼如蜂窠。但應此心無所住，造物雖馳如余何。〔註39〕

此詩以水喻人生。人生之虛幻正如日夜之逝水。儘管這一認識必然帶有虛幻、

〔註37〕《蘇軾文集》卷七十一《書合浦舟行》，第2277頁。

〔註38〕《蘇軾文集》卷二十，第585頁。

〔註39〕《蘇軾詩集》卷十七，第892頁。

消極的色彩，但也蘊含著某種理性的反思：既然一切現象或價值都可以消解為虛幻，那麼痛苦或煩惱也是虛幻之物，人的心靈也就無所沉迷或膠著。蘇軾將這一理性的反省歸為佛教「一念」的作用。「一念逾新羅」出自《景德傳燈錄》：「有僧問：『如何是覿面事？』禪師說：『新羅國去也。』」〔註40〕意指新羅雖遠，一念可逾。以此類推，人生之煩惱諸相，皆可「一念」超越，而通向自由無礙。

眾所周知，蘇軾「人生如夢」的意識多是受此一念空觀的影響。但是，為多數論者所忽略的是，蘇軾貶謫嶺海以後進一步將此「一念虛空」發展為「一念正真」。如紹聖元年（1094）作《過大庾嶺》詩云：「一念失垢污，身心洞清淨。浩然天地間，惟我獨也正。」〔註41〕此處詩人「一念」之悟並非消解人生的全部意義，而僅是消除污垢，使身心俱清淨，以浩然正氣存留於天地之間。

紹聖二年（1095）於惠州作《思無邪齋銘》，再一次用到「浩然天地間，惟我獨也正」這兩句話，並將之與儒家心性之說統一起來：

> 東坡居士問法於子由。子由報以佛語，曰：「本覺必明，無明明覺。」居士欣然有得於孔子之言曰：「《詩》三百，一言以蔽之，曰思無邪。」夫有思皆邪也，無思則土木也，吾何自得道，其惟有思而無所思乎？於是幅巾危坐，終日不言。明目直視，而無所見。攝心正念，而無所覺。於是得道，乃名其齋曰思無邪，而銘之曰：「大患緣有身，無身則無病。廓然自圓明，鏡鏡非我鏡。如以水洗水，二水同一淨。浩然天地間，惟我獨也正。」〔註42〕

蘇轍所云「本覺必明，無明明覺」，出自《楞嚴經》：「性覺必明，妄為明覺。」〔註43〕「性」即「自性」「佛性」（蘇轍謂之「本」）。在《楞嚴經》中，此二句被認為是對世界真諦的總結。其意為：自性的覺知必然是光明的，如果一念妄動欲明覺體，本明的覺體反而因此被渾濁所掩蓋。由此，《楞嚴經》強調摒除妄念，反觀自性的修持工夫。蘇軾將此「性覺必明，妄為明覺」與孔子「思無邪」互相參悟，認為儒釋殊途同歸。人一旦有所思慮，邪念也會隨之而來；人若不思，則如同草木。因此，人必須在「有思」和「無思」之間找到

〔註40〕釋道原著，顧宏義譯注《景德傳燈錄譯注》卷二十三，上海書店出版社2010年版，第1792頁。

〔註41〕《蘇軾詩集》卷三十八，第2057頁。

〔註42〕《蘇軾文集》卷十九，第574～575頁。

〔註43〕賴永海、楊維中譯《楞嚴經》，中華書局2010年版，第133頁。

一個平衡點，做到「有思而無所思」，即思而不失其正，正存而邪不起，也就是後文所說的「攝心正念，而無所覺」。這裡蘇軾並非簡單地用「一念虛空」來否定一切的現象存在或人事意義，相反，他強調「攝心正念」這一思慮活動的重要意義：只有真正閑邪存正，反觀自省，才能不為外物所累，以浩然之氣存於天地之間。

此外，蘇軾臨終之年（建中靖國元年，1101年）作《南華長老題名記》，認為「一念正真」是儒釋共同推許的修行境界：

> 學者以成佛為難乎？累土畫沙，童子戲也，皆足以成佛。以為易乎？受記得道，如菩薩大弟子，皆不任問疾。是義安在？方其迷亂顛倒流浪苦海之中，一念正真，萬法皆具。及其勤苦功用，為山九仞之後，毫釐差失，千劫不復。嗚呼，道固如是也，豈獨佛乎！子思子曰：「夫婦之不肖，可以能行焉，及其至也，雖聖人亦有所不能焉。」孟子則以為聖人之道，始於不為穿窬，而穿窬之惡，成於言不言。人未有欲為穿窬者，雖穿窬亦不欲也。自其不欲為之心而求之，則穿窬足以為聖人。可以言而不言，不可以言而言，雖賢人君子有不能免也。因其不能免之過而遂之，則賢人君子有時而為盜。是二法者，相反而相為用。儒與釋皆然。〔註44〕

蘇軾進一步將「一念正真」與儒家之道相提並論，並引孟子、子思關於聖人之道的言論，從「不欲為之心」與「不能免之過」兩方面論述了一念之差的巨大影響。在文末作者特意強調，此一念之真諦，「儒與釋皆然」。

蘇軾從心性的角度，將儒家和佛家的思想統一起來。這意味著他在精神意識深處，已超越了以往入世與出世之矛盾所帶來的痛苦，而以「一念正真」的終極追求，獲得精神人格至大至正的境界。與此精神上的內在超越相呼應，在海南時期，蘇軾「人生如夢」的虛幻意識減弱了，而以浩然正氣親近海島的土地。如上面提到的《次前韻寄子由》一詩，作者在「泥洹尚一路」句下自注：「古語云：『十方薄伽梵，一路涅槃門。』」《瑜伽師地論》云：「薄伽梵者，坦然安坐妙菩提座，任運摧滅一切魔軍大勢力故。」〔註45〕蘇軾將自己的一路貶謫等同於入涅槃之門，而以「一念正真」坦然安坐妙菩提，故能超越一

〔註44〕《蘇軾文集》卷一二，第393頁。
〔註45〕彌勒菩薩說、玄奘法師譯《瑜伽師地論》卷八十三，宗教文化出版社2008年版，第2100頁。

切的不幸和痛苦。當然，他最終不是走向佛禪的空寂枯稿，而是以聖人自任。

如上所述，蘇軾以佛教心性自悟的思維發展了原始儒學的天命觀。可以說，在海島時期他自立天命的擬聖意識和傳播中原文化的強烈使命感，與此一念之悟有很大的關係。

二是佛教眾生平等觀對蘇軾的影響。

「自立天命」的思維背後，還隱含著從「君臣」關係到「天人」關係的轉變。「人」已不再是依附於「君」的「臣子」，而具有與天相匹配的人格。這也意味著，包括君主在內的所有個體在一定意義上是平等的。這一思想應是受到佛教眾生平等觀的影響。紹聖元年（1094）六月，蘇軾為亡妻王閏之所作《阿彌陀佛贊》云：「見聞隨喜悉成佛，不擇人天與蟲鳥。但當常作平等觀，本無憂樂與壽夭。」〔註46〕在此贊中，作者認為有情界的眾生都具有佛性，萬物皆可成佛，故對萬物應持「平等觀」。佛性平等的觀念，也成為蘇軾在海南傳播文化的思想依據。紹聖五年（1098）他在儋州聽到當地小孩的讀書聲，感到十分欣慰，作《遷居之夕，聞鄰舍兒誦書，欣然而作》：「九齡起韶石，姜子家日南。吾道無南北，安知不生今。海闊尚掛斗，天高尚橫參。」〔註47〕此詩以出身嶺南的唐代名臣張九齡、姜公輔為例，得出「吾道無南北」的結論。此處之「道」無疑是指治國安邦之道，但這一說法卻與禪宗思理有關。《五燈會元》載六祖慧能本姓盧，因往五祖求法，五祖曰：「嶺南人無佛性，若為得佛？」盧曰：「人即有南北，佛性豈然？」〔註48〕蘇軾以佛教的平等觀肯定每個個體的生命價值和意義，既反映其博大的胸懷，又是其自立天命的重要理論依據。

第二節　韓愈、蘇軾天命觀之比較

綜上所述，無論是修身俟命還是自立天命，蘇軾都在窮困之際以天命為立足點，尋找生存的意義。關於蘇軾的天命觀，可以從兩個維度來理解。一方面，天命仍是外在於人世的形而上存在，另一方面蘇軾又以強烈的主觀意識去建構天命的具體內涵。這一觀念與中唐以來天命觀的變化有關。

〔註46〕《蘇軾文集》卷二十一，第 619 頁。
〔註47〕《蘇軾詩集》卷四十二，第 2312～2313 頁。
〔註48〕普濟著，蘇淵雷點校《五燈會元》，中華書局 1997 年版，第 51 頁。

　　中唐以來隨著理性意識的發展，天命觀的發展呈現出兩種傾向：一部分文人已不大講天命，如柳宗元、劉禹錫等；另一部分文人如韓愈、王安石、蘇軾等，並不否認天命的存在，同時，他們也根據自己的理解與需要對天命觀念做出個性化的闡釋和運用。在這方面，韓愈和蘇軾具有較大的相似性。為了進一步增強對蘇軾天命觀的理解，以下將通過對比韓、蘇二人的天命觀及處窮心態加以進一步辨析。

一、韓愈的天命觀

　　韓愈一生頻繁談到天命，但這一概念在他的思想體系中缺乏統一明確的指向，其內涵十分駁雜。他「既相信天命，又懷疑天命」，〔註49〕有時甚至從自身需要出發，對天命做出相當隨意的闡釋。趙源一《韓愈天命論探微》從「尊崇天命」「懷疑天命」「天人相仇」「相信鬼神感應」四方面來概括韓愈的天命觀念。〔註50〕這四方面概括了韓愈天命觀的基本內容，但這種分類也簡單地切斷了韓愈天命思想各個方面的內在聯繫。以下，筆者將結合韓愈的具體遭遇及中唐社會背景，進一步探究韓愈天命觀的現實根源。

　　如上所述，孔孟的天命觀與其仁政理想聯繫在一起，韓愈的天命觀亦深受這一思想傳統的影響。在《爭臣論》（又題《諍臣論》）中，韓愈認為聖人的命運不在一己之窮通榮辱，而以兼濟天下為最高使命：

> 　　自古聖人賢士，皆非有求於聞用也。閔其時之不平，人之不義，得其道，不敢獨善其身，而必以兼濟天下也。孜孜矻矻，死而後已。故禹過家門不入，孔席不暇暖，而墨突不得黔。彼二聖一賢者，豈不知自安佚之為樂哉？誠畏天命而悲人窮也。夫天授人以賢聖才能，豈使自有餘而已？誠欲以補其不足者也。耳目之於身也，耳司聞而目司見，聽其是非，視其險易，然後身得安焉。聖賢者，時人之耳目也；時人者，聖賢之身也。且陽子之不賢，則將役於賢，以奉其上矣；若果賢，則固畏天命而閔人窮也。〔註51〕

以道統繼承者自居的韓愈，在思想意識深處認為自己肩負著教化天下、重整乾坤的重大使命。《重答張籍書》云：「天不欲使茲人有知乎？則吾之命不可

〔註49〕陳克明《韓愈述評》，中國社會科學出版社1985年版，第123頁。

〔註50〕趙源一《韓愈的天命論探微》，《船山學刊》2007年第1期。

〔註51〕韓愈著，馬其昶校注，馬茂元整理《韓昌黎文集校注》卷二，上海古籍出版社1986年版，第112頁。

期；如使茲人有知乎？非我其誰哉？其行道，其為書，其化今，其傳後，必有在矣。」〔註52〕很明顯，這段話從內容旨意到行文語氣，都受到孟子「夫天未欲平治天下也，如欲平治天下，當今之世，捨我其誰也」的影響。以聖人自居的韓愈，懷著與天相合的信念堅持自己的政治理想，即便是一時失意不濟，依然堅守素志，以積極的心態等待天命的降臨：

> 蓋上天之生余，亦有期於下地。蓋求配於古人，獨悒悵於無位，惟得之而不能，乃鬼神之所戲。〔註53〕

> 久拳拳其何故兮？亦天命之本宜。惟否泰之相極兮，咸一得而一違。君子有失其所分，小人有得其時。聊固守以靜俟兮，誠不及古之人兮其焉悲？〔註54〕

> 蓋君子病乎在己，而順乎在天……所謂病乎在己者，仁義存乎內，彼聖賢者能推而廣之，而我蠢焉為眾人。所謂順乎在天者，貴賤窮通之來，平吾心而隨順之，不以累於其初。〔註55〕

孟子認為士人得志時應當實施自己的政治理想，兼濟天下；不得志時，則應當修身養性使自己的道德現於世，即獨善其身。獨善其身並不是指個人過著明哲保身的生活，而是指在困窮之際依然堅持人格操守、修養身心，以等待天命的降臨。所以孟子又說：「夭壽不貳，修身以俟之，所以立命也。」〔註56〕韓愈亦堅信自己拳拳不得志，是有天命安排的，懷著「蓋上天之生余，亦有期於下地」的道德使命，超越眼前的逆境與苦惱，並決心以高明的古人為典範，「固守以靜俟」，平心養性以等待天命。

然而，無論壽命短長，人生如何失意都必須平心靜氣地等候天命——這種設想僅僅是一種理想的處世態度。在現實生活中，人生不如意之事十有八九，加之年歲有限，這就不得不讓人對天命的態度從「夭壽不貳，修身俟之」的順從與期待，轉向懷疑，乃至嘲諷和抗爭。尤其是對於一向自視甚高的韓愈而言，崇高的政治理想與多舛的仕途遭遇之間的矛盾與衝突，勢必會打破其對天命「固守以靜俟」的期待，世道不平、賞罰不均的社會現象亦使其難以保持孔子提倡的「不怨天、不尤人」的平和心態。他在《答渝州李使君書》

〔註52〕《韓昌黎文集校注》卷二，第136頁。
〔註53〕《韓昌黎文集校注》卷一《感二鳥賦》，第3頁。
〔註54〕《韓昌黎文集校注》卷一《閔己賦》，第10～11頁。
〔註55〕《韓昌黎文集校注》卷三《答陳生書》，第177頁。
〔註56〕《孟子譯注》卷十三《盡心章句上》，第278頁。

中說：「莊子云：『知其無可奈何而安之若命者，聖也。』《傳》曰：『君子竢命。』然無所補益，進其膚飫者，只增愧耳。」〔註57〕無論是莊子「無可奈何而安之若命」的超然，還是儒家「君子竢命」的修行，二者對於天命的被動態度都讓他感到不滿，他將心中的不平之氣發而為怨天尤人之語。

從貞元二年（786）開始，韓愈懷著經時濟世的理想參加進士科考試，然而接連遭遇三次失敗，直到貞元八年（792）第四次才科舉得第。貞元九年（793）韓愈第一次參加吏部博學鴻詞科考試，未中。之後，給考官崔元翰寫信，表達對天命的懷疑，並藉此宣洩對科場黑暗的不滿：

> 凡在京師八九年矣，足不跡公卿之門，名不譽於大夫士之口，
> 始者謬為今相國所第。此時惟念以為得失固有天命，不在趨時，而
> 偃仰一室，嘯歌古人。今則復疑矣，未知夫天竟如何？命竟如何？
> 由人乎哉？不由人乎哉？欲事干謁，則患不能小書，困於投刺；欲
> 學為佞，則患言訥詞直，卒事不成，徒使其躬僇焉而不終日……斯
> 道未喪，天命不欺，豈遂殆哉，豈遂困哉？〔註58〕

韓愈在信中談到，當初自己的文章得到相國（陸贄）的賞識而進士及第，這是命運的結果，自己也願意盡人事而去等待天命的安排。然而現在的吏部考試為權貴操縱，因為自己不願意結交關係，不為公卿大夫所熟悉，所以落榜。這不得不使他懷疑，個人的遭遇究竟是天命在起作用，還是世俗的人情世故在起作用？如果是世俗人情在起作用，那麼自己就很為難，因為自己實在不願意做出諂媚為佞之事。最後，他又不得不以「天命不欺」來安慰自己。

在為官之後，面對黑暗的官場和社會價值的顛倒混亂，韓愈也時常通過詰責天命來抒發自己的激憤情緒。如《與衛中行書》：

> 必曰「君子則吉，小人則凶」者，不可也。賢不肖存乎己，貴
> 與賤、禍與福存乎天，名聲之善惡存乎人。存乎己者，吾將勉之；
> 存乎天、存乎人者，吾將任彼而不用吾力焉。〔註59〕

韓愈《原道》：「博愛之謂仁，行而宜之之謂義，由是而之焉之謂道，足乎己而無待於外之謂德。仁與義為定名，道與德為虛位。故道有君子小人，而德有

〔註57〕《韓昌黎文集校注》卷三，第219頁。
〔註58〕《韓昌黎文集校注》外集上卷，第661～663頁。
〔註59〕《韓昌黎文集校注》卷三，第194頁。

凶有吉。」〔註60〕韓愈認為，理想的社會秩序一定是「君子吉，小人凶」，但現實社會卻與此相反，「必曰『君子則吉，小人則凶』者，不可也。」如何面對這一問題？韓愈認為，賢或不肖是自己可以決定的，而禍福貴賤或名聲之善惡卻是由天或他人所決定的，那麼自己努力做好「存乎己」的部分，而不去理會「存乎天」或「存乎人」的部分就可以了。

《與崔群書》更直截了當地揭露了人事與天意的乖違：

> 自古賢者少，不肖者多。自省事已來，又見賢才恒不遇，不賢者比肩青紫；賢者恒無以自存，不賢者志滿氣得；賢者雖得卑位則旋而死，不賢者或至眉壽。不知造物者意竟如何？無乃所好惡與人異心哉？又不知無乃都不省記，任其死生壽夭邪？未可知也。人固有薄卿相之官，千乘之位，而甘陋巷菜羹者。同是人也，猶有好惡如此之異者，況天之與人，當必異其所好惡無疑也。〔註61〕

賢者與不肖者之顛倒錯亂，使得韓愈對向來所認同的賞善懲惡之天理產生懷疑。他將「天」與具有好惡的人相比擬，認為天之好惡與人之好惡必有所不同，通過責天、怨天，控訴人世間的不合理。

柳宗元《天說》轉引韓愈的一段話，將此種激憤之言發揮到極致，其文如下：

> 韓愈謂柳子曰：「若知天之說乎？吾為子言天之說。今夫人有疾痛、倦辱、飢寒甚者，因仰而呼天曰：『殘民者昌，佑民者殃。』又仰而呼天曰：『何為使至此極戾也？』若是者，舉不能知天。夫果蓏，飲食既壞，蟲生之；人之血氣敗逆壅底為癰瘍、疣贅、瘻痔，亦蟲生之；木朽而蝎中，草腐而螢飛，是豈不以壞而後出耶？物壞，蟲由之生；元氣陰陽之壞，人由之生。蟲之生而物益壞，食齧之，攻穴之，蟲之禍物也滋甚。其有能去之者，有功於物者也；繁而息之者，物之讎也。人之壞，元氣陰陽也亦滋甚：墾原田，伐山林，鑿泉以井飲，窾墓以送死，而又穴為偃溲，築為牆垣、城郭、臺榭、觀遊，疏為川瀆、溝洫、陂池，燧木以燔，革金以鎔，陶甄琢磨，悴然使天地萬物不得其情，倖倖衝衝，攻殘敗撓而未嘗息。其為禍元氣陰陽也，不甚於蟲之所為乎？吾意有能殘斯人使日薄歲削，禍

〔註60〕《韓昌黎文集校注》卷一，第13頁。
〔註61〕《韓昌黎文集校注》卷三，第188頁。

－157－

元氣陰陽者滋少，是則有功於天地者也；蕃而息之者，天地之讎也。

今夫人舉不能知天，故為是呼且怨也。吾意天聞其呼且怨，則有功

者受賞必大矣，其禍焉者受罰亦大矣。子以吾言為何如？」〔註62〕

韓愈這段話的大意是：人類的活動對天地陰陽造成破壞，「蕃而息」的人類是天地的仇人，因此上天使「殘民者昌」，使「佑民者殃」。韓愈這一反逆的言論向來被認為是陰鷙之言、詭激之文，但是也有學者從環境倫理學的角度對其說法加以肯定。〔註63〕其實，誠如後文柳宗元的評價，「子誠有激而為是耶」，這段話只不過是韓愈的過激之言。根據鄒旭光分析，韓愈這段過激之辭與貞元十九年（803年）他因上疏為災民請命而被貶連州的遭遇有關。〔註64〕韓愈所著《順宗實錄》載當時災荒之慘狀以及京兆尹李實的惡行：「春夏旱，京畿乏食，實一不以介意，方務聚斂徵求，以給進奉……勇於殺人，吏不聊生。」〔註65〕面對這一現象，身為監察御史的韓愈作《御史臺上論天旱人饑狀》直言進諫：「臣愚以為此皆群臣之所未言，陛下之所未知者也。」〔註66〕不僅直接揭露當時災荒之慘狀，而且特意指出群臣未能向皇帝如實稟報災情，皇帝亦不能真正知道民間疾苦。因為進言過激，得罪權貴，也觸怒了皇帝，韓愈因此遭受嚴譴遠謫。值得注意的是，在這段「天說」的末尾，韓愈發出對「天」的責難：「吾意天聞其呼且怨，則有功者受賞必大矣，其禍焉者受罰亦大矣。」「吾意」是一種假設之辭，此句是說假使「天」能聞見人民的悲呼哀怨，有功者必然會受到極大的獎賞，為禍者也必然會遭受嚴厲的懲罰。其言下之意是，「天」聽不見民眾的呼號，所以才會導致賞罰不當。如果聯繫《御史臺論天旱人饑狀》所云：「陛下之所未知者」，那麼此處的「天」則有指刺皇帝的意味。由此可以推斷，韓愈「天說」的真正意圖是借天意顛倒來指刺現實的政治事件，抒發對朝廷不公的不滿，並諷刺統治者的昏庸。

〔註62〕柳宗元撰，尹占華、韓文奇校注《柳宗元集校注》卷十六，中華書局 2013 年版，第 1089～1090 頁。

〔註63〕如韋感恩《韓愈的〈天說〉新論》（《汕頭大學學報》，1990 年第 3 期），趙源一《韓愈的天命論探微》（《船山學刊》，2007 年第 1 期），夏顯澤《從當代西方環境倫理學看韓愈的天人感應論》（《曲靖師範學院學報》，2005 年第 2 期）等皆持此觀點。

〔註64〕鄒旭光《論韓柳〈天說〉的自然天道觀》，《南京社會科學》2002 年第 2 期。

〔註65〕韓愈《順宗實錄》卷一「辛酉條」，《叢書集成初編》本，中華書局 1985 年版，第 4 頁。

〔註66〕《韓昌黎文集校注》卷八，第 588 頁。

綜上所述，韓愈對天命的闡釋和運用，鮮明地體現出兩種鮮明的傾向：其一是天命成為其肯定主體價值與政治理想的最高理論依據。以道統繼承者自居的韓愈，懷著教化天下、兼濟蒼生的強烈使命。這一使命感使其不計個人窮通榮辱，懷著「夭壽不貳，修身以俟之」的心態等待天命的降臨。其二是經歷科舉失意、仕途蹭蹬等種種現實挫折之後，韓愈借對天命的不屑或怨憤，來表達對政治黑暗、社會不公等現狀的強烈抗爭和不滿。由此而來，韓愈在不同的境遇之下，對天命的理解或闡釋具有一定的靈活度或隨意性。這一點也表明，在韓愈思想體系中，天命並非自始至終總是所謂冥冥決定個體命運的神秘力量，而是他在表達個人思想時所需借助的一個形而上的概念。藉此概念，韓愈高度地肯定了自我的志向及行為，抒發對社會現狀的不滿，反映了他憤世嫉俗、勇於任事的個性特徵。

值得一提的是，《送孟東野序》〔註67〕一文將這兩種相反的天命論調有機統合起來：一方面借天命來肯定主體的生命價值，另一方面亦借天命諷刺當政者不愛惜人才的現象。韓愈從「物不平則鳴」的自然現象生發，認為歷史上有才華的人都是上天「擇其善者而假之鳴」。這既包括得志之時，「天將和其聲而使鳴國家之盛邪」；也包括不得志之時，「窮餓其身，思愁其心腸，而使自鳴其不幸邪」。所以孟郊一生窮愁困頓、懷才不遇，實際上是肩負著上天「使自鳴其不幸」的使命。韓愈對於天命曲為解說，固然是出於安慰友人的用意，同時也反映出他對文士「為文」（尤其是窮愁之文）意義的極大肯定。如上所述，韓愈曾滿懷熱情以天命的高度來肯定自我的政治理想，而當殘酷的現實政治打破他「順心俟之」的期待之時，文字功業就成為其實現主體價值的希望所在。他從天命的高度肯定「自鳴其不幸」之文的價值，這種評價標準亦偏離儒家「溫柔敦厚」的傳統詩教，而呈現出鮮明的思想個性。

二、韓愈、蘇軾天命觀及處窮心態之比較

如上所述，我們可以看出，韓愈、蘇軾對天命的理解頗有相通之處；而在對待天命與現實遭遇的態度上，兩人的處理方式則存在明顯的不同。以下對此加以說明。

首先，韓愈、蘇軾皆將個人的為政理想與終極的天命聯繫起來。這一思維方式應當與二人對孔孟天命觀的接受有關。孔孟關於天命的說法，從表面

〔註67〕《韓昌黎文集校注》卷四，第232～235頁。

上看承認天有意志，帶有宿命和神論因素。但實際上，孔孟的天命觀也是源於社會現實，有一定現實意義。孔子說：「君子有三畏：畏天命，畏大人，畏聖人之言。小人不知天命而不畏，狎大人，侮聖人之言。」何晏將此處的「天命」解釋為：「順吉逆凶，天之命也」。皇侃則進一步將「天」解釋為賞罰公正的意志主體：「天命，謂作善降百祥，不作善降百殃。從吉逆凶，是天之命。故君子畏之，不敢逆之也。」〔註68〕孟子在繼承孔子思想的基礎上，將性善論、天命觀與仁政理想統一為一個互相關聯的思想體系。孟子認為，人具有向善的天性，進而有心繫天下的情懷，所以個體在得志時應當兼濟天下，在不得志時則應該獨善其身，「修身俟命」。如上所述，韓愈亦信奉順吉逆凶、賞善罰惡的儒家天命論，如《原道》將「君子吉，小人凶」的境遇視為正常的天道，《賀皇帝即位表》對此表達得更清楚：「臣聞王者必為天所相，為人所歸，上符天心，下合人志，然後奄有四海，以君萬邦。」〔註69〕蘇軾在為政態度上亦秉承傳統儒家敬畏天命的思想。熙寧三年（1070）所上《擬進士對御試策》提出：「其所可知者，必畏天，必從眾，必法祖宗……未嘗言天命不足畏，眾言不足從，祖宗之法不足用也。」〔註70〕聯繫歷史語境，蘇軾這一看法應當是針對王安石「三不足」之言而來。與王安石激進的政治理想相比，蘇軾的為政理念則提倡恪守傳統儒家敬天保民的天命觀。

就個體命運而言，孟子還特別指出，造就一個大人物是有天意的特殊安排：「故天將降大任於是人也，必先苦其心志，勞其筋苦，餓其體膚，空乏其身，行拂亂其所為，所以動心忍性，曾益其所不能。」〔註71〕賦予天以道德屬性，進而通過天命來肯定主體的生命價值，並砥礪自我積極進取，這種行為方式在韓愈、蘇軾政治理想失落之時皆有所體現。韓愈在論及個人與天命時，往往將其與儒家政治理想聯繫在一起。在科舉失意時，他仍堅信「斯道未喪，天命不欺」，「蓋上天之生余，亦有期於下地」，表現出強烈的以道統繼承者自居的姿態。蘇軾在貶謫黃州期間，亦汲取孟子修身俟命的思想來排遣現實的苦悶，以「天窮」的思維自我砥礪，雖然身處窮境，仍懷有被朝廷復用的希冀。他在貶謫海南時期，則進一步自立天命，以文化傳播者自居。總而

〔註68〕何晏集解，皇侃義疏《論語集解義疏》卷八，中華書局1985年版，第234頁。
〔註69〕《韓昌黎文集校注》卷八，第623頁。
〔註70〕《蘇軾文集》卷九，第307頁。
〔註71〕《孟子譯注》卷十二《告子章句下》，第276頁。

言之，對韓愈、蘇軾而言，天命觀念是他們肯定自我的政治理想與主體價值不可或缺的精神支柱。

其次，在天命問題上，韓愈、蘇軾對儒學傳統思想也有所突破和發展。孔子、孟子要求個體在失意之時要做到「不怨天、不尤人」，懷著「修身俟之」的心態等待天命的降臨。孔孟對於天命的論述，成為後世儒者立身行事的普遍準則。但是在紛紜複雜的人事面前，性格迥異的個體往往從各自不同的立場出發，對天命表現出各不相同的態度。韓愈、蘇軾往往根據自身處境的需要，對天命做出適合己意的闡釋。這說明，對他們而言，天命的概念遠未成為絕對支配人生的力量，在很多情況下，只是他們尋求思想出路的途徑。

韓愈《與崔群書》說：「樂天知命者，固前修之所以禦外物者也。」〔註72〕由此可見，在韓愈看來，天命並不一定是冥冥之中決定人生的異己力量，而是由人用於抵禦外物不合理現狀的一種精神需要。與此相似，蘇軾在貶謫黃州時作《與滕達道書》亦云：「然平生學道，專以待外物之變，非意之來，正須理遣耳。」〔註73〕蘇軾說，平生所學各家各派之思想是為了排遣「非意之來」所帶來的心理上的失落與痛苦。此處蘇軾雖未特指天命，然而如上所述，他在貶謫時期多以天命自我砥礪，亦可視其為「理遣」的一種方式。

如上所述，韓愈對天命的態度經歷了從信崇至懷疑、不滿，乃至抗爭的歷程。在人生早期，他宣稱「蓋上天之生余，亦有期於下地」，將主體的人生價值上升到天命的高度，懷著強烈的與天相合的信念堅持己志。而在經歷接連的科場失意與宦海浮沉之後，他轉而通過懷疑、控訴天命來表達對人間不合理秩序的否定，通過塑造出與天相對立的自我形象來肯定自我的價值。可以說，韓愈將自己的個性氣質、理想期待與天命觀的思想體系整合在一起，其人生後期主要通過在「天」與「人」的對立中，凸顯主體價值，表現出對社會秩序的強烈不滿，帶有強烈的憤世嫉俗的色彩。

蘇軾在黃州時亦以孟子的天窮觀自我砥礪，期待天命降臨。在垂老投荒的海南時期，他亦突破了儒家修身俟命的傳統思想，在融攝儒釋心性學說的基礎上，以強烈的主體意識自立天命，通過對天命的闡釋來肯定自我的政治理想與人生價值。韓愈在闡釋自我「與天相合」或是「與天對立」的天命之時，往往表現出自身與現實環境之間的乖違衝突，呈現出傲俗耿介、突兀不

〔註72〕《韓昌黎文集校注》卷三，第 186 頁。
〔註73〕《蘇軾文集》卷五十一，第 1481 頁。

平的性格特徵。蘇軾則從心性自覺和萬物平等的角度，在自我建構的天命中，來達成主體人格對現實環境的超越，折射出睿智通達的人生境界。余英時認為：「在內化超越的中國文化中，宗教反而是道德的引申，中國人從內心價值自覺的能力這一事實出發而推出一個超越『天』的觀念。」〔註74〕這段話可以很好地用來說明蘇軾以佛學之思致返歸儒學之真諦——這一「自立天命」的文化思維。

第三節　蘇軾論詩歌與窮達之關係

　　詩歌與窮達的關係是中國古代詩學上非常重要的理論範疇。這一命題既包含對文學作品生成原因的探索，也反映了人們對詩人命運的關注。自先秦以來，不同的學人分別從各自的立場出發對這一命題加以闡釋。

　　蘇軾對詩歌與窮達之關係的看法值得關注。一方面，他在的詩文中多次討論到這一議題；另一方面，從其詩文創作與人生經歷來看，蘇軾對此議題不止是理論的探討，而且有著切身的體驗。他曾有過因多才善文而受到舉世讚譽的光輝歷程，也曾有過因詩而入獄的慘痛遭遇。以下將在梳理這一命題之理論來源的基礎上，對蘇軾的觀點加以探析。

一、「詩窮而後工」的理論淵源

　　在詩學批評史上，人們往往將「詩窮而後工」的理論溯源至孔子「詩可以怨」的傳統，並將其與屈原的「發憤抒情」、司馬遷的「發憤著書」、韓愈的「不平則鳴」等說法貫穿在一起。〔註75〕這些論說共同道出，文人在窮困之際進行藝術創作的心理機制。此心理機制亦可上升為人類面對困難時共有的道德意志，如《孟子·盡心上》云：「人之有德慧術知者，恒存乎疢疾，獨孤臣孽子，其操心也危，其慮患也深，故達。」〔註76〕由於中國古代士人的人生價值往往體現在政治領域，所以他們對於「窮」「達」之境的認識多與其政治境遇有關。《孟子·盡心上》云：「故士窮不失義，達不離道。窮不失義，故士得己焉；達不離道，故民不失望焉。古之人，得志，澤加於民；不得志，修

〔註74〕余英時《中國思想傳統的現代詮釋》，江蘇人民出版社1998年版，第38頁。
〔註75〕錢鍾書《詩可以怨》對這一問題有詳細論述。參見錢鍾書《七綴集》，生活·讀書·新知三聯書店2004年版，第115～132頁。
〔註76〕《孟子譯注》卷十三《盡心章句上》，第285頁。

身見於世。窮則獨善其身，達則兼濟天下。」〔註77〕可以說，「詩可以怨」「發憤抒情」「發憤著書」「不平則鳴」「詩窮而後工」諸說，皆圍繞著政治之窮達與詩歌使命的關係而形成一個淵源有自、前後關聯的理論體系。然而，這些說法都是在不同的歷史背景之下提出的，其理論側重點亦各有差異，不可完全等同視之。

　　《論語·陽貨》載孔子曰：「小子何莫學夫《詩》？《詩》，可以興，可以觀，可以群，可以怨。邇之事父，遠之事君，多識於鳥獸草木之名。」在「興觀群怨」四者之中，「詩可以怨」強調的是詩歌具有「怨刺上政」〔註78〕的社會功能。此外，孔子提出的「詩可以怨」往往與「溫柔敦厚」的詩教聯繫在一起，個人在「怨刺上政」時要保持「怨而不怒，哀而不傷」的原則。屈原的「發憤抒情」與司馬遷「發憤著書」皆旨在闡明主體在失意窮愁之際，用文學創作來宣洩內心憤懣不平之情，即朱熹《楚辭集注》所謂的「至於不得已，而後發憤懣以抒其情。」〔註79〕然而，「發憤抒情」與「發憤著書」其理論落腳點略有差異。屈原因為楚王昏庸而遭受排擠流放，他在政治理想失落之際，「惜誦以致愍兮，發憤以抒情……待明君其知之」。〔註80〕一方面通過詩歌創作抒發內心鬱憤不平之情，另一方面則藉此諷諫君主，正如王逸《楚辭章句》所云：「猶發憤懣，作此辭賦，陳列利害，渫己情思，風諫君也。」〔註81〕司馬遷因李陵之事而遭受宮刑，面對「身毀不用」的境遇，他想到自古聖賢皆在困境通過學術創作來完成他們在現實世界中不能實現的抱負：「古者富貴而名摩滅，不可勝記，唯俶儻非常之人稱焉。蓋西伯拘而演《周易》，仲尼厄而作《春秋》，屈原放逐乃賦《離騷》，左丘失明厥有《國語》，孫子臏腳，《兵法》修列，不韋遷蜀，世傳《呂覽》，韓非囚秦，《說難》《孤憤》。《詩》三百篇大氐聖賢發憤之所為作也。此人皆意有鬱結，不得通其道，故述往事，思來者。及如左丘無目，孫子斷足，終不可用，退論書策以舒其憤，思垂空文以自見。」〔註82〕很顯然，「發憤著書」固然是因為遭受宮刑的慘痛恥辱，但其

〔註77〕《孟子譯注》卷十三《盡心章句上》，第 281 頁。
〔註78〕《論語集解》引孔安國注。見《論語集解義疏》卷九，第 245 頁。
〔註79〕朱熹撰，蔣立甫校點《楚辭集注》卷四，上海古籍出版社、安徽教育出版社2001 年版，第 73 頁。
〔註80〕《楚辭集注》卷四，第 72～73 頁。
〔註81〕王逸撰、黃靈庚點校《楚辭章句》卷四，上海古籍出版社 2017 年版，第 91頁。
〔註82〕班固撰，顏師古注《漢書》卷六十二，中華書局 1962 年版，第 2735 頁。

著書之目的則不止「舒其憤」，更在於「思垂空文以自見」，即著書以見其志。可以說，司馬遷的「發憤著書」說直接受到儒家「三不朽」觀念的影響——既然不能在現實中立德立功，那就退而求其次，通過「窮天人之際，通古今之變，成一家之言」的方式，來完成現實生活中無法實現的抱負。

中唐的韓愈在《送孟東野序》中提出著名的「不平則鳴」之說：

> 大凡物不得其平則鳴。草木之無聲，風撓之鳴。水之無聲，風蕩之鳴。其躍也或激之；其趨也或梗之；其沸也，或炙之。金石之無聲，或擊之鳴。人之於言也亦然，有不得已者而後言。其歌也有思，其哭也有懷，凡出乎口而為聲者，其皆有弗平者乎？〔註83〕

韓愈的這一觀點從理論格局至學理深度，皆對以往的說法有了極大的突破。「不平則鳴」所「鳴」的內涵不僅包括哀怨之情，亦包括歡愉之情；「鳴」的主體不僅包括人，亦包括自然萬物。正如錢鍾書在《詩可以怨》中所論：「韓愈的「不平」和「牢騷不平」並不相等，它不但指憤鬱，也包括歡樂在內。」〔註84〕吳承學在錢氏之說的基礎上，進一步指出：「不過韓愈所說的『不平』，並不限於人的感情問題，『平』是指平常、平靜、平衡、平凡等；『不平』則是指異乎尋常的狀態，既可指事物受到壓抑或推動，也可指事物處於發展變化，或充滿矛盾的狀況。總之『不平』所指甚廣，並不僅指逆境。『不平則鳴』應是指自然、社會與人生若處於不尋常的狀況之中，一定會有所表現。」〔註85〕從所「鳴」的內涵來看，韓愈的觀點是對屈原、司馬遷等人的極大補充，亦是對文學內容更全面的概括。由此可見，無論是位達之時「鳴國家之盛」的歡愉之文，還是處於逆境之時「自鳴其不幸」的窮愁之語，二者的藝術價值本無高低之分。但是，正如上文所析，這篇序言是為滿腹才華而終生困頓的孟郊所作，韓愈在客觀闡釋文學發生原因的同時，亦流露出對窮者致力於文學創作的同情和肯定。

貞元十九年（803），韓愈在為裴均、楊憑所作《荊潭唱和詩序》中，從藝術創作水準的角度，提出「歡愉之辭難工，而窮苦之言易好」的觀點：

> 夫和平之音淡薄，而愁思之聲要妙；歡愉之辭難工，而窮苦之

〔註83〕《韓昌黎文集校注》卷四，第233頁。
〔註84〕錢鍾書《七綴集》，第122頁。
〔註85〕吳承學《「詩能窮人」與「詩能達人」——中國古代對於詩人的集體認同》，中國社會科學2010年第4期。

言易好也。是故文章之作，恒發於羈旅草野；至若王公貴人氣滿志得，非性能而好之，則不暇以為。今僕射裴公開鎮蠻荊，統郡惟九；常侍楊公領湖之南壤地二千里，德刑之政並勤，爵祿之報兩崇。乃能存志乎詩書，寓辭乎詠歌，往復循環，有唱斯和，搜奇抉怪，雕鏤文字，與韋布里閭憔悴專一之士較其毫釐分寸，鏗鏘發金石，幽眇感鬼神，信所謂材全而能鉅者也。〔註86〕

在這裡，韓愈認為「和平之音」與「愁思之聲」各有「淡薄」與「要妙」之藝術魅力，其價值不分高下。然而，從藝術經驗來看，卻呈現出「歡愉之辭難工，而窮苦之言易好」的不同。韓愈對此做出自己的解釋。如上所述，「發憤抒情」「發憤著書」與「不平則鳴」，都是立足於創作動機來討論創作活動，而此處則側重於從創作過程來討論由「窮」到「工」的內在關係。韓愈認為「窮苦之言易好」的原因，並不完全是窮愁之言更易感人，而是這些「窮愁之人」更能「專一」地投入創作，爭其毫釐分寸，極盡雕鏤之能事。韓愈此文是為當時身居顯貴的裴均、楊憑而作，一方面通過「歡愉之辭難工，而窮苦之言易好」表達自己的文學觀念，另一方面亦藉此曲為稱頌裴、楊二人雖身處高位，而能致力於詩文創作之可貴，可謂「材全而能鉅者」。值得注意的是，韓愈這裡貌似客觀地提出「歡愉之辭難工，而窮者之言易好」這一創作的規律，實則寓含著對富者不能專心致力於文章創作的不滿。當然，此文本是為頌揚裴、楊兩位達官貴人而作，所以這層寄託十分隱微。我們在《醉贈張秘書》一詩中，可以看到韓愈的憤世嫉俗在這一文學觀念上的鮮明體現：

長安眾富兒，盤饌羅羶葷。不解文字飲，惟能醉紅裙。雖得一餉樂，有如聚飛蚊。今我及數子，固無蕕與薰。險語破鬼膽，高詞媲皇墳。至寶不雕琢，神功謝鋤耘。方今向泰平，元凱乘華勛。吾徒幸無事，庶以窮朝矄。」〔註87〕

作者對不解文字飲的富貴子弟予以強烈的諷刺，而對苦心積慮、雕鏤文字的窮巷之士予以高度讚美。窮者以竭盡雕琢的「險語」「高詞」來肯定自我個性與價值，這種做法，得到了韓愈的極力贊許。

元和十五年（820），韓愈在《柳子厚墓誌銘》中，圍繞柳宗元一生坎坷

〔註86〕《韓昌黎文集校注》卷四，第262～263頁。
〔註87〕韓愈著、錢仲聯集釋《韓昌黎詩繫年集釋》卷四，上海古籍出版社1984年版，第391頁。

不平的遭遇與奇偉瑰麗的文才，論述「窮苦之言易好」的必然性及文章功業的價值：

> （子厚）卒死於窮裔。材不為世用，道不行於時也。使子厚在臺省時，自持其身已能如司馬刺史時，亦自不斥；斥時有人力能舉之，且必復用不窮。然子厚斥不久，窮不極，雖有出於人，其文學辭章，必不能自力以致必傳於後如今，無疑也。雖使子厚得所願，為將相於一時，以彼易此，孰得孰失，必有能辨之者。〔註88〕

韓愈認為柳宗元因久斥居窮，所以能「自力」於文辭，故而其文章才有傳世久遠的價值。儘管他對「文章之功業」與「為將相於一時」二者孰高孰低的問題存而不論，但不難感受到，在韓愈心中文章之價值所佔的重大分量。

綜上所述，韓愈「不平則鳴」和「窮苦之言易好」的觀點，強調從創作主體方面說明創作根源與藝術品位問題。這一點既繼承了孔子「詩可以怨」、屈原「發憤抒情」與司馬遷「發憤著書」等表達怨刺的傳統，同時也有其個人新見。這就是，韓愈側重於從藝術表現的角度來討論「工」這一藝術品位問題。在韓愈看來，歡愉之辭和窮苦之言二者之間本無高下之分，而在創作中出現「歡愉之辭難工，而窮苦之言易好」的現象，其原因在於作者是否在文學創作過程中投入心力。「心」即作者「存志乎詩書，寓辭乎詠歌，往復循環，有唱斯和」；「力」即作者在創作技巧上的「搜奇抉怪，雕鏤文字」。從「心」「力」兩方面來肯定文學創作活動，進而讚揚優秀作品的藝術價值，這表明韓愈對於文藝的態度已超越「發憤抒情」或「發憤著書」等僅出於個體「泄私憤」的自發狀態，而對文學之價值有更為理性的認識與贊許。

此外，韓愈對「不平則鳴」與「歡愉之辭難工，而窮苦之言易好」的客觀論述，也隱含著他對窮者之文的衵護與肯定。基於此，作為窮者的韓愈也在藝術修辭上表現出對險奇怪異文風的偏好。〔註89〕

歐陽修紹續韓愈「窮苦之言易好」之餘響，在慶曆六年（1046）所作的《梅聖俞詩集序》中第一次明確提出「詩窮而後工」之說，其文如下：

> 予聞世謂詩人少達而多窮，夫豈然哉？蓋世所傳詩者，多出於

〔註88〕《韓昌黎文集校注》卷七，第 513 頁。

〔註89〕卞孝萱等認為韓愈及其周圍的孟郊、賈島、盧仝、劉叉等人之詩多崇尚雄奇險異之風與這些人皆是窮士的出身有關。參見卞孝萱、張清華等《韓愈評傳》，南京大學出版社 2007 年版，第 305 頁。

古窮人之辭也。凡士之蘊其所有，而不得施於世者，多喜自放於山巔水涯。外見蟲魚草木風雲鳥獸之狀類，往往探其奇怪。內有憂思感憤之鬱積，其興於怨刺，以道羈臣、寡婦之所歎，而寫人情之難言。蓋愈窮則愈工。然則非詩之能窮人，殆窮者而後工也。

　　予友梅聖俞，少以廕補為吏，累舉進士，輒抑於有司，困於州縣，凡十餘年……聖俞亦自以其不得志者，樂於詩而發之，故其平生所作，於詩尤多。世既知之矣，而未有薦於上者。昔王文康公嘗見而歎曰：「二百年無此作矣。」雖知之深，亦不果薦也。若使其幸得用於朝廷，作為雅頌，以歌詠大宋之功德，薦之清廟，而追商、周、魯《頌》之作者，豈不偉歟。奈何使其老不得志，而為窮者之詩，乃徒發於蟲魚物類，羈愁感歎之言。世徒喜其工，不知其窮之久而將老也。可不惜哉。〔註90〕

我們可以從三個方面來理解歐陽修「詩窮而後工」的內涵：一是詩為什麼「窮而後工」；二是「工」的具體表現或評價標準的問題；三是從「達」的角度來審視的「詩窮而後工」的價值問題。

　　首先，「詩窮而後工」是對韓愈「歡愉之辭難工，而窮苦之言易好」的進一步提煉。林雲銘認為，韓愈在《荊潭唱和詩序》中論「窮苦之言易好」，是為了反襯裴均、楊憑二位達官貴人雖然身處顯位而能致力於文辭創作，因此韓愈觀點「與歐陽公所謂『詩能窮人』等語了不相涉」。〔註91〕筆者認為，這是一種選擇性的誤讀。作為韓集的早期整理者，歐陽修對韓愈的文章可謂十分熟悉。歐陽修在文中對詩何以「窮而後工」的解釋在很大程度上受到韓愈的影響。從論述用語來看，歐陽修用的「工」字本身就直接來源於韓愈的品評之辭。另外，如韓愈云「是故文章之作，恒發於羈旅草野」，而歐陽修則說「多喜自放於山巔水涯之外」；韓愈云「搜奇抉怪，雕鏤文字」，歐陽修則說「往往探其奇怪……而寫人情之難言。」從這些表述來看，歐陽修應當受到了韓愈的影響。

　　在延續韓愈「窮苦之言易好」的基礎上，「詩窮而後工」還遠紹「發憤抒情」「發憤著書」的傳統，側重於從政治上不得志的角度來對「詩窮而後工」加以說明。歐陽修認為，窮者因為「蘊其所有，而不得施於世」，所以

〔註90〕《歐陽修全集》卷四十三，第612～613頁。
〔註91〕林雲銘著，胡佳點校《韓文起》卷四，華東師範大學2015年版，第160頁。

將內在的鬱積感憤之思「興於怨刺」,「道羈臣寡婦之所歎,而寫人情之難言」,從而創作出優秀的文學作品。歐陽修這一觀點並非泛泛而論,而是特別針對梅堯臣一生的坎坷際遇與詩歌成就而言。在接下來的一大段文字中,歐陽修歷數梅堯臣之出身履歷與學問涵養,側重闡明「其不得志者,樂於詩而發之」的創作動機。根據鞏本棟的考察,除此文之外,歐陽修還多處提出「詩窮而後工」的看法,皆是為梅堯臣而發。〔註92〕歐陽修認為梅堯臣因政治抱負得不到施展而專心致力於文辭創作,並將「梅窮」與「孟窮」相提並論,一方面為其仕途淪落、生活困窘而寄予同情,並對當政者不惜人才予以諷刺,另一方面則極力讚賞梅堯臣「霜寒入毛骨,清響哀愈長」〔註93〕的詩歌創作。

第二,工之內涵,即曲盡其妙地敘人情、狀物態。歐陽修對於「工」的理解體現在這段話中:「凡士之蘊其所有,而不得施於世者,多喜自放於山巔水涯之外,見蟲魚草木風雲鳥獸之狀類,往往探其奇怪,內有憂思感憤之鬱積,其興於怨刺,以道羈臣寡婦之所歎,而寫人情之難言。」歐陽修所認為梅詩之工的具體內涵,可用《六一詩話》引用梅堯臣的話來說明:一是「必能狀難寫之景,如在目前」;二是「含不盡之意,見於言外」。〔註94〕另外,歐陽修在《書梅聖俞稿後》中說:「其體長於本人情,狀風物,英華雅正,變態百出。」〔註95〕「狀風物」即「狀難狀之景」,側重於摩寫事物之形狀;「本人情」即「寫人情」,此處的「本」「寫」二字當是強調摹情之意。值得注意的是,歐陽修在《六一詩話》中對韓愈詩歌亦有類似的評價:「敘人情、狀物態,一寓於詩,而曲盡其妙。」〔註96〕眾所周知,用敘述的手法摩情體物可謂韓愈「以文為詩」的一大表現。由此可見,歐陽修有關詩「工」的看法應受到韓愈「以文為詩」的影響。

如上所述,歐陽修在對梅堯臣詩歌的評論中,確立「工」的藝術標準,而這一藝術標準又可追溯至韓愈的詩歌。這一點並不奇怪,因為梅、歐二人的詩歌都受到韓愈的影響。歐陽修、梅堯臣都極其推崇韓愈的詩歌成就,並

〔註92〕 鞏本棟《「詩窮而後工」的歷史考察》,《中山大學學報》2008年第4期。
〔註93〕 《歐陽修全集》卷二《讀蟠桃詩寄子美》,第37頁。
〔註94〕 《歐陽修全集》卷一百二十八,第1952頁。
〔註95〕 《歐陽修全集》卷七十二,1049頁。
〔註96〕 《歐陽修全集》卷一百二十八,第1957頁。

在師法韓詩的過程中，革除宋初西崑體、白體的浮薄積弊而開啟一代詩風。〔註97〕歐陽修、梅堯臣傾向於從描摹刻畫方面竭力追慕韓詩的雄健筆力，如歐陽修《紫石屏歌》曾云：「大哉天地間，萬怪難悉談。嗟予不度量，每事思窮探。欲將兩耳目所及，而與造化爭毫纖。」〔註98〕他在《聖俞會飲》詩中對梅聖俞的「詩工鑱刻露天骨」大為讚賞。〔註99〕

　　但是，不可忽略的是，韓愈往往通過藝術修辭的爭奇鬥險，來發洩窮者失志的感激怨懟之情，所以偏愛險奇怪異之文風。而歐陽修、梅堯臣學韓詩，卻不主張過分追求怪誕天縱、縋幽鑿險，而是表現出一種紆徐自然、明曉暢達的氣格。與此相關，歐陽修晚年作《梅聖俞墓誌銘序》，對「工」的看法又略有補充：「聖俞為人仁厚樂易，未嘗忤於物，至其窮愁感憤，有所罵譏笑謔，一發於詩，然用以為歡，而不怨懟，可謂君子者也……余嘗論其詩曰：『世謂詩人少達而多窮，蓋非詩能窮人，殆窮者而後工也。』」〔註100〕此文不僅討論了梅堯臣「窮愁感憤」的境遇對其詩工的影響，而且論及梅堯臣「仁厚樂易」的人格修養及其詩歌「用以為歡，而不怨懟」的氣質品格。與韓愈、孟郊等追求苦吟、抒發怨懟之情不同，梅堯臣、歐陽修提倡在詩歌創作中以理性的思致，來排解人生的「窮愁感憤」，追求一種仁厚樂易的君子之風。總之，從歐陽修對梅堯臣其人、其詩的評價來看，「窮而後工」不僅包括藝術表現上「曲盡其妙」地敘人情、摩物態，而且也體現為作為窮者的詩人在精神境界上的通達樂易之風。

　　第三，從「達」的角度對「詩窮而後工」進行審視。對中國古代士人而言，「窮達」主要是指其政治理想的實現與否。那麼，由「詩窮而後工」便引申出位達之時的功業價值與處窮之際的詩歌成就孰高孰低的問題。如上所述，韓愈說：「雖使子厚得所願，為將相於一時，以彼易此，孰得孰失，必有能辨之者。」他對柳宗元的貶謫文學價值與「為將相於一時」的功業價值孰高孰低的問題，沒有給出明確的答案。如果按照傳統儒家的「太上立德，其次立功，其次立言」的標準，位達之時的功業價值自然要高於處窮之際的詩歌成就。從韓愈存而不論的做法，可以推測他對柳宗元貶謫詩文的激賞，這也意

〔註97〕參見谷曙光《論歐陽修對韓愈詩歌的接受與宋詩的奠基》，《北京師範大學學報》2005年第3期。
〔註98〕《歐陽修全集》卷四，第64頁。
〔註99〕《歐陽修全集》卷一，第18頁。
〔註100〕《歐陽修全集》卷三十三，第497～498頁。

味著他對文學之獨立價值的肯定。

歐陽修在讚譽梅堯臣「詩窮而後工」時，對此問題卻有著與韓愈不同的看法：「若使其幸得用於朝廷，作為雅、頌，以歌詠大宋之功德，薦之清廟，而追商、周、魯頌之作者，豈不偉歟？奈何使其老不得志，而為窮者之詩，乃徒發於蟲魚物類，羈愁感歎之言。」作者感歎梅堯臣的才學不為世所用，不能為朝廷寫歌功頌德、祭祀祖廟的詩歌，而只能抒發一些「蟲魚物類」的羈愁感歎之言。這裡，歐陽修並非是有意抬高雅頌之音而貶低窮愁之言。相反，他是借這兩種文章所處的「達」或「窮」的境遇，對梅堯臣懷才不遇的窮困處境寄予同情。

韓愈、歐陽修對各自友人詩文價值的不同看法，與他們各自的政治態度有關。韓愈在《柳子厚墓誌銘》中說：「子厚前時少年，勇於為人，不自貴重顧籍，謂功業可立就，故坐廢退。既退，又無相知有氣力得位者推挽，故卒死於窮裔。材不為世用，道不行於時也。」〔註101〕由此可見，韓愈一方面對柳宗元「材不為世用，道不行於時」深感惋惜，另一方面又對其參與永貞革新頗有微詞。而歐陽修對梅堯臣的態度正好相反，因為「梅堯臣在慶曆黨爭中所處的位置，實際上不屬於新、舊任何一派，這種依違於新、舊兩黨之間的尷尬狀態，最終決定了他窮困不遇的命運」。〔註102〕歐陽修在為梅堯臣惋惜的同時，也時常因為自身力量微薄不能予以上薦而深感愧疚。如《聖俞會飲》：「吾交豪俊天下選，誰得眾美如君兼。詩工鑱刻露天骨，將論縱橫輕玉鈐……嗟餘身賤不敢薦，四十白髮猶青衫。」〔註103〕

二、蘇軾的觀點：從「詩窮而後工」到「詩能窮人」

歐陽修「詩窮而後工」的觀點對宋代文人有很大影響，王安石、蘇軾、賀鑄等皆有類似的言論。〔註104〕在這些接續者之中，蘇軾的聲音最為頻繁，試看以下幾例：

〔註101〕《韓昌黎文集校注》卷七，第513頁。

〔註102〕鞏本棟《「詩窮而後工」的歷史考察》，《中山大學學報》2008年第4期。

〔註103〕《歐陽修全集》卷一，第18頁。

〔註104〕如王安石《次韻子履遠寄之作》云：「高位紛紛誰得志，窮途往往始能文」（《王安石文集》卷二十三，第378頁）。賀鑄《題詩卷後》云：「詩豈窮人窮者工，斯言聞諸六一翁」（北京大學古文獻研究所編《全宋詩》卷一一一〇，北京大學出版社1999年版，第12594頁）。

　　　　詩人例窮塞，秀句出寒餓。何當暴雪霜，庶以躡郊賀。〔註105〕

　　　　非詩能窮人，窮者詩乃工。此語信不妄，吾聞諸醉翁。〔註106〕

　　　　遣子窮愁天有意，吳中山水要清詩。〔註107〕

　　　　秀語出寒餓，身窮詩乃亨。〔註108〕

　　　　黃金散行樂，清詩出窮愁〔註109〕

如上所述，韓愈和歐陽修皆從特定背景出發提出優秀的作品與處窮的關係，
韓愈的「窮苦之言易好」主要針對中唐不得志的苦吟詩人，歐陽修「詩窮而
後工」則針對仕途坎坷的梅堯臣而發的，所以兩人提出的「工」（或「好」）的
藝術標準各不相同：韓愈的「窮苦之言易好」主要表現為「搜奇抉怪，雕鏤文
字」的窮奇險怪之風，歐陽修「詩窮而後工」則側重詩歌曲盡其妙地「敘人
情、狀物態」的表現力。而從以上幾例可以看出，蘇軾主要是以「清秀」這一
審美範式作為「詩工」的標準。基於對藝術審美的自覺追求，「詩窮而後工」
一方面承擔著寬慰政治或人生諸事不得意的功能，另一方面也成為詩人表達
藝術審美追求的特定方式。《病中大雪數日，未嘗起觀，虢令趙薦以詩相屬，
戲用其韻答之》所謂「詩人例窮塞，秀句出寒餓」，即表達了對「詩窮而後工」
的認同。在此基礎上，蘇軾發出這樣的感歎：「何當暴雪霜，庶以躡郊賀。」
「暴雪霜」的期待雖是一句戲言，卻也反映出他對藝術審美的自覺追求。

　　除了繼承歐陽修「詩窮而後工」的觀點外，蘇軾還提出了「詩窮而後工」
的逆命題「詩能窮人」。這一言論不僅與蘇軾在烏臺詩案中因詩被捕、入獄、
貶謫的慘痛經歷有關，而且也反映出他對於詩歌與命運這一命題的深刻思考，
是研究蘇軾詩學精神不可忽視的問題。

　　由發憤抒情而至窮而後工，對詩人悲劇性命運的關注是中國古代詩學的
一個重要命題。正如吳承學所總結的：「對文章之士命運的關注，是古已有之
的。不過，對其不幸遭遇原因的闡釋則有所變化。從漢代的『文人伐能』之
說，到唐宋的『詩人薄命』之說，是一種轉折。它意味著人們從關注詩人自身
的品德缺陷變成關注詩人悲劇性的宿命，對詩人的態度也從批評轉為理解與

〔註105〕　《蘇軾詩集》卷四《病中大雪數日，未嘗起觀，虢令趙薦以詩相屬，戲用其
　　　　　韻答之》，第159頁。
〔註106〕　《蘇軾詩集》卷十二《僧惠勤初罷僧職》，第577頁。
〔註107〕　《蘇軾詩集》卷十四《和晁同年九日寄》，第697頁。
〔註108〕　《蘇軾詩集》卷三十三《次韻仲殊雪中遊西湖二首》之一，第1750頁。
〔註109〕　《蘇軾詩集》卷三十五《九日次定國韻》，第1906頁。

欣賞了。」〔註110〕如果說唐代以來流行的「文章憎命達」〔註111〕，或是「詩
人多薄命」〔註112〕，乃至上舉蘇軾「文人自賊」諸說，仍是在以悲怨為美的
詩歌傳統中強調作者之命運與其文章創作的關係。經歷了「烏臺詩案」之慘
禍的蘇軾，對這一命題更有著異乎常人的切身感受，基於此他多次表達「詩
能窮人」的觀點：

> 吾窮本坐詩，久服朋友戒。五年江湖上，閉口洗殘債。今來復
> 稍稍，快癢如爬疥。先生不識訶，又復寄詩械。幽光發奇思，點黮
> 出荒怪。詩成一自笑，故疾逢蝦蟹。〔註113〕

> 我本畏酒人，臨觴未嘗訴。平生坐詩窮，得句忍不吐。吐酒茹
> 好詩，肝胃生淳污。用此較得喪，天豈不足付。〔註114〕

作為中國歷史上第一場震動朝野的文字獄的親歷者，蘇軾在烏臺詩案中差點
因詩而受到滅頂之災，「平生坐詩窮」的感慨可謂深痛徹骨。正因為如此，他
將詩歌創作視為「詩械」「詩債」，在貶謫時期下決心「痛戒作詩」。〔註115〕然
而，他又多次表示自己對詩歌欲戒而不能，寫作時「快癢如爬疥」的心理活
動。那麼，蘇軾是如何看待詩歌給自身帶來的這兩種不同的感受呢？對於這
個問題，蘇軾在下文中有詳細的辨析：

> 詩能窮人，所從來尚矣，而於軾特甚。今足下獨不信，建言詩
> 不能窮人，為之益力。其詩日已工，其窮殆未可量，然亦在所用而
> 已。不龜手之藥，或以封，安知足下不以此達乎？人生如朝露，意
> 所樂則為之，何暇計議窮達？云能窮人者固繆，云不能窮人者，亦
> 未免有意於畏窮也。江淮間人好食河豚，每與人爭河豚本不殺人，
> 嘗戲之，性命自子有，美則食之，何與我事。今復以此戲足下，想

〔註110〕 吳承學《「詩能窮人」與「詩能達人」——中國古代對於詩人的集體認同》，
《中國社會科學》2010 年第 4 期。

〔註111〕 杜甫著，謝思煒校注《杜甫集校注》卷十《天末懷李白》，上海古籍出版社
2015 年版，第 1690～1691 頁。

〔註112〕 白居易著，謝思煒校注《白居易詩集校注》卷十七《李白墓》，中華書局 2006
年，1383～1384 頁。

〔註113〕 《蘇軾詩集》卷二十五《孫莘老寄墨四首》其四，第 1322 頁。

〔註114〕 《蘇軾詩集》卷三十四《叔弼云，履常不飲，故不作詩，勸履常飲》，第 1799
頁。

〔註115〕 關於蘇軾貶謫時期「禁言」的創作心態，參見淺見洋二著，李貴、趙蕊蕊等
譯《文本的密碼——社會語境中的宋代文學》，復旦大學出版社 2017 年版，
第 34～42 頁。

復千里為我一笑也。〔註116〕

軾平生以文字言語見知於世，亦以此取疾於人，得失相補，不
如不作之安也……軾窮困本坐文字，蓋願剗形去智而不可得者。然
幼子過文益奇，在海外孤寂無聊，過時出一篇見娛，則為數日喜，
寢食有味。以此知文章如金玉珠貝，未易鄙棄也。〔註117〕

烏臺詩案之後，蘇軾常常將「詩能窮人」掛在嘴邊，其周邊的親友也多勸其
「戒詩」，而友人陳師仲卻與之相反，「建言詩不能窮人，為之益力」。對此，
蘇軾堅稱：「其詩日已工，其窮殆未可量。」既然知道「詩能窮人」，那麼作者
為什麼仍然要致力於詩歌創作？蘇軾認為，作詩旨在「（為己）所用而已」。
他以「不龜手之藥」為喻，分辨兩種不同的「所用」之法，並以此質疑陳師仲
的觀點。《莊子・逍遙遊》中講到：「宋人有善為不龜手之藥者，世世以洴澼絖
為事。客聞之，請買其方百金。聚族而謀曰：『我世世為洴澼絖，不過數金；
今一朝而鬻技百金，請與之。』客得之，以說吳王。越有難，吳王使之將。
冬，與越人水戰，大敗越人，裂地而封之。能不龜手一也，或以封，或不免於
洴澼絖，則所用之異。」〔註118〕同一種「不龜手之藥」，或用以防止勞動時手
的皸裂，或用以戰勝敵人得到封賞。在蘇軾看來，詩歌的作用亦與此相同：
或因之而致窮，或因之而顯達，「在所用而已」。但「人生如朝露，意所樂則為
之，何暇計議窮達？」蘇軾認為，寫詩只是出於意之所樂，而無意於窮達。如
上所述，韓愈《柳子厚墓誌銘》提出了文章與功名孰得孰失的問題。歐陽修
則提出「詩窮而後工」的價值遠不及在朝堂的雅頌之音，並由此對懷才不遇
的梅堯臣寄予同情。蘇軾則基於「人生短暫，所樂則為之」的視點，以一種超
然達觀的態度否定了窮達與文章的關聯：他既否定了自己「詩能窮人」的觀
點，也否定了陳師仲「詩不能窮人」的看法，而完全將詩歌創作視為一種純
粹的審美行為。最後，蘇軾又以食河豚為喻，河豚味美卻有毒，然而食與不
食皆在一己之願。作詩之理與此相同，創作的過程不免要「勞心以耗神」，寫
出來的作品又不免「盛氣以忤物」，甚至因此獲罪；然而作詩也可娛心，每出
一篇「則為數日喜，寢食有味」。儘管如此，正如河豚之有毒，這也意味著作
詩亦容易致窮。由此來看，蘇軾在「詩能窮人」與「詩能達人」兩種觀點之間

〔註116〕《蘇軾文集》卷四十九《答陳師仲主簿書》，第1428頁。
〔註117〕《蘇軾文集》卷四十九《答劉沔都曹書》，第1429～1430頁。
〔註118〕《莊子注疏》內篇，第19～20頁。

似乎還是更傾向於前者。

蘇軾「詩能窮人」的觀點不僅是針對個人在烏臺詩案中的遭遇，他亦將其視為詩人的普遍命運。在《次韻張安道讀杜詩》一詩中，他從《詩經》以來的詩歌流變著眼，揭示了杜甫的悲劇性命運在詩史上具有的崇高意義：

> 大雅初微缺，流風困暴豪。張為詞客賦，變作楚臣《騷》。展轉
> 更崩壞，紛綸閱俊髦。地偏蕃怪產，源失亂狂濤。粉黛迷真色，魚
> 鰕易蔘牢。誰知杜陵傑，名與謫仙高。掃地收千軌，爭標看兩艘。
> 詩人例窮苦，天意遣奔逃。〔註119〕

「詩人例窮苦」之「例」字，意味著作者對詩人悲劇性命運的選擇性認同。古往今來，並非所有的詩人都是窮苦的，甚至有些因寫詩而享高官厚祿。吳承學提出：以孔孟儒學思想為主體的中國詩學精神，強調「詩言志」的社會責任感，強調風雅比興與怨刺精神，用詩歌表達的詩人之窮不僅僅是一己之窮，而是可以超越個人的際遇，而與人類的普遍情感相通，從而能超越時代引起人們的普遍共鳴。〔註120〕蘇軾對「詩能窮人」的選擇性認同，可謂此種詩學價值觀的典型。他甚至將窮苦視為上天對於詩人的眷顧，而賜予他們一種特殊使命。正如孟子所云「故天將降大任於斯人也，必先苦其心志，勞其筋骨，餓其體膚，空乏其身，行拂亂其所為，所以動心忍性，曾益其所不能」（《孟子·告子下》）。上天使詩人命運坎坷、受盡窮苦，是為了讓他們更深刻地瞭解世態人情，以便在詩歌中有更精當的表現。

然而另一方面，蘇軾又用「天人相仇」這一相反命題來解釋文人的悲劇性命運，如下文：

> 貴賤壽夭，天也。賢者必貴，仁者必壽，人之所欲也。人之所
> 欲，適與天相值實難，譬如匠慶之山而得成鋸，豈可常也哉。因其
> 適相值，而責之以常然，此人之所以多怨而不通也。至於文人，其
> 窮也固宜，勞心以耗神，盛氣以忤物，未老而衰病，無惡而得罪，
> 鮮不以文者。天人之相值既難，而人又自賊如此，雖欲不困，得
> 乎？〔註121〕

〔註119〕《蘇軾詩集》卷六，第265～266頁。
〔註120〕吳承學《「詩能窮人」與「詩能達人」——中國古代對於詩人的集體認同》，《中國社會科學》2010年第4期。
〔註121〕《蘇軾文集》卷十《邵茂誠詩集敘》，第320頁。

此文是熙寧十一年（1078）蘇軾為博學多才而早亡的同年好友邵茂誠詩集所作之序。蘇軾一方面借「天人相仇」之說為友人的遭遇鳴不平，另一方面也用它來解釋文人窮困薄命的原因。蘇軾甚至將寫詩描述為文人「自賊」的過程：一是文人自身內在的「勞心以耗神」，二是文人與外界之間「盛氣以忤物」。所以「未老而先衰，無惡而得罪」皆是因文而起，是上天對文人的懲罰。

文人因為特殊的才能而遭到上天嫉妒，進而承受窮苦之命的說法，頻繁出現在蘇軾與友人的贈答詩中。如下幾例：

多才久被天公怪，闕食惟應爨婦知。杜叟挽衣那及脛，顏翁食粥敢言炊。詩人情味真嘗遍，試問於君底處虧。〔註122〕

吟詩莫作秋蟲聲，天公怪汝鉤物情，使汝未老華髮生。〔註123〕

書生例強狠，造物空煩擾。〔註124〕

誰言窮巷士，乃竊造物權。〔註125〕

在這些詩句中，蘇軾通過天公或造物者的視角來看待「詩能窮人」的問題：因為詩人才華橫溢，他們偷竊了造物者特有的權柄，窺曉世間萬物的神秘，以致於遭到造物主的煩擾。他們所作之詩有如秋蟲之鳴叫，所以引來天公的嗔怪，使其未老先衰。蘇軾通過具有神秘色彩的造物者的視點，來分析詩人窮困的原因，實際上也隱含著他對詩歌神秘性的認識：即寫詩並非人人皆可，而需要有特殊的才華和天賦。在歷史上，文人們一直給人留下風流儒雅的形象，稍有過分則有恃才傲物之譏，而蘇軾卻頗喜歡用「強狠」一詞來形容文士。正如「詩人例窮苦」一般，「書生例強狠」。烏臺詩案之後，他在《與章子厚參政書》中亦以此形容自己：「平時惟子厚與子由極口見戒，反覆甚苦，而軾強狠自用，不以為然。」〔註126〕「強狠」一詞富有挑戰意味，用來形容文人具有兩方面的指向：一是文人在創作中挑戰世俗禮法而遭到人間秩序的制裁，如烏臺詩案中蘇軾以詩諷刺新法而入獄被貶；二是文人們在創作中竊取造物者的權利，挑戰神秘的自然禁忌，所以不可避免地要遭受上天的懲罰。對前一方面，蘇軾雖然出於現實壓力略有悔意，但不難看出「強狠自用」隱含著詩人不顧自身處境，用詩歌來揭露流弊、指刺時政的創作追求。這與蘇

〔註122〕《蘇軾詩集》卷六《次韻柳子玉過陳絕糧二首》其一，第274頁。
〔註123〕《蘇軾詩集》卷十六《次韻答劉涇》，第820頁。
〔註124〕《蘇軾詩集》卷十九《與客游道場何山得鳥字》，第969頁。
〔註125〕《蘇軾詩集》卷三十九《次韻定慧欽長老見寄八首》之五，第2116頁。
〔註126〕《蘇軾文集》卷四十九，第1411頁。

軾在《題柳子厚詩》中所說「詩須有為而作」〔註127〕是一致的。對後一方面，蘇軾通過造物者戲謔揶揄詩人命運之窮窘，實則隱含著對詩人才情之富有的讚美。

三、「詩能窮人」對蘇門文人群的影響

眾所周知，蘇軾在當時文壇具有領袖地位，在他身邊出現一批同聲相應、同氣相求的蘇門文人群體。蘇門文人因詩文交流被視為同黨，在熙豐、紹聖期間，皆不同程度地受到新黨的排擠傾軋。在貶黜的生涯中，這批文人彼此之間往往通過詩歌互致慰藉，可謂因詩文而致窮，又因詩文而見真情。蘇軾在與他們交流時，不時流露出以詩相標榜，以窮相調侃之意，譬如：「不用更貪窮事業，風騷分付與沉湘」〔註128〕；「二子緣詩老更窮，人間無處吐長虹」〔註129〕；「信知詩是窮人物，近覺王郎不作詩。」〔註130〕對友人因詩而窮的戲謔調侃，是蘇門文人親密慰藉的特有方式，流露出他們對待處窮的達觀心態。另一方面，對於「詩是窮人物」的選擇性認同，也意味著愈窮則愈有才華，所以對「致窮之具」的嘲諷，實則意味著對彼此才華的讚賞。這甚至是蘇門文人集體認同的一個必要條件：

> 某有姪婿王郎，名庠，榮州人。文行皆超然，筆力有餘，出語不凡，可收為吾黨也。自蜀遣人來惠，云：「魯直在黔，決當往見，求書為先容。」嘉其有奇志，故為作書。然舊聞其太夫人多病，未易遠去，謾為一言。眉人有程遵晦者，亦奇士，文益老，王郎蓋師之。此兩人者有致窮之具，而與不肖為親，又欲往求黃魯直，其窮殆未易量也。〔註131〕

這封書信作於紹聖年間，蘇黃二人被視為同黨遭遇遠貶，蘇軾被貶於惠州，黃庭堅被貶於黔州。蘇軾在此信中向黃庭堅介紹王郎文筆出眾，提議可將此人「收為吾黨」，並幽默地將此王、程二人富有文才的資質稱為「致窮之具」。

〔註127〕蘇軾在《鳧繹先生詩集敘》對「有為而作」作了更具體的說明：「先生之詩文，皆有為而作，精悍確苦，言必中當世之過，鑿鑿乎如五穀必可以療饑，斷斷乎如藥石必可以伐病。」見《蘇軾文集》卷十，第 313 頁。

〔註128〕《蘇軾詩集》卷十三《和子由四首》之《送李供備席上和李詩》，第 630 頁。

〔註129〕《蘇軾詩集》卷十八《與秦太虛、參廖會於松江，而關彥長、徐安中適至，分分韻得風字二首》其二，第 948 頁。

〔註130〕《蘇軾詩集》卷三十一《呈定國》，第 1639 頁。

〔註131〕《蘇軾文集》卷五十二《答黃魯直五首》之五，第 1534 頁。

蘇軾最後對王郎「其窮殆未易量也」的原因有二：一是王郎本身具有「致窮之具」，二是王郎所欲求往之黃魯直本身就是一位身處至窮之境的人。不難體會，蘇軾對「吾黨」「致窮之具」的自我調侃，實則是對其精神之富有的讚賞，甚至將之視為造物者獨特的厚賜。又如：

> 軾蒙庇粗遣，每念處世窮困，所向輒值牆谷，無一遂者。獨於文人勝士，多獲所欲，如黃庭堅魯直、晁補之无咎、秦觀太虛、張耒文潛之流，皆世未之知，而軾獨先知之。今足下又不見鄙，欲相從遊，豈造物者專欲以此樂見厚也耶。〔註132〕

李昭玘，字成季，濟南人，生卒年不詳。《宋史》本傳云：「少與晁補之齊名，為蘇軾所知。」〔註133〕烏臺詩案後，李昭玘與蘇軾多有書信往來，深得蘇軾賞識。這篇《答李昭玘書》是元豐五年（1082）蘇軾於貶所黃州所作。在這封書信中，蘇軾為自己最早發現黃庭堅、晁補之、秦觀、張耒的才華，而感到由衷的自豪和喜悅，他認為自己生平雖然每每「處世窮困」，但能和諸多文人勝士相與交遊，此中之「樂」亦可抵卻窮愁之苦。

在調侃「致窮之具」時仍傾心陶醉於「為文之樂」的蘇軾，其詩學精神對蘇門文人亦有所影響。其中，以晁補之《海陵集序》的表現最為鮮明深刻。〔註134〕此序文如下：

> 文學，古人之餘事，不足以發身……至於詩又文學之餘事。始漢蘇、李流離異域，困窮怵別之辭，魏晉益競，至唐家好而人能之，然為之而工，不足以取世資，而經生法吏咸以章句刀筆致公相，兵家鬬士亦以方略膂力專斧鉞。詩如李白、杜甫，於唐用人安危成敗之際，存可也，亡可也。故世稱詩人少達而多窮……
>
> 以其不足以發身，而又多窮如此，然士有無意於取世資，或其間千一好焉，惟恐其學之而力不逮，營度雕琢，至忘食寢，會其得意翛然自喜，不啻若鍾鼎錦繡之獲，顧他者好皆無足以易此者，雖數用以取訧而得禍猶不悔，曰：「吾固有得於此也。」以其無益而趨

〔註132〕《蘇軾文集》卷四十九《答李昭玘書》，第1439頁。

〔註133〕《宋史》卷三四七，第10998頁。

〔註134〕滕春紅《「詩窮而後工」的文化成因與晁補之的新解讀》（《唐都學刊》，2007年第3期）將《海陵集序》的文學觀念概括為：文學雖不足以經世資生，卻有其傳道的作用。筆者認為晁補之這篇序文主要從審美的角度肯定文學的意義，下面將對此論述。

> 為之，又有患難而好之滋，不悔不反，賢乎。《海陵集》蓋許君大方
> 作，亦窮而不悔者之一也。君於詩好之篤，蓋辛苦刻篆，呻吟裘氏
> 者有年，不幸其犖然之音，與吾窮類。然君少年自已得聲譽，至它
> 事業，行己蒞官，皆方進未可量，何苦而為是閉關絃歌，霖雨飢餓
> 之聲。樂之而不厭如此哉。且以為後世名乎，則孰與當身捷得權位
> 之利。抑謂利者，君不近乎？則後世之名，於君亦復安有哉？是未
> 有以此語君者也，是惑也。補之既序此意，以賢君能獨為人之所不
> 為者，而非有希於世，視趨利邀合猶勝然。〔註135〕

晁補之從文學與現實利益的關係提出文學無用論，他認為「文學，古人之餘事」「詩又文學之餘事」。於個人而言，文學不足以發身，故而文人「少達而多窮」；於家國而言，即便如李白、杜甫之詩，在國家安危成敗之時，亦是可有可無的。這一觀點是對曹丕「蓋文章經國之大業，不朽之盛事」，以及唐宋以來「文以載道」等功利性文學觀的一種反撥。但是，晁補之並沒有因文學無用而否定文學的意義，相反，他從審美的視角對那些「無意於取世資」，而在藝術創作中苦心雕琢、廢寢忘食且自得其樂的藝術家們予以極高的讚賞。此外，晁補之還特意提到「雖數用以取詬而得禍猶不悔」，這未嘗不是北宋黨爭之下蘇門文人因文得罪的切身體驗與處世態度的曲折反映。

晁補之對於文學「窮而不悔」「樂之而不厭」的態度與蘇軾的詩學精神一脈相承。可以說蘇軾「如蠅在口，不吐不快」「快癢如爬疥」的創作觀念是與其獨特的貶謫之旅相伴而生的審美體驗，而晁補之《海陵集序》的文學觀則在此基礎上，對蘇軾的詩學精神作了更加理性而抽象的概括。

第四節　本章小結

綜上所述，天命觀是瞭解蘇軾貶謫思想的一條重要線索。無論是黃州時期的修身俟命，還是嶺南時期的自立天命，蘇軾皆以強烈的主體意志去構建天命的內涵，使之成為肯定自我存在的理論依據。黃州時期蘇軾在躬耕自濟、養身護體、參禪問道之際，依然關注時局變化，期待被朝廷復用。這一時期，其人生價值觀仍以現世價值為旨歸，儒家的天命觀正是在這一角度為其提供理論根據，排遣其生存意義的困擾，鼓勵他通過修身俟命來砥礪自己。而在

〔註135〕晁補之《雞肋集》卷三十四《海陵集序》，《四部叢刊》本。

垂老投荒的海南時期，他突破了儒家修身俟命的傳統思想，在融攝儒釋心性學說的基礎上，以強烈的主體意識自立天命，通過對天命的闡釋來肯定自我的政治理想與人生價值。蘇軾從心性的角度，將儒家和佛家的思想統一起來。這意味著他在精神意識深處，已超越了以往入世與出世之矛盾所帶來的痛苦，而以「一念正真」的終極追求，獲得精神人格至大至正的境界。可以說，在嶺海時期蘇軾自立天命的擬聖意識和傳播中原先進文化的強烈使命感，正是此一念之悟的表現。

蘇軾積極建構天命的文化心態與中唐以來在天命觀所呈現出的理性精神和心性思辨思潮密切相關。中唐以來隨著理性意識的發展，天命觀的發展出現兩種傾向：一部分文人已不大講天命，如柳宗元、劉禹錫；另一部分文人如韓愈、蘇軾等，並不否認天命的存在，卻根據自己的理解與需要對天命觀念做出個性化的闡釋和運用。韓愈與蘇軾雖然都通過天命觀的建構來肯定自我的生存意義，但二者同中有異。韓愈主要通過「天」「人」對立來凸顯主體價值，而蘇軾傾向於從個體存在價值的內在超越，來闡釋天命的意義。在心性思辨方面，他對佛學「一念」和「平等」意識的融攝，也使得他對天命的建構上更加通達。蘇軾以佛學之思致返歸儒學之真諦，這一「自立天命」的處窮心態可視為此種內化超越文化的典型。而更為可貴的是，蘇軾在接連貶謫之中不斷的精神探索，使得這一文化心態帶有強烈的實踐品格。

蘇軾對於天命的探索還體現在，對詩歌與窮達之關係的理解上。在繼承歐陽修「詩窮而後工」的基礎上，蘇軾還提出了「詩窮而後工」的逆命題「詩能窮人」。蘇軾對「詩能窮人」的認識既與其因詩被貶的切身經歷息息相關，又意味著他對詩人悲劇性命運的選擇性認同。這種認同實則是對文人才華之富的肯定，甚至成為蘇門文人的一個必要條件。

主要參考文獻

一、古代著作

1. 北京大學古文獻研究所編《全宋詩》，北京大學出版社，1999 年。

2. 班固撰，顏師古注《漢書》，中華書局，1962 年。

3. 晁補之《雞肋集》，《四部叢刊》本。

4. 晁公武撰，孫猛校證《郡齋讀書志校證》，上海古籍出版社，1990 年。

5. 晁悅之《晁氏客語》，《四庫全書》本。

6. 陳邦瞻《宋史紀事本末》，中華書局，1977 年。

7. 陳善《捫蝨新話》，上海書店出版社，1990 年。

8. 陳師道著，任淵注，冒廣生補箋，冒懷辛整理《後山詩注補箋》，中華書局，1999 年。

9. 陳子昂著，徐鵬校點《陳子昂集》，上海古籍出版社，2013 年。

10. 程顥、程頤著，王孝魚點校《二程集》，中華書局，1981 年。

11. 房玄齡等《晉書》，中華書局，1974 年。

12. 顧炎武著，黃汝成集釋，欒保群、呂宗力校點《日知錄集釋》，上海古籍出版社，2014 年。

13. 郭象注，成玄英疏，曹础基、黃蘭發整理《莊子注疏》，中華書局，2011 年。

14. 韓愈《順宗實錄》，《叢書集成初編》本，中華書局 1985 年。

15. 韓愈著，馬其昶校注，馬茂元整理《韓昌黎文集校注》，上海古籍出版社 1986 年。

16. 何晏集解，皇侃義疏《論語集解義疏》，中華書局，1985 年。

17. 胡仔著，廖德明校點《苕溪漁隱叢話》，人民文學出版社，1962 年。

18. 黃宗羲著，全祖望補《宋元學案》，中華書局，1986 年。

19. 賴永海、楊維中譯《楞嚴經》，中華書局，2010 年。

20. 郎曄《經進東坡文集事略》，《四部叢刊》本。

21. 李覯著，王國軒校點《李覯集》，中華書局，1981 年。

22. 李燾著，上海師範學院古籍整理研究室、上海師範大學古籍整理研究室點校《續資治通鑒長編》，上海古籍出版社，1985 年。

23. 李石《方舟集》，《四庫全書》珍本初集，1935 年。

24. 樓鑰《攻媿集》，《四部叢刊》本。

25. 陸德明撰，黃焯匯校《經典釋文匯校》，中華書局，2006 年。

26. 呂祖謙編、齊治平點校《宋文鑒》，中華書局，1992 年。

27. 馬端臨《文獻通考》，中華書局，1986 年。

28. 歐陽修著，李逸安點校《歐陽修全集》，中華書局，2001 年。

29. 普濟著，蘇淵雷點校《五燈會元》，中華書局，1997 年。

30. 錢大昕撰、呂友仁標校《潛研堂文集》，上海古籍出版社，1989 年。

31. 秦觀著、徐培均箋注《淮海集箋注》，上海古籍出版社，2000 年。

32. 釋道元著，顧宏義譯注《景德傳燈錄譯注》，上海書店出版社，2010 年。

33. 司馬光著，鄧廣銘、張希清點校《涑水記聞》，中華書局，1989 年。

34. 司馬光編著，胡三省音注，「標點資治通鑑小組」校點《資治通鑒》，中華書局，1976 年。

35. 司馬遷《史記》，中華書局，1959 年。

36. 蘇軾《東坡易傳》，《四庫易學叢刊》本，上海古籍出版社，1989 年。

37. 蘇軾《蘇氏易傳》，《叢書集成》本。

38. 蘇軾著，王文誥輯注，孔凡禮點校《蘇軾詩集》，中華書局，2007 年。

39. 蘇軾著，孔凡禮點校《蘇軾文集》，中華書局，2004 年。

40. 蘇軾著，龍吟點評《東坡易傳》，吉林文史出版社，2002 年。

41. 蘇軾著，王松齡點校《東坡志林》，中華書局，1997 年。

42. 蘇軾著，鄒同慶、王宗堂校注《蘇軾詞編年校注》，中華書局，2002 年。

43. 蘇洵著，曾棗莊、金成禮箋注《嘉祐集箋注》，上海古籍出版社，1993 年。

44. 蘇轍著，曾棗莊、馬德富校點《欒城集》，上海古籍出版社，1987 年。

45. 蘇籀《欒城遺言》，《四庫全書》本。

46. 田況撰，張其凡點校《儒林公議》，中華書局，2017 年。

47. 脫脫等《宋史》，中華書局，1977 年。

48. 王安石著、劉成國點校《王安石文集》，中華書局，2021 年。

49. 王弼、韓康伯注，樓宇烈校釋《周易注校釋》，中華書局，2012 年。

50. 王弼注、孔穎達疏《周易正義》，北京大學出版社，2000 年。

51. 王弼注，樓宇烈校釋《老子道德經注》，中華書局，2011 年。

52. 王夫之《宋論》，中華書局，1964 年。

53. 王先謙撰，沈嘯寰、王星賢點校《荀子集解》，中華書局，1988 年。

54. 王文誥《蘇文忠公詩編注集成總案》，清嘉慶武陵韻山堂刻本，巴蜀書社，1985 年。

55. 王逸撰、黃靈庚點校《楚辭章句》，上海古籍出版社，2017 年。

56. 王應麟撰，樂保群、田松青校點《困學紀聞》，上海古籍出版社，2015 年。

57. 蕭統編，李善注《文選》，上海古籍出版社，1986 年。

58. 徐自明撰、王瑞來校補《宋宰輔編年錄校補》，中華書局，1986 年。

59. 玄奘法師譯《瑜伽師地論》，宗教文化出版社，2008 年。

60. 楊伯峻《春秋左傳注》，中華書局，1981 年。

61. 楊伯峻《論語譯注》，中華書局，2019 年。

62. 楊伯峻《孟子譯注》，中華書局，2019 年。

63. 楊時《龜山先生語錄》，《四部叢刊續編》本。

64. 葉夢得著，徐時儀校點《避暑錄話》，上海古籍出版社，2012 年。

65. 俞樾《群經平議》，《續修四庫全書》本，上海古籍出版社，1995 年。

66. 張載著，章錫琛點校《張載集》，中華書局，1985 年。

67. 朱熹撰，朱傑人、嚴佐之、劉永翔主編《朱子全書》，上海古籍出版社、安徽教育出版社，2002 年。

68. 朱熹撰，蔣立甫校點《楚辭集注》，上海古籍出版社、安徽教育出版社，2001 年。

69. 曾棗莊、舒大綱《三蘇全書》，北京語文出版社，2001 年。

二、現代專著

1. 包弼德著，劉寧譯《斯文：唐宋思想的轉型》，江蘇人民出版社，2001 年。

2. 卞孝萱、張清華等《韓愈評傳》，南京大學出版社，2007 年。

3. 陳克明《韓愈述評》，中國社會科學出版社，1985 年。

4. 陳來《宋明理學》，華東師範大學出版社，2004 年。

5. 陳榮捷《朱子新探索》，華東師範大學出版社，2007 年。

6. 陳寅恪《金明館叢稿二編》，生活・讀書・新知三聯書店，2001 年。

7. 陳幼石《韓柳歐蘇古文論》，上海文藝出版社，1983 年。

8. 陳植鍔《北宋文化史述論》，中國社會科學出版社，1992 年。

9. 程剛《宋代文人的易學與詩學》，方志出版社，2014 年。

10. 成中英《易學本體論》，北京大學出版社，2006 年。

11. 鄧廣銘《北宋政治改革家王安石》，生活・讀書・新知三聯出版社，2007 年。

12. 鄧廣銘《鄧廣銘治史叢稿》，北京大學出版社，1997 年。

13. 鄧廣銘《王安石──中國十一世紀的改革家》，人民出版社，1975 年。

14. 鄧小南《祖宗之法：北宋前期政治述略》，生活・讀書・新知三聯書店，2006 年版。

15. 東英壽著，王振宇，李莉等譯《復古與創新：歐陽修散文與古文復興》，上海古籍出版社，2013 年。

16. 方笑一《北宋新學與文學：以王安石為中心》，上海古籍出版社，2008 年。

17. 馮友蘭《中國哲學史》，華東師範大學出版社，2013 年。

18. 葛兆光《中國思想史》，復旦大學出版社，2001 年。

19. 谷川道雄著，馬彪譯《中國中世社會與共同體》，中華書局，2002 年。

20. 何寄澎《北宋的古文運動》，上海古籍出版社，2011 年。

21. 侯外廬、趙紀彬等《中國思想通史》，人民出版社，1980 年。

22. 胡昭羲、劉復生、粟品孝《宋代蜀學研究》，巴蜀書社，1997 年。

23. 黃壽祺、張善文《周易譯注》，上海古籍出版社，2001 年。

24. 金生楊《〈蘇氏易傳〉研究》，巴蜀書社，2002 年。

25. 蔣義斌《宋代儒釋調和論及排佛論之演進──王安石之融通儒釋及程朱學派之排佛反王》，臺灣商務印書館，1988 年。

26. 孔凡禮《蘇軾年譜》，中華書局，1998 年。

27. 冷成金《蘇軾的哲學觀與文藝觀》，學苑出版社，2003 年。

28. 李鏡池《周易探源》，中華書局，1978 年版。

29. 王弼注、孔穎達疏《周易正義》，北京大學出版社，2000 年。

30. 劉寧《漢語思想的文體形式》，華東師範大學出版社，2012 年。

31. 劉石《有高樓續稿》，鳳凰出版社，2005 年。

32. 劉子健《歐陽修的治學與從政》，新文豐出版公司，1984 年。

33. 劉子健著、趙冬梅譯《中國轉向內在——兩宋之際的文化轉向》，江蘇人民出版社，2012 年版。

34. 羅家祥《朋黨之爭與北宋政治》，華中師範大學出版社，2002 年。

35. 馬東瑤《蘇門六君子研究》，北京大學出版社，2005 年。

36. 牟宗三《宋明儒學的問題與發展》，華東師範大學出版社，2004 年。

37. 內山精也著，朱剛、益西拉姆等譯《傳媒與真相——蘇軾及其周圍士大夫的文學》，上海古籍出版社，2005 年。

38. 漆俠《宋學的發展和演變》，河北人民出版社，2002 年。

39. 漆俠《王安石變法》，河北人民出版社，2001 年。

40. 淺見洋二著，李貴、趙蕊蕊等譯《文本的密碼——社會語境中的宋代文學》，復旦大學出版社，2017 年。

41. 錢穆《宋明理學概述》，九州出版社，2019 年。

42. 錢鍾書《七綴集》，生活·讀書·新知三聯書店，2004 年。

43. 山本和義著、張劍譯《詩人與造物——蘇軾論考》，中國社會科學出版社，2013 年。

44. 沈松勤《北宋文人與黨爭》，人民出版社，1998 年。

45. 沈松勤《宋代政治與文學研究》，商務印書館，2010 年。

46. 四川大學中文系唐宋文學研究室編《蘇軾資料彙編》，中華書局，1994 年。

47. 粟品孝《朱熹與宋代蜀學》，高等教育出版社，1998 年。

48. 湯一介《郭象與魏晉玄學》，北京大學出版社，2000 年。

49. 陶文鵬編著《蘇軾集》，河南文藝出版社，2018 年。

50. 唐君毅《中國哲學原論：原道篇》，中國社會科學出版社，2006 年。

51. 唐玲玲《蘇軾思想研究》，文史哲出版社，1996 年。

52. 王水照、朱剛《蘇軾評傳》，南京大學出版社，2011 年。

53. 王水照《宋代文學通論》，河南大學出版社，1997 年。

54. 王水照主編《新宋學》第 1 輯，上海辭書出版社，2001 年。

55. 王水照等主編《新宋學》第 2 輯，上海辭書出版社，2003 年。

56. 蕭慶偉《北宋新舊黨爭與文學》，人民文學出版社，2001 年。

57. 蕭萐父《中國哲學史》，人民出版社，1982 年。

58. 謝思煒《唐宋詩學論集》，商務印書館，2004 年。

59. 徐復觀《中國藝術精神》，華東師範大學出版社，2001 年。

60. 徐建芳《蘇軾與〈周易〉》，中國社會科學出版社，2013 年。

61. 楊勝寬《蘇軾與蘇門文人集團研究》，四川人民出版社，2010 年。

62. 余敦康《內聖外王的貫通——北宋易學的現代闡釋》，學林出版社，1997 年。

63. 余英時《中國思想傳統的現代詮釋》，江蘇人民出版社，1998 年。

64. 俞宣孟《本體論研究》，上海人民出版社，1999 年。

65. 張君勱《新儒家思想史》，中國人民大學出版社，2006 年。

66. 朱伯崑《易學哲學史》，崑崙出版社，2009 年。

67. 朱剛《唐宋四大家的道論與文學》，東方出版社 1997 年。

三、研究論文

1. 陳仁仁《〈東坡易傳〉論「道」與「性」——兼論其中儒佛道三家的關係》，《湖南大學學報》（社會科學版），2001 年第 4 期。

2. 程剛《蘇軾的易象與意象——以〈蘇氏易傳·井〉卦釋義與「井」象為中心》，《西華大學學報》，2012 年第 1 期。

3. 程剛《蘇軾的易學與朋黨論——兼與歐陽修、司馬光、程頤「朋黨」觀比較》，《北方論叢》，2013 年第 1 期。

4. 鄧廣銘《王安石在北宋儒家學派中的地位——附說理學家的開山祖問題》，《北京大學學報》，1991 年第 2 期。

5. 鄧秀梅《〈東坡易傳〉釋義方法與義理分析》，《東海中文學報》第 24 期，2012 年。

6. 耿亮之《蘇軾易學與其人格》，《周易研究》，1996 年第 3 期。

7. 鞏本棟《「詩窮而後工」的歷史考察》,《中山大學學報》,2008 年第 4 期。

8. 鞏本棟《北宋黨爭與文學》,南京大學博士學位論文,1991 年。

9. 谷曙光《論歐陽修對韓愈詩歌的接受與宋詩的奠基》,《北京師範大學學報》,2005 年第 3 期。

10. 加藤真司「『東坡易傳』と三蘇の夷狄對策」、『北海道大學大學院文學研究科研究論集』(8)、2008 年。

11. 加藤真司「『東坡易伝』に見る君臣観」、『中國哲學』(36)、2008 年。

12. 加藤真司「經書解釋に見える蘇軾の義利觀——王安石・司馬光の義利觀と比較して」、『中國哲學』(37)、2009 年。

13. 加藤真司「蘇軾『東坡易傳』に見える政治思想」、北海道大學博士學位論文、2009 年。

14. 金生楊《也論〈東坡易傳〉的作者和繫年——與謝建忠先生商榷》,《文學遺產》,2003 年第 1 期。

15. 近藤正則『「蘇氏易解」における朱子の蘇軾批判のモチーフをめぐって』、『東洋研究』(122)、1996 年。

16. 孔凡禮《蘇軾〈毗陵易傳〉的哲學思想》,《中國哲學》第 9 輯,三聯書店,1987 年。

17. 冷成金《從〈東坡易傳〉看蘇軾的情本論思想》,《福建論壇》,2004 年第 2 期。

18. 冷成金《從〈東坡易傳〉看蘇軾文藝思想的基本特徵——兼與朱熹文藝思想相比較》,《文學評論》2002 年第 2 期。

19. 冷成金《對傳統士大夫人格的超越——蘇軾黃州時期的思想與實踐》,《中國人民大學學報》,1991 年第 4 期。

20. 冷成金《試論「三蘇」蜀學的思想特徵》,《福建論壇》,2002 年第 3 期。

21. 黎紅雷《「位」與「德」之間——從〈周易・解卦〉看孔子「君子小人」說的糾結》,《孔子研究》,2012 年第 1 期。

22. 李瑞卿《蘇軾易學與詩學》,《文學評論》,2013 年第 3 期。

23. 羅瑩《論蘇軾的「三良」詩及其意義》,《社會科學輯刊》,2006 年第 6 期。

24. 齊磊、劉興明《蘇軾人格氣象的易學解讀》,《周易研究》,2006 年第 6 期。

25. 舒大剛《試論宋人恢復古周易的重要意義》,《四川大學學報》,1999 年第 2 期。

26. 粟品孝《理學與非理學之間——朱熹對蘇軾學術的批評和吸取》,《社會科學研究》,2000 年第 1 期。

27. 滕春紅《「詩窮而後工」的文化成因與晁補之的新解讀》,《唐都學刊》,2007 年第 3 期。

28. 王昊《近五十年來〈辨奸論〉真偽問題研究述評》,《社會科學戰線》,2002 年第 1 期。

29. 吳承學《「詩能窮人」與「詩能達人」——中國古代對於詩人的集體認同》,《中國社會科學》,2010 年第 4 期。

30. 吳德育《試論蘇軾經之學》,《輔大中研所學刊》第 14 期,2004 年。

31. 謝建忠《蘇軾〈東坡易傳〉考論》,《文學遺產》,2000 年第 6 期。

32. 楊遇青《「志氣如神」與「以神行智」論——〈東坡易傳〉中「神」的觀念》,《周易研究》2006 年第 4 期。

33. 楊自平《論蘇軾〈易〉與王弼〈易〉、伊川〈易〉之異同》,《中國學術年刊》第 38 期,2016 年。

34. 趙清文《人性可見嗎?——〈東坡易傳〉對傳統人性理論的批評》,《周易研究》,2009 年第 1 期。

35. 趙源一《韓愈的天命論探微》,《船山學刊》,2007 年第 1 期。

後　記

　　我之所以選擇蘇軾，只是出於對他單純的喜愛和崇敬。然而，正如我的鄉賢林語堂先生所言，「元氣淋漓，富有生機的人總是不容易理解的」(《蘇東坡傳》)。我碩士論文《蘇軾「戲作詩」研究》，以蘇軾戲題類詩歌為對象，去考察他的詼諧幽默性格及其特殊的詩學表達。讀博以後，本來想繼續沿著「詩藝」的路子繼續探索，然而隨著對他理解的加深，尤其是我將視野放置於「宋學」的場域下，我越來越發現，蘇軾的成就絕不僅僅是一種天才式的綻放。對我而言，他的思想性著作成為更富有魅力的召喚。於是乎，博士論文選題轉向了易學──這個之前從未想過會涉及的命題。呈現在本書這些內容，就是由拙撰的博士畢業論文修改而成。

　　現在，距離博士畢業已逾六載，回頭再看當初的「學術勇氣」，其實更多的是不安和遺憾。論文偏於思想性論析，頗有枯槁無味之感；有些論點只是點到為止，顯得意猶未足，等等。在此，也是希望自己今後能繼續在這一領域繼續開拓，掘其意、彰其光，方不愧投身研究這位高明古人的初心。

　　一路走來，感謝諸師。

　　感謝我的博士導師謝思煒教授。謝師學識宏富、治學嚴謹，在他身上，我既看到非常現代化的科學研究精神，同時也體會到「仁者愛人」的古典文化底蘊。可以說，他為我樹立了為人、為學的典範。

　　感謝我的碩士導師劉寧教授，她將懵懂的我引入學術殿堂，並且以其嚴謹澹薄、守正創新的學術人格深刻地影響我，使我堅定地走上學術研究的道路。

　　感謝北京大學張劍教授。張老師同時參加我的碩士、博士論文答辯，為

我的論文提出富有建設性的意見，在隨後的學術生活中，一直關心我的成長。

此外，在論文開題和答辯過程中，還承蒙北京大學張鳴教授、清華大學孫明君、劉石教授、楊明教授的指教。在此，對諸位先生致以誠摯的謝意！

感謝楊嘉樂老師和花木蘭文化事業有限公司諸位同仁，他們的慷慨玉成，使拙作得以順利出版。

本人才疏學淺、綆短汲深，書中難免存有疏漏謬誤之處，敬請學界方家不吝賜正。

正值新冠疫情似消又起之時，唯願河清海晏、天下和平！

黃小珠

2022 年春日記於上海閔行